剑桥
鲍勃·迪伦手册

[美] 凯文·J. H. 德特马——编
王宇光——译

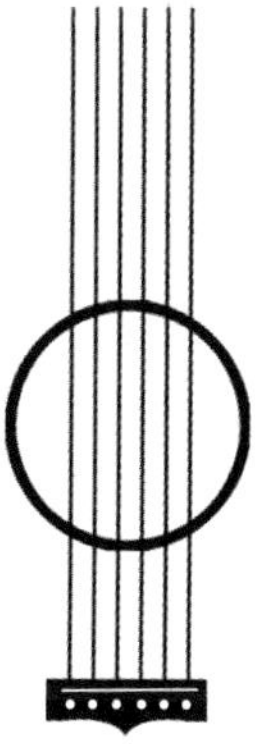

中信出版集团 | 北京

图书在版编目（CIP）数据

剑桥鲍勃·迪伦手册 /（美）凯文·J. H.德特马编；
王宇光译. -- 北京：中信出版社，2024.8（2024 8重印）
书名原文：The Cambridge Companion to Bob Dylan
ISBN 978-7-5086-9885-4

Ⅰ.①剑… Ⅱ.①凯… ②王… Ⅲ.①鲍勃·迪伦—
人物研究—文集 Ⅳ.①K837.125.76-53

中国版本图书馆CIP数据核字（2019）第000698号

剑桥鲍勃·迪伦手册

编　者：[美] 凯文·J. H. 德特马
译　者：王宇光
出版发行：中信出版集团股份有限公司
（北京市朝阳区东三环北路27号嘉铭中心　邮编　100020）
承 印 者：嘉业印刷（天津）有限公司

开　本：880mm × 1230mm　1/32　印　张：8.75　字　数：196千字
版　次：2019年5月第1版　印　次：2024年8月第 2 次印刷
京权图字：01-2018-4353　广告经营许可证：京朝工商广字第8087号
书　号：ISBN 978-7-5086-9885-4
定　价：42.00元

目　录

第二部分　标志性专辑

致　谢

向杰出的迪伦学者C. P.李（C. P. Lee）致以特别的谢意，编写这本书时，他的协助自始至终陪伴着我们。向迪伦的2.5代歌迷亚当·范·温克尔（Adam Van Winkle）大声致意，在编写“征引文献”和“迪伦年表”的关键当口，他提供了极其宝贵的帮助。祝你们两位永远年轻。

编、作者简介

阿列克斯·阿布拉莫维奇（Alex Abramovich），纽约的作家和编辑，经常为纽约及周边的出版物撰稿，如《书坛》（*Bookforum*）杂志、《纽约时报》和《石板》（*Slate*）杂志。他正在撰写一本摇滚乐史。

卡丽·布朗斯特恩（Carrie Brownstein），作家、音乐家，赞誉颇佳的摇滚乐队"斯雷特–金尼"（Sleater-Kinney）的成员。她的文字发表在《信仰者》（*The Believer*）杂志、《干草叉》（*Pitchfork*）杂志、《石板》杂志和许多文集中。她为国家公共电台（NPR）写音乐博客，也参与国家公共电台的"白日"（*Day to Day*）节目。布朗斯特恩还和弗雷德·阿米森（Fred Armisen）组建了喜剧二人组"雷蚁"（ThunderAnt）。她住在俄勒冈州波特兰市，目前正在写自己的第一部非虚构作品。

埃里克·布尔森（Eric Bulson）于2004年获得哥伦比亚大学博士学位，目前在耶鲁大学比较文学系任教。他著有《剑桥入门：詹姆斯·乔伊斯》（*Cambridge Introduction to James Joyce*）和《小说、地图和现代性：1850—2000年的空间想象》（*Novels, Maps, Modernity: The Spatial Imagination, 1850-2000*）。

德布拉·雷·科恩（Debra Rae Cohen）是南卡罗来纳大学英语助理教授。在她的青葱年月里，她是位摇滚乐评人，为《滚石》杂志、《村之声》（*Village Voice*）杂志、《纽约时报》等出版物撰稿，还是《村之声》的《文学之声增刊》（*Voice Literary Supplement*）最早的编辑之一。作为学者，她著有《重绘后方：英国“一战”女性文学中的公民身份定位》（*Remapping the Home Front: Locating Citizenship in British Women's Great War Fiction*），与迈克尔·科伊尔、简·A. 卢迪（Jane A. Lewty）共同编辑出版文集《播放现代性》（*Broadcasting Modernism*）。目前，她正研究丽贝卡·韦斯特（Rebecca West）、现代主义史学和翻唱歌曲的文化诗学，尽管并非同时进行。

迈克尔·科伊尔（Michael Coyle）是科尔盖特大学的英语教授，是现代主义研究学会的创始主席，也是许多作家协会的理事会成员。他写作的领域主要是现代诗学、文化史、爵士乐史和美国本土音乐。他长期参与大学电台的工作，在科尔盖特大学电台（WRCU）做广播的年头已超过了那所大学大部分学生DJ的年龄。他还为《律动》（*Cadence*）杂志写爵士唱片评论，这项工作有助于他的音乐体验保持新鲜，使他与音乐的联系充满活力，但他常常因为拖稿惹恼编辑。

安东尼·迪科蒂斯（Anthony DeCurtis）是《滚石》杂志的特邀编辑，在宾夕法尼亚大学教授写作课程。他著有《换句话说：艺术家谈生活和工作》（*In Other Words: Artists Talk About Life and Work*）和《摇出生命：音乐及其他事物论述集》（*Rocking My Life Away: Writing About Music and Other Matters*），并主编《现在时：摇滚和文化》（*Present Tense: Rock & Roll and Culture*）。他拥有印第安纳大学的美国文学博士学位，为埃里克·克莱普顿的回顾专辑《路口》（*Crossroads*）写的附文赢得格莱美“最佳专辑内文”奖。

迈克尔·邓宁（Michael Denning）在耶鲁大学教美国研究，主管耶鲁劳工和文化研究中心。他的写作覆盖流行文化和社会运动的各个方面，他著有《三个世界时代的文化》（*Culture in the Age of Three Worlds*）和《文化前线：20世纪美国文化的劳作》（*The Cultural Front: The Laboring of American Culture in the Twentieth Century*）。

凯文·J.H.德特马（Kevin J. H. Dettmar）是波莫纳学院英语系主任及W. M. Keck教授。他的写作涵盖现代主义文学和流行音乐研究；他是2006年出版的《摇滚已死？》（*Is Rock Dead?*）一书的作者，也是1999年出版的《读摇滚》（*Reading Rock & Roll*）一书的编者之一。他为《高等教育纪事报》旗下的艺术 / 观念杂志《纪事评论》（*Chronicle Review*）写两月一次的专栏“流行生活”，谈论流行音乐和日常生活的交汇。

马丁·雅各比（Martin Jacobi）是克莱姆森大学的英语教授，是1999年出版的《修辞政治》（*The Politics of Rhetoric*）一书的作者之一。他的写作及出版涵盖修辞理论、美国小说和戏剧，他最近或即将发表的文章研究艾伦·本奈特（Alan Bennett）的《历史课男孩》（《南大西洋评论》）、索福克勒斯的《安提戈涅》（《戏剧研究学刊》）以及杰克·伦敦、辛克莱尔·刘易斯和菲利普·罗斯的“法西斯”小说（《菲利普·罗斯研究》）。他目前正研究古代和当代战争戏剧的修辞。

乔纳森·莱瑟姆（Jonathan Lethem）是7部小说的作者，包括《孤独堡垒》（*The Fortress of Solitude*）和《你还不爱我》（*You Don't Love Me Yet*）。他的文字发表在《纽约客》杂志、《滚石》杂志、《哈泼斯》杂志等众多刊物和文集中。他谈流行文化的文章结集为《失望艺术家》（*The Disappointment Artist*）。他生活在布鲁克林和缅因。

艾伦·莱特（Alan Light）是《兜风》（*Spin*）杂志和《气息》（*Vibe*）杂志的前主编，也是《滚石》的前主笔。他著有《付账的技能："野兽男孩"的故事》（*The Skills to Pay the Bill: The Story of the Beastie Boys*），是“喝彩电视网”（Ovation TV）的“艺术家私密现场”（*Live from the Artist's Den*）节目的总监。他经常为《纽约时报》撰稿，也是msn.com网站的专栏作者，两次获得全美作曲家作家出版家协会迪姆斯·泰勒奖（ASCAP-Deems Taylor Awards）。他与妻子苏珊娜、儿子亚当生活在曼哈顿。

埃里克·洛特（Eric Lott）在弗吉尼亚大学教美国研究。他的写作和教学涉及美国文化史政治的方方面面，他的文章发表在许多报刊上，包括《村之声》《国家》《纽约新闻日报》《表现》《美国文学史》和《美国季刊》。他著有《爱与窃：黑脸吟游秀和美国工人阶级》（*Love and Theft: Blackface Minstrelsy and the American Working Class*，1993年），鲍勃·迪伦借了这个书名命名自己的专辑《“爱与窃”》（“*Love and Theft*”）。洛特还是2006年出版的《正在消失的自由知识分子》（*The Disappearing Liberal Intellectual*）的作者。目前他即将杀青一本研究20世纪种族和文化的书，名为“纠结的忧郁”（*Tangled Up in Blue*）。

李·马歇尔（Lee Marshall）是布里斯托大学社会学高级讲师。他的研究覆盖文化社会学的许多方面，核心关注点是现代生活中的“作者”，特别是明星、版权和流行音乐。他的第一本书《私录：音乐产业中的版权和浪漫主义》（*Bootlegging: Copyright and Romanticism in the Music Industry*，2005）赢得社会-法律研究学会的哈特新秀（Hart Early Career）图书奖。他的第二本书《鲍勃·迪伦：永不落幕的明星》（*Bob Dylan: The Never Ending Star*，2007年）从社会学角度叙述了迪伦的音乐生涯，认为要有效地理解迪伦的作品就必须考虑明星现象和摇滚文化的更宽广结构在迪伦生涯的各个时期对迪伦创造性的约束和启迪。

芭芭拉·奥戴尔（Barbara O'dair）是《问题女孩:〈滚石〉杂志谈摇滚女性》（*Trouble Girls: The Rolling Stone Book of Women in Rock*）的编者。她担任过《滚石》《娱乐周刊》和《村之声》的高级编辑，担任过《细节》（*Details*）杂志、《时尚芭莎》（*Harper's Bazaar*）杂志、《还要》（*More*）杂志和《读者文摘》杂志的执行编辑，担任过《少年》（*Teen People*）杂志和《我们》（*Us*）杂志的主编。她在许许多多杂志、报纸和图书上发表过随笔、评论和其他文章。她拥有诗歌硕士学位，与家人生活在新泽西。

罗伯特·波利托（Robert Polito）新近出版的书有诗集《好莱坞和上

帝》(*Hollywood and God*)及他编辑的《曼尼·法伯电影评论全集》(*The Complete Film Writings of Manny Farber*)。他的著作还有《双重》(*Doubles*)和《野蛮艺术：吉姆·汤普森传》(*Savage Art: A Biography of Jim Thompson*)。他以往谈论鲍勃·迪伦的文字发表在《鲍勃·迪伦美国学刊》和《A号录音室》(*Studio A*)杂志上。他是新学院(The New School)的写作教授，在那里创立并一直主持“研究生写作项目”。

安妮·K.里姆(Anne K. Ream)是生活、工作在芝加哥的作家，她的随笔和议论文章发表在《亚特兰大宪章报》《芝加哥论坛报》《洛杉矶时报》和华盛顿邮报网(Washingtonpost.com)上。她是“声音和面孔”(voicesandfaces.org)项目的创始人；这是一个全国性的纪录片项目，致力于让性暴力的幸存者发声，她正在撰写一本与项目同名的书。她曾进入多罗西娅·兰格–保罗·泰勒(Dorothea Lange-Paul Taylor)纪录片奖的决选名单，长期热心于妇女问题。她是《声音和面孔第一辑》的执行制作人，许多目前最热门的独立摇滚人参与录制了这张公益专辑。最后，她是“girl360.net”的作者之一，此项目包括一本即将出版的书和一个网络杂志，向新一代女孩介绍历史上做过开创性贡献的女性。

戴维·R.沙姆韦(David R. Shumway)是卡内基–梅隆大学的英语教授、文学和文化研究教授、人文中心主任。他著有《米歇尔·福柯》(*Michel Foucault*，1989)、《创造美国文明：美国文学作为学院学科的谱系》(*Creating American Civilization: A Genealogy of American Literature as an Academic Discipline*，1994)和《现代的爱：浪漫、亲密和婚姻危机》(*Modern Love: Romance, Intimacy, and the Marriage Crisis*，2003)，并编辑了《知识：对学科性的批判和历史研究》[*Knowledges: Critical and Historical Studies in Disciplinarity*，1993，与埃伦·梅瑟–达维多夫(Ellen Messer-Davidow)、戴维·西尔万(David Sylvan)合编]和《英语的学科化》(*Disciplining English*，2002，与Craig Dionne合编)。他正在写一本谈摇滚明星之为文化符号的书，并正在研究约翰·赛尔斯(John Sayles)。

R.克利夫顿·斯帕戈（R.Clifton Spargo）是一位小说家、评论家，是马凯特大学英语助理教授。他的小说作品发表在许多刊物上，如《虚构》（*Fiction*）、《索玛》（*SOMA*）、《微光火车》（*Glimmer Train*）、《康涅狄格评论》和《绿山评论》（*Green Mountains Review*）。他谈美国文学和文化的文章与评论发表在许多刊物上，如《呈现》（*Representations*）、《美国现代语言协会会刊》（*PMLA*）、《马赛克》（*Mosaic*）、《拉里坦》（*Raritan*）、《共和》（*Commonweal*）和《耶鲁评论》（*Yale Review*）。他曾是华盛顿特区的大屠杀前沿研究中心的珀尔·雷斯尼克（Pearl Resnick）研究员，出版过两本学术专著：《伤悼的伦理》（*The Ethics of Mourning*，2004）和《守灵记忆：伊曼努尔·列维纳斯、大屠杀和不公的死难》（*Vigilant Memory: Emmanuel Levinas, the Holocaust, and the Unjust Death*，2006）；他还与罗伯特·埃伦赖希（Robert Ehrenreich）合编了《呈现之后？：大屠杀、文学和文化》（*After Representation?: The Holocaust, Literature, and Culture*，即将出版）。更多信息见作者网站：rcliftonspargo.com。

琼·塔莫林（Jean Tamarin）现居弗吉尼亚州阿灵顿市。

戴维·亚夫（David Yaffe）是克莱蒙特·麦肯纳学院人文系的Gould教职研究员，也为《国家》杂志写音乐专栏。他著有《诱人的韵律：美国文字中的爵士》（*Fascinating Rhythm: Reading Jazz in American Writing*，2006）。他的文章发表在许多刊物上，如《纽约时报》、《石板》、《村之声》、《纽约》（*New York*）和《新共和国》（*New Republic*）。他目前正在写两本即将出版的书：《鲍勃·迪伦的许多条路》（*The Many Roads of Bob Dylan*）和《莽撞的女儿：琼尼·米切尔肖像》（*Reckless Daughter: A Portrait of Joni Mitchell*）。

鲍勃·迪伦年表

1941 年

罗伯特·艾伦·齐默尔曼（Robert Allen Zimmerman）于 5 月 24 日出生在明尼苏达州杜鲁斯市，父母分别是艾布拉姆·齐默尔曼（Abram Zimmerman）和比阿特丽丝（“贝蒂”）·斯通［Beatrice（“Beatty”）Stone］。

1948 年

艾布拉姆带着齐默尔曼一家搬到明尼苏达州西宾市，罗伯特·艾伦在西宾市度过了童年的余下时光。

1959 年

高中时他玩过几个校园摇滚乐队，此时他来到明尼阿波利斯，在明尼苏达大学注册入学。他在一家唱片店听到欧蒂塔（Odetta）的歌，用自己的电吉他换了一把原声吉他，开始弹奏民谣音乐。

1960 年

踏入当地民谣圈，在明尼阿波利斯市的丁克敦（Dinkytown）区表演。取了鲍勃·迪伦这个艺名，用这个名字表演（这名字中有对威尔士诗人迪伦·托马斯的致意）；两年后正式改名。

1961 年

来到纽约，寻觅已患病的偶像伍迪·格思里（Woody Guthrie）。经常到格林尼治村的民谣俱乐部和咖啡馆表演。与 17 岁的苏西·罗托洛（Suze Rotolo）恋爱，苏西对政治和艺术的热诚深深影响了迪伦。这段恋情渡过许多难关，持续到 1964 年夏天。9 月他在戈德民谣城（Gerde's Folk City）演出，罗伯特·谢尔顿（Robert Shelton）在《纽约时报》上对这次演出予以好评，哥伦比亚唱片公司的约翰·哈蒙德（John Hammond）与他签了唱片合约。

1962 年

发行第一张专辑《鲍勃·迪伦》（*Bob Dylan*），其中有两首原创歌曲《纽约念白》（*Talking New York*）和《给伍迪的歌》（*Song to Woody*），其余都是翻唱传统民谣歌曲。只卖出 5000 张。人们说迪伦是“哈蒙德的蠢主意”（Hammond's Folly）。

1963 年

5 月发行《自由不羁的鲍勃·迪伦》（*The Freewheelin' Bob Dylan*）；专辑中多为原创，如《答案在风中飘》（*Blowin' in the Wind*）、《战争专家》（*Masters of War*）和《暴雨将至》（*A Hard Rain's A-Gonna Fall*），有两首翻唱歌曲是《克里娜，克里娜》（*Corrina, Corrina*）和《亲爱的，再给我一次机会》（*Honey, Just Allow Me One More Chance*）。原定曲目被审查删改后他拒绝上“艾德·沙利文电视秀”。琼·贝兹（Joan Baez）邀请迪伦跟她一起巡演，他俩有了浪漫关系。8 月在“工作与自由华盛顿游行”上表演。

1964 年

《时代正在改变》（*The Times They Are A-Changin'*）专辑发行。在纽约肯尼迪机场与披头士乐队见面，据说他让披头士乐队见识了大麻。《鲍勃·迪伦的另一面》（*Another Side of Bob Dylan*）专辑发行，标志着他开始从民谣风格转向他处。

1965 年

迪伦把《手鼓先生》（*Mr Tambourine Man*）给了罗杰·麦吉恩，此歌成为飞鸟乐队（Byrds）的主要热门曲。结束与贝兹的恋情；与萨拉·朗蒂兹（Sara Lowndes）结婚。3 月发行《全部带回家》（*Bringing It All Back Home*）专辑；专辑与他过去的民谣专辑风格截然不同，具有重电声乐器的编排，也有几首原声伴奏的歌。迪伦在新港民谣音乐节上用电声乐队表演时遭遇观众的嘘声。8 月发行全电声乐专辑《重访 61 号公路》（*Highway 61 Revisited*），其中有迪伦的重量级单曲《像一块滚石》（*Like a Rolling Stone*）。再次雇用了群鹰乐队（the Hawks）——也就是后来的"乐队"乐队（the Band），乐队中有罗比·罗伯逊（Robbie Robertson）和列文·赫尔姆（Levon Helm），一起进行宣传专辑的巡演。

1966 年

在纳什维尔录制《金发叠金发》（*Blonde on Blonde*）专辑。踏上世界巡演之路，每一站的表演都分为两部分，首先自己用原声吉他和口琴表演，然后和群鹰乐队进行高能电声表演。7 月发生神秘车祸，迪伦的胜利牌 55 型摩托车在纽约伍德斯托克附近出事。退出公开演出以及录音。

1967 年

一边休养，一边与群鹰乐队录了不少歌，录制地点是乐队邻近的房子的地下室（即第一批广泛流传的私录录音）。1975 年哥伦比亚唱片公司整理这些录音，发行为《地下室录音带》（*The Basement Tapes*）。10 月和 11 月在纳什维尔录制《约翰·韦斯利·哈丁》（*John Wesley Harding*）专辑。

1968 年

1 月，车祸后首次公开露面，在伍迪·格思里纪念音乐会上唱了三首歌。

1969 年

发行全乡村乐专辑《纳什维尔天际线》（*Nashville Skyline*）。5 月，出现在约翰尼·卡什（Johnny Cash）的电视节目的首秀中，与卡什共同表演了三首歌。8 月，为英格兰的怀特岛音乐节开场，此前拒绝了伍德斯托克音乐节的邀请。

1970 年

《自画像》(*Self-Portrait*) 专辑发行，反响不佳。专辑中多为翻唱歌曲。《新晨》(*New Morning*) 专辑发行，反响稍好。6 月 9 日，接受普林斯顿大学授予的音乐荣誉博士学位。

1971 年

在前披头士乐队成员乔治·哈里森 (George Harrison) 发起的孟加拉公益音乐会上表演。单曲《乔治·杰克逊》(*George Jackson*) 是他这一年发行的唯一一张录音室唱片。与艾伦·金斯堡一起录音 (至今仍未发行)。

1972 年

参与萨姆·佩金法 (Sam Peckinpah) 导演的电影《帕特·加勒特和比利小子》(*Pat Garrett and Billy the Kid*)，为电影写歌曲 (1973 年发行电影原声唱片)，并在片中扮演"化名" (Alias)。

1973 年

与"乐队"乐队录制《行星波》(*Planet Waves*) 专辑 (于 1974 年 1 月发行)，离开哥伦比亚唱片公司加入庇护唱片公司 (Asylum)，开始为《行星波》专辑的宣传巡演排练。

1974 年

鲍勃·迪伦和"乐队"乐队的巡演录制发行为《洪水来临前》(*Before the Flood*) 专辑。9 月，开始录制《轨道上的血》(*Blood on the Tracks*) 专辑 (在 1975 年发行)，回到了哥伦比亚唱片公司旗下。

1975 年

探望狱中的拳击手鲁宾·"飓风"·卡特 (Rubin "Hurricane" Carter)，写了歌曲《飓风》，描述卡特在新泽西州帕特森市的一宗三重谋杀案中被错误定罪一事。踏上“滚雷秀”（Rolling Thunder Revue）之旅，参与巡演的有T–波恩·波奈特（T–Bone Burnett）、“漫游者”杰克·埃利奥特（“Ramblin” Jack Elliott）、艾伦·金斯堡、罗杰·麦吉恩、琼尼·米切尔（Joni Mitchell）和琼·贝兹。

1975 年

“滚雷秀”继续进行。迪伦发行了与剧作家雅克·莱维（Jacques Levy）合作的《渴望》（*Desire*）专辑。专辑登上排行榜榜首（迪伦的下一张排行榜冠军专辑要等到 30 年后）。出现在“乐队”乐队的告别演唱会上，马丁·斯科塞斯将演唱会拍成了纪录片《最后的华尔兹》（*The Last Waltz*）。

1978 年

发行《合法上路》（*Street Legal*）专辑。与萨拉的婚姻以离婚告终。迪伦导演的电影《雷纳尔多和克拉拉》（*Renaldo and Clara*）上映。这部影片使用“滚雷秀”的音乐会录影材料，他自己和琼·贝兹均出演。影片反响不佳。

1979 年

1 月到 4 月，参加加州雷西多（Reseda）葡萄园使徒学校的圣经学习课。发行受福音启发的专辑《慢车开来》（*Slow Train Coming*），凭歌曲《总要侍奉谁》（*Gotta Serve Somebody*）赢得格莱美最佳男声演唱奖。

1980 年

发行第二张“重生”专辑《得救》（*Saved*）。进行巡演，他的 60 年代多张唱片里的不少歌曲因此再次引起注意。

1981 年

发行《来一针爱》（*Shot of Love*）专辑，其中既有受基督教影响的歌曲，也有世俗歌曲。

1982 年

去了以色列；传言说他摈弃了自己的“重生”基督教徒身份。

1983 年

发行《异教徒》（*Infidels*）专辑，甚受赞誉。

1984 年

3 月上“戴维·莱特曼的深夜秀”，为他伴奏的是一支朋克乐队，唱了三首歌。随后去欧洲巡演，巡演部分录音构成了《真实现场》（*Real Live*）专辑。

1985 年

发行《帝国滑稽剧》（*Empire Burlesque*）专辑。在“援助现场”（Live Aid）音乐会上表演，伴奏是基思·理查兹（Keith Richards）和龙尼·伍德（Ronnie Wood），反响不佳；在“援助农场”（Farm Aid）音乐会上表演，伴奏是汤姆·佩蒂和负心人乐队（Tom Petty and the Heartbreakers），反响颇佳。

1986 年

与汤姆·佩蒂和负心人乐队一起巡演。发行《烂醉如泥》（*Knocked out Loaded*）专辑。与伴唱歌手卡罗尔·丹尼斯（Carol Dennis）秘密结婚（1992 年离婚）。

1987 年

与感恩的死者乐队（The Grateful Dead）一起巡演，巡演部分录音于 1988 年发行为《迪伦和死者》（*Dylan and the Dead*）专辑，对巡演的评价大多不佳。和佩蒂一起成功地进行了中东和欧洲巡演。

1988 年

《妙境深处》（*Down in the Groove*）专辑未受好评。参加超级组合“旅行的差错”（Traveling Wilburys），与乔治·哈里森、汤姆·佩蒂、罗伊·奥比森（Roy Orbison）和电光管弦乐队（ELO）创始人杰夫·林恩（Jeff Lynne）一起录音。进入摇滚名人堂，引介人是布鲁斯·斯普林斯汀（Bruce Springsteen）。开始“永不落幕的巡演”（持续到今天）。

1989 年

录制发行了反响不错的《哦，仁慈》（*Oh Mercy*）专辑，制作人是丹尼尔·拉诺瓦（Daniel Lanois）。同时，专辑中歌曲《政治世界》（*Political World*）的音乐录影带在MTV电视台播放。

1990 年

旅行的差错乐队重组（除了已去世的奥比森），录制第二张专辑《旅行的差错第三辑》（*The Traveling Wilburys Vol. 3*）。发行《红色天空下》（*Under the Red Sky*）专辑，参与专辑录制的有乔治·哈里森、斯莱西（Slash）、斯蒂维·雷·沃恩（Stevie Ray Vaughn）和埃尔顿·约翰（Elton John）。接受“艺术和文学勋章”（法国的最高文化荣誉）。

1991 年

在格莱美颁奖礼上接受终身成就奖，演唱了《战争专家》，抗议第一次伊拉克战争。《私录系列 1–3 辑》（*The Bootleg Series Vol. 1-3*）发行，收录了不少过去被剔除但如今受到赞扬的录音。

1992 年

发行《我对你这么好》（*Good as I Been to You*）专辑，用原声伴奏唱民谣老歌。

1993 年

发行原声布鲁斯专辑《世界出了错》（*World Gone Wrong*）。

1994年

在伍德斯托克25周年音乐节上登场。在MTV电视台的“不插电”节目中表演，并发行一张用原声乐器表演自己的经典电声歌曲的现场专辑。

1997年

1月，再次与拉诺瓦合作，录制《被遗忘的时光》（*Time Out of Mind*）专辑。专辑原定春季发行，但发行前迪伦患上一种几乎致死的心脏感染（心包炎）。恢复后，盛夏时开始巡演；秋季为教皇约翰·保罗二世表演。《渺茫时日》发行于9月，在公告牌排行榜上最高达到第10位，也是20年来的最高排位。12月，克林顿总统授予迪伦“肯尼迪中心终身成就奖”。

1998年

凭《被遗忘的时光》专辑获得自己的第一个格莱美年度专辑奖。秋季，与范·莫里森（Van Morrison）和琼尼·米切尔一起巡演。1966年在皇家阿尔贝特音乐厅的传奇演出由哥伦比亚唱片公司发行为唱片。

1999年

与保罗·西蒙（Paul Simon）一起巡演。

2001年

为2000年电影《奇迹小子》（*Wonder Boys*）写的歌曲《事情变了》（*Things Have Changed*）赢得一项格莱美奖、一项金球奖和奥斯卡最佳歌曲奖。带着奥斯卡小金人巡演，表演时置于音箱上。9月，发行《“爱与窃”》专辑，备受赞誉。

2003年

为电影《神与将军》（*Gods and Generals*）写歌曲《穿越绿山》（*Cross the Green Mountain*）。他自己与拉里·查尔斯（Larry Charles）合作的电影《蒙面者和匿名者》（*Masked & Anonymous*）上映，未获好评。

2004 年

出版散文体自传《编年史：第一卷》(*Chronicles: Volume One*)。

2005 年

马丁·斯科塞斯导演的四小时纪录片《没有家的方向》(*No Direction Home*) 通过电视与大量美国观众见面，又发行为 DVD，内有未发行过的 20 世纪 60 年代早期私录录音。为电影《北国》(*North Country*) 录制歌曲《告诉老比尔》(*Tell Ol' Bill*)。

2006 年

录制发行《摩登时代》(*Modern Times*) 专辑。这是 30 年来迪伦的第一张排行榜冠军专辑。65 岁的迪伦成为登上过榜首的最年长的在世艺术家。他还开始做内容多样的电台节目《主题时间广播》(*Theme Time Radio Hour*)。

2007 年

据说迪伦在带头做一个合作项目，录制汉克·威廉斯 (Hank Williams) 的遗作 (那位乡村音乐艺术家去世时已写成但未录制的歌曲)。

2008 年

9 月迪伦在《纽约客》发表了两首诗《17》和《21》。它们选自即将出版的书《好莱坞摄影修辞：丢失的手稿》(*Hollywood Foto-Rhetoric: The Lost Manuscript*)。哥伦比亚唱片公司宣布将在 10 月发行私录系列《第 8 辑：迹象》(*Bootleg Series Vol. 8, Tell Tale Signs*)，收录 1989—2006 年未发行的珍稀录音。

对迪伦歌词的说明

本书引用的歌词，或是作者自己听迪伦歌曲记下的，或来自迪伦的“官方”网站（bobdylan.com），或来自《鲍勃·迪伦歌词集：1962—2001》（*Bob Dylan, Lyrics: 1962-2001*，New York：Simon & Schuster，2004）。有的地方，官方出版的歌词不同于各种录音中的歌词，有时候差别挺大。本书各个作者自行斟酌采用哪个“版本”的歌词。

导 论

凯文·J. H. 德特马

美国流行音乐界中，这个时代或任何时代，没人像鲍勃·迪伦那样受到评论界的大量关注，而且很多评论都新颖敏锐。同样重要的是，没有哪个流行文化人物如迪伦这般进入大学语言文学系的课程。批评家说詹姆斯·乔伊斯是“上帝给英语系的礼物”，而迪伦一样配得上这个称呼。早在1972年，学术刊物上就开始出现使用文学研究方法分析鲍勃·迪伦歌曲的文章。或许更令人吃惊的是，面向中学师生的《学校杂志》（*Scholastic Magazine*）在1970年就刊发了一篇谈迪伦的文章。迪伦的传记作者克林顿·海林（Clinton Heylin）称迪伦的作品是“摇滚乐最重要的正典”。这赞誉甚至可能说轻了，因为迪伦大概是20世纪全部美国流行音乐中最重要的正典。而且海林用这个含有政治意味的“正典”（canon）一词时并未不好意思，说明迪伦早就进入了学术界，于是，在剑桥大学出版社这个卓越的系列丛书里添加一本关于鲍勃·迪伦的就挺自然了。

戴维·盖茨（David Gates）说迪伦“之于流行音乐如同爱因斯坦之于物理学”（第62页）。这话初听起来像夸张的修辞，其实不是。（如果这话有毛病，也不在于将这两位创新者相提并论，而在于并称那两个创新领域。）迪伦把长句重新带进美国流行歌曲，很像100年前瓦尔特·惠特曼把长句重新带进写给普通人看的美国诗歌。传统民谣的歌词很清晰，有时孩子气，迪伦则引入了法国象征主义的策略，即做暗示而不是精确描述。这种抒情印象主义的风格与我们时代的内省（有时还受到致幻剂的强化）听歌风格极相配。与这两个因素同样重要的是，很年轻时迪伦就卖弄他那疑似老年人的嗓音——借用格雷尔·马库斯（Greil Marcus）的短语，仿佛就是“奇异的老美国”的嗓音。那个时代流行明星（甚至民谣明星）是要像夜莺般歌唱的，迪伦却唱得像乌鸦。但他那沙哑的嗓音似乎包含着一种深度，莺声燕语唱不出的情感、激情、愤怒、欢愉、智慧和幻灭的深度。这种嗓音的出现是一种启示。它像是真理的声音。

早在1968年，评论家尼克·科恩（Nik Cohn）就写道:“几乎每个人都被［迪伦］推着……几乎现在的一切新东西都能追溯到他。简而言之，他使流行乐长大了，他给了流行乐脑子……”（174页）随后的岁月里，迪伦的影响完全没有减弱。过去10年中成名的最有才华最具创新性的美国吉他手之一是杰克·怀特（Jack White)[白条纹乐队（White Stripes)，故事大王乐队（Raconteurs)]，他在2006年的一期《滚石》杂志上宣布:“我有三个父亲：生身父亲，上帝，鲍勃·迪伦。”X世代导演托德·海恩斯（Todd Haynes）的2007年电影《我不在那里》（*I'm Not There*）是一部迪伦传记影片，参演者中有不少好莱坞重量级人物，如凯特·布兰切特（Cate Blanchett)、克里斯蒂安·贝尔（Christian Bale)、朱莉安·摩尔（Julianne Moore)、理查·基尔（Richard Gere）和现已故去的希思·莱杰（Heath Ledger)。影片明确刻画了迪伦影响中的一个重要部分，即神话的维度，并赋予其自我意识。又一代新的音乐家和艺术家正列队向迪伦致敬。

1974年，迪伦和“乐队”乐队一起巡演时，550万人（接近美国人口的4%）寄钱预订门票。如今的迪伦已没有那样的流行度了，但今天的美国流行乐处于碎片化状态，没有任何一位艺术家有这样的流行度，也不可能有。不过迪伦的热度正在上升——这件事隔一段时间就会发生一次。新的评论文章似乎每个月都会出现，有些文章的写作机缘是迪伦半盘托出的自传《编年史：第一卷》；马丁·斯科塞斯的《没有家的方向》起初是在晚间播出的多集电视纪录片，后制成DVD，意在为大众衡量迪伦的成就，尽管片中只讲述了他的早期音乐生涯。甚至迪伦的卫星广播节目也提供了其影响力的新型证据，引发了一拨评论文章的写作。

本书必须面对一个棘手的问题，即迪伦的诗人身份。他在何种程度上是或不是个诗人？这问题也许还要放在其他“摇滚诗人”的语境中来回答，比如莱昂纳德·科恩（Leonard Cohen）、琼尼·米切尔、帕蒂·史密斯、保罗·西蒙和卢·里德（Lou Reed）。迪伦自己坚持说他不是个诗人。有人给他贴上诗人的标签时，他的反应是：“华兹华斯是诗人，雪莱是诗人，艾伦·金斯堡是诗人。”不过，部分由于美国大学的机构性需要（他们最初把迪伦带进课堂时唯一能用的头衔是“诗人”），他的歌词（更一般性地说，摇滚乐）是不是诗这个问题引起了某种困惑。罗伯特·克里斯戈（Robert Christgau）明智地提醒我们：“迪伦是写歌人，不是诗人……《我的旧篇章》（*My Back Pages*）是一首坏诗。但它是一首好歌……”（“ Rock Lyrics”，第63页）

我同意克里斯戈，主张迪伦不是个重要诗人。但他对（较宽泛意义上的）文学艺术的贡献是第一流的。于是就有了这个核心悖论：人们承认迪伦是重要的文学艺术家，但他从未发表过一部重要的传统文学作品（尽管现在有人会举出那部刚刚出版的回忆录《编年史：第一卷》）。但我想说，迪伦的作品在最基本的意义上是文学性的：他的敏感和感性为了展示自身，几乎本能地寻找文学语言的资源，像乔伊斯笔下的斯蒂芬·迪达勒斯自矜的那样，“把俗常经验转化为永生的发光体”。雪莱在《诗辩》（*Defense of Poetry*）结尾处宣告诗人是“不可解的灵感的解经者”，是“未来投向当下的巨影的镜子”，是“不理解自身表达了什么的语词”。也许只有在这个意义上，迪伦是个诗人。迪伦并未在作品中称自己是先知（他肯定鄙弃这个称谓），但同时，迪伦的作品一次又一次被证明是先知性的，赋予那未来的巨影以形状和实质。他的作品还使过去的教训获得持久的力量而得到流传：《战争专家》这首歌 1963 年发行时，也许因稍许的过分尖厉而受损，像有一点点偏执狂，但每过一天都显得更有先见之明。每一天。

英语系最初把迪伦当诗人引入课程和教材，因为那是当时最相近的范畴（20 世纪 60 年代末和 70 年代初）。但后来英语系从文学研究转向了文化研究，把文学分析的对象扩展到流行文化和日常生活的领域，拓展了我们对文学的理解。这样一来，迪伦之为文学研究的对象就完全有理有据了。20 世纪前几十年，高级文化和低级文化的文字互相隔离，批评家安德烈亚斯·胡伊森（Andreas Huyssen）称之为“大分界”；如今很大程度上后现代公共领域已为两者架起了桥梁，迪伦正是居于这个领域。同样，在学术界，将“低级”的流行之物排除出学术视野的无根据做法已成为过去（尽管有些晚）。

在这个重获活力的、民主的、通俗语言的形势下，迪伦的作品在文学课堂里比以往任何时候都更有价值：他的歌曲提供了一系列惊人的文本，可从中探索各种问题，如互文性（自由地借用，就像迪伦自由地借用传统流行音乐前辈的东西)、反讽、政治行动的修辞、形式主义分析的限度、现代主义的文本性、现代作者与名人的协同以及自传体人种志(autoethnography)。如果哪位读者对于迪伦之为“文学”艺术家的资格有疑虑,我相信本书的各章将会打消这种疑虑。现在我就来介绍这些文章。

本书书首是“迪伦年表”。鲍勃·迪伦的生平包裹在神话的云雾中,其程度即便在追逐名声又渴求隐私的公众人物中间也几乎是前所未有的。本杰明·赫丁(Benjamin Hedin)写道:“迪伦的创造神话是精致的、精心推广的。”(第3页)也许他还该加上“奇异,自相矛盾,常常蓄意、得意地作假,而且可坐实为假”。尽管如此,他迄今为止的生活和音乐生涯里当然有许多确实的里程碑,“年表”就对之进行了勾勒,以方便读者。

本书的第一部分“视角”由9章构成,意在衡量迪伦的成就和影响,并把他的作品置于一个正在进展的艺术和政治传统中。各章或挑出一条迪伦音乐生涯的“贯穿线索”,追踪迪伦作品中的某个主题、关切或影响,或挑出对迪伦作品的某种反应,在迪伦40多年的职业生涯中予以考察。迪伦作为艺术家的多面性是出了名的,伯纳德·帕图瑞尔(Bernard Paturel)说,“鲍勃·迪伦有太多面了,他是圆的”;他也像约翰·济慈说的“变色龙诗人”,全都是面具,没有“本质”的东西。迪伦声称:“只有是鲍勃·迪伦时我才是鲍勃·迪伦。”;正如克林顿·海林所言,“重新发明鲍勃·迪伦过去和现在是谁的能力一直是他艺术的首要特点”。(Heylin,*Behind the Shades*,第716页)无论多么悖谬,这一点却与歌迷对他的本真性、透明性及剖白之诚挚的信念结合在一起。

在熟悉的和弦序列和乐器的陪伴下,迪伦不懈地批判美国意识形态的伪善，总是敦促我们加把劲去实现这个国家奠基于其上的梦想。1963 年，英国人正要入侵美国流行音乐之际，迪伦发行了《自由不羁的鲍勃·迪伦》专辑；此后不久他就停止创作话题歌曲，但从未停止创作政治歌曲。正如话题歌曲不必是政治性的，有政治意义的歌曲也不必是话题性的。这个差别太经常被忽略了。迪伦是我们的流行艺术家中间最政治性的一个，也是我们的政治艺术家中间最流行的一个。但他要求我们在最宽泛的意义上理解“政治”这个词，因此，我抗住诱惑，未把迪伦的政治列为独立的范畴，而是强调贯穿迪伦作品的政治良心，结合各章中对迪伦政治的讨论来谈。

戴维·亚夫的《鲍勃·迪伦与盎格鲁－美利坚传统》居于篇首，文中特别谈到近来针对迪伦作品的剽窃指控（埃里克·洛特谈《“爱与窃”》专辑的文章和马丁·雅各比谈迪伦的合作的文章与此有所呼应）。无论迪伦自己承认的部分还是隐藏的部分，迪伦之受惠于盎格鲁－美利坚流行音乐可追溯到 19 世纪的音乐实践乃至更早，包括民谣、歌舞杂耍秀和吟游秀。重新发现“根源”(roots) 音乐是过去 10 年音乐界的特征，在此期间，迪伦的作品又一次有了新的意味和价值。每一个与迪伦共同演奏过的录音乐手都给出一致的证词，说排练不可避免地“变成一个全套的美国歌曲的非正式工作坊”。这些证词表明他是流行音乐曲目的活宝库，也表明他能用新鲜、惊人、有时具有揭示性的方式重新组合和运用那些曲目。查理·塞克斯顿（Charlie Sexton）在 20 世纪 80 年代初期参与过迪伦的非正式即兴录音，他就此写道：“[迪伦] 拿起吉他开始弹唱，没有任何介绍或说明……我一直问他：‘这歌是你的吗？’他用那个沙哑的嗓音咕哝：‘不是，内战时候的。’”迪伦有离群索居的名声，因此他近来当电台DJ的举动有点儿让人吃惊。他做的是一档老派的主题音乐节目，似乎找到了略微遭压抑的教学冲动的最新出口：迪伦在用这个平台把我们这个公民体共享却将隐于表面之下的音乐遗产教给他的听众，并且向影响他艺术生涯最深的音乐脱帽致敬。

在《鲍勃·迪伦与“滚雷秀”》一文中，迈克尔·邓宁解读“滚雷秀”巡演，梳理迪伦在里根时期的表演政治。当然，录制自己首张专辑时的迪伦完全笼罩在伍迪·格思里的影子下，来到纽约后他经常去布鲁克林州立医院探望格思里，但他对音乐抗议运动把政治挂在嘴边的行事手法越来越不满，也厌倦了民谣纯粹主义者的内战——民谣音乐中的纯粹主义者正如古典音乐中信奉“原初乐器”的乐迷，相信民谣音乐的生机精神是将其用于当代政治斗争的理由。有几年迪伦直接用民谣/抗议的语言创作，写出了几首那时期最著名的歌曲：《答案在风中飘》（由彼得、保罗和玛丽合唱团唱红）中的篝火宿命论，《玛姬的农场》（*Maggie's Farm*）里新采用的电声乐器的愤怒，还有至今仍有效（或重新有效）的鲜明反战抗议歌曲，如攻击军-工业复合体的《战争专家》。尽管始终对“抗议歌手”的标签感到不适，迪伦还是逐渐找到办法既让人们听到自己的声音又不限制那声音的音域；他参与第一次“援助现场”活动，他在随后的“援助农场”演唱会中的策划作用，都是那种欲望的相应体现。实际上，正如邓宁的有力论证所言，迪伦的最持久政治遗产说到底大概就是公益演唱会本身。

在《写歌人鲍勃·迪伦》中，安东尼·迪科蒂斯既关注迪伦歌词及音乐创作的连续性，也关注其创新性。例如，迪伦成功地将伍迪·格思里等人作品中的政治急迫性与法国超现实主义诗歌的语词能量和暗示意味结合起来，还与他最成功的政治歌谣中的第二人称疑问句的力量（“滋味怎么样？”“你知道有什么事情在发生，但你不知道是什么，对吗？”）结合起来。对自己歌词的原创性，迪伦从未不好意思坚持，但他从未说自己的旋律主要是原创的，而且很愿意承认多数旋律是从传统资源中相当自由地借鉴来的。他2001年专辑的名称“爱与窃”嘲弄地指向自己一生对传统的爱和窃，他自己正是那个传统的守护人。埃里克·洛特写那张专辑的文章（也是全书最后一篇）特别谈了这个话题。不过人们也公认在流行音乐歌词方面几乎没有人能与迪伦匹敌，迪科蒂斯文章的焦点便放在迪伦的歌词及写歌方法上。

在一个相对短的时间跨度里，迪伦要适应从东村咖啡馆演出到国际体育场演唱会的转换。正如他最棒专辑的标志性地位在歌迷心中始终未变，没有哪位表演者的演出像迪伦的所有演出那般受到拥趸的珍视（只有布鲁斯·斯普林斯汀庶几近之）。在《表演者鲍勃·迪伦》一文中，阿兰·莱特生动描绘了目睹迪伦演出是何种体验。不是说迪伦的所有演出全是卓越的。迪伦数十年间的巡演，还有正在进行的“永不落幕的巡演”（始于1988年2月），其水准出了名地参差不齐：这一夜如同启示，下一夜潦潦草草（甚至使人难堪）。但迪伦尽心尽力从事自己对公众的音乐教育。“像一块滚石”，他拒绝在艺术上停滞不前，始终挑战自己：新的编排，新的乐队成员，新的乐句句读和嗓音色彩，甚至改动他的《旧篇章》歌曲的歌词。当然，迪伦最著名的“乐器”是那独特的、不讨喜的嗓音。罗伯特·谢尔顿在自己第一篇面向全国读者评论迪伦的文章中说，那个嗓音“绝对不漂亮”，但直到今天那嗓音仍是美国流行音乐中最常被描述的嗓音，对之的描述也富于色彩。在所有的描述中，乔伊斯·卡罗尔·奥茨（Joyce Carol Oates）的描述大概是最形象的：“有着诚实的鼻音，仿佛砂纸会唱歌。”尽管人们主要将迪伦视为他那一代人中最重要的写歌人，迪伦却认为自己首先是个表演者。他在1991年的一次采访中解释说：“最初吸引我来干这档子事的不是写歌……我感兴趣的是当音乐家……在我心底当音乐家始终是首要的事情。”

尽管迪伦很配得上“独行者”的名声，对其音乐生涯的研究却也说明他的创造性颇依赖与其他音乐家的合作。马丁·雅各比在《鲍勃·迪伦与合作》一文中甚至挑衅地提出，“其他”音乐家中的一个是早期的他自己。在写歌方面，迪伦的正式合作并不多（值得一提的是创作《渴望》专辑时与雅克·莱维的合作），但与其他音乐家的非正式互动似乎以捉摸不定的方式刺激他的想象力，或是随意的即兴合奏，或是巡演排练，或是迪伦录制歌曲时常有的即兴兼排练。这一章还谈了迪伦与各异的音乐家、团体和艺术家之间的较正式的、有时较持久的合作关系，如群鹰乐队、“乐队”乐队、琼·贝兹、“滚雷秀”团体、感恩的死者乐队、负心人乐队和旅行的差错乐队。

在迪伦的重要合作中，女性合作对象不多，其中最出名的与琼·贝兹的合作，则由于双方的贡献很快显得不均衡，几乎很难称之为“合作”。芭芭拉·奥戴尔在《鲍勃·迪伦与性别政治》中解读女人在迪伦作品里的地位，出人意料地持同情态度。如果说迪伦是新解放的性和性别关系在20世纪60年代的幸运继承者，那么在某些方面他也是被那种关系宠坏的孩子。许多评论者和歌迷用许多方式否认或化解迪伦的性别歧视，但怀疑难以驱散。尽管人们常常说他只是为了某些具体的女人而愤怒，而非较一般性地恐惧或不信任女人，但40多年积累的记录显得不是这样。有时，迪伦的倒退的性别政治与简单的个人中心主义无法区分。例如，他在《渴望》专辑中收入《萨拉》（*Sara*）这首哀怨而优美的歌谣，竟能唱出“萨拉，萨拉 / 到底为了什么你要改变心意”，可同时他却正在出轨（一系列出轨的一次）——这是怪罪受害者的尴尬例子，但也不能归结为就是仇视女性。

只有很少人还在为迪伦洗清一切性别歧视罪名，形式主义批评家克里斯托弗·里克斯是其中一位。但很难为《雨天的女人 #12 & #35》（*Rainy Day Women #12 and #35*）这样的歌辩护。这首歌不善地指涉《圣经》（“箴言”，27：15，“雨天的淫雨就像爱吵架的女人”），并改写了《新约》中威胁要用石头将那女人砸死在井中的故事，说女人们用石头砸可怜的迪伦（“唔，你独自走路时她们拿石头砸你 / 你回家了她们拿石头砸你”），歌中还有一种老好人做音乐的气氛。当然写歌人迪伦和生活中的迪伦并不等同于歌曲中的人，如果人们坚持把迪伦自己的态度和价值观与他歌曲叙事中的声音直接等同，从而拖累这个时代的一位最有想象力和创造力的写歌人，那就不明智了。奥戴尔讲述了自己在成长为女性主义者的途中遭遇迪伦作品的经验，尤其是那首（对女性主义者来说）名声颇恶的《来，姑娘，来》（*Lay, Lady, Lay*），试图说明一个女性主义者如何还能在心中为迪伦留出位置。

作为一个十足宗教性、对异端甘之如饴的思考者——他短暂的（基督教和犹太教）正统时期像是对这种疏离的偏离——鲍勃·迪伦是英国浪漫主义诗人威廉·布莱克（Willian Blake）的精神孪生兄弟。克利夫顿·斯帕戈和安妮·里姆在《鲍勃·迪伦和宗教》中不只谈了迪伦与基督教的牵扯及与犹太教的关系，也不是只考虑迪伦1979年皈依后三张显见的基督教专辑（《慢车开来》《得救》和《来一针爱》)。他们还谈到迪伦最具挑战性的作品(《重访61号公路》《总要侍奉谁》)中的更宽泛宗教逻辑(即克里斯托弗·里克斯说的“迪伦所见的罪”),以及迪伦对犹太教－基督教的教诲和某种美国政治－公民宗教的有效融合。正如他在大多数重要问题上的立场,迪伦与宗教的关系随着时间的推移发生过显著的变化,常常无法预料。克林顿·海林如此描述迪伦的音乐生涯:“一场非常个体性的战役,目标是构建一种同时保有他对上帝和人的信仰的世界观。”(Heylin, *Behind the Shades*, ix页)但海林忘了加一句,那种世界观也体现了他对上帝和人的深深怀疑。最近一次谈到他如何理解他的信仰和他的艺术之间的关系时,迪伦似乎出色地保持了种种倾向的平衡:“我在音乐中找到虔信和哲学。我不是在别处找到的……我不依附于拉比、牧师、福音传道士……我从这些歌曲中学到的东西比从那些人士那里学到的东西更多。这些歌曲是我的词汇表。我相信这些歌曲。”

那些歌曲——迪伦的歌曲——如今已成为高等教育词汇表的一部分。随着新批评的“细读”方法逐渐主宰美国英语系,同时“美国研究”专业也建立起来,随着民权运动和反越战的政治躁动闯入了大学教室,迪伦的圆熟流行歌曲里的精良歌词恰逢其时,提供了一种赋予美国文学及美国文化史教学“有效性”的合理手段。李·马歇尔在《鲍勃·迪伦和学院》中讨论了鲍勃·迪伦的作品和用于解释鲍勃·迪伦作品的批评工具的相互构建。迪伦的歌曲具有印象主义式的暗示性和超现实主义的意味,很适宜新批评倡导的细读方法,迪伦对文学(特别是《圣经》)指涉的有意识运用则勾画出他承继英语大诗人和西欧文学传统的谱系。迪伦不仅回馈了细读,而且用自己的作品体现了认真研习文学的益处。1997年迪伦首次被提名诺贝尔文学奖，那不只是推举者心血来潮，用提名信里的话来说，“他的词语和音乐帮助恢复了诗歌和音乐之间历史悠久的关键联系，并且传播到世界各地，改变了世界的历史”。

不过，要像新批评偏爱的那样对迪伦作品进行狭窄的形式主义阅读，就得压制迪伦作品中明显的反体制政治寓意，而“文化素养性”(cultural literacy) 的学院拥护者太经常地在讨论迪伦音乐的同时意识不到自己的“流行白丁性”[pop illiteraly，理查德·戈德斯坦 (Richard Goldstein) 语]，把迪伦的歌曲抽离出政治、历史和文化的语境，可迪伦歌曲的效力根本离不开那些语境。当然，到今天迪伦仍是学院话语在流行文化方面青睐的研究对象。本杰明·赫丁敏锐地观察到，“熬夜索解《玛姬的农场》的兴奋小青年和大学生成了教授、记者及教育层级中的其他领袖”。将流行文化吸收进大学体系中总是既有益处又有代价。由于较早就被英语教授们引入大学，迪伦的作品是所有美国流行音乐中被研究得最细致的（而迪伦也给予了回馈，用一部文学 - 文化批评的著作名命名了自己的 2001 年专辑）。但这样的学术工作必须意识到戈德斯坦所言的“滚教职秀”和 迪伦学”[1]，这个警告不是说迪伦的作品经不住细致的究查，而是说：他的歌曲不是新批评观念体系里的“精良的瓮”，而是在个人、国家、世代、种族、性的变化熔炉里铸造出的，也只能这样去理解。

因此，迪伦看似是新批评分析的完美对象，但迪伦的音乐融贯地、持续地暴露新批评主义的一条原则之假，即一切伟大文学的非

1 滚教职秀，原词为Rolling Tenure Revue，仿迪伦的巡演“滚雷秀”（Rolling Thunder Revue）；迪伦学，原词为Ph.Dylannology，仿Ph.D（博士学位）。——译者注（本书注释如无特别说明均为译者注。）

政治性。尽管在手法上与任何大作家同样机巧，迪伦却也犀利地刻画政治伪善，成为一种似乎走入迷途的文化中的流行文化先知，同时挑战“代沟”两侧的人。与迪伦共同成长的那一代人已经成为这个国家的统治阶级（迪伦那一辈人最近年满 65 岁了），他则变成了 60 年代理想主义、艺术献身和粗粝个人主义的恒久标志。这引出了一些令人困惑的矛盾之举：迪伦进入了摇滚名人堂，被提名诺贝尔文学奖[1]，同时公然把自己变成一个商业品牌，做一档卫星广播节目“主题音乐时间：主持人鲍勃·迪伦”，更夸张的是他还为“维多利亚的秘密”做了卖内衣的电视广告。文化批评家戴维·沙姆韦在《文化偶像鲍勃·迪伦》一文中勾画了迪伦仍在进行中的自我创造和自我推广的轮廓。

理查德·戈德斯坦写过，不假思索地崇拜迪伦这个偶像对迪伦的艺术遗产不利：“他是他那一代人的光芒的象征。他年轻时就受了宣福，如今他正走在成圣之路上。”事实上可以说这封圣之举开始于几十年前。早在 1969 年，迪伦的神话般人格已经开始妨碍人们对他进行中肯的评价，一个例子是二流的《纳什维尔天际线》专辑得到的阿谀之词。戈德斯坦呼吁对迪伦的谨严作品集进行谨严的批评，这一呼吁在今天同样迫切：“我不信仰迪伦。他的词语不是《圣经》。我不是来崇拜他的，而是把他变得更复杂。”

迪伦出了近 30 张录音室专辑，更不用说还有 6 张官方现场专辑，数张电影原声专辑，一整套私录产业链（既有黑市的，也有哥伦比亚唱片公司正在出的“私录系列”）。因此，要从中选出几张唱片做细致讨论是个极难办的任务。但本书的第二部分“标志性专

---

1 迪伦已于 2016 年获得诺贝尔文学奖。——编者注

辑”恰恰就做了这件事。这里聚焦的 8 张专辑初步揭示了迪伦录音生涯的广度和成就。第二部分的每一篇短文都从个人的角度、用个人的声音讨论一张具有分水岭意义的迪伦专辑，有助于说明（例如）对于热爱迪伦作品的人而言迪伦的音乐意味着什么，那种意味是如何而来的。

如今，美国和欧洲的大学设立研究迪伦的课程已很普遍，谈不上是什么新鲜事了。迄今为止，大部分这种课程是在英语系或文学系里讲授的，其中缘由李·马歇尔谈迪伦与学院关系的那篇文章已有触及，但若简而言之，原因是迪伦的成名恰逢英语系寻求突破“高级”文化和“低级”文化之间的传统藩篱之际，他的高度文化性、文学性的流行歌曲为课堂和学术分析提供了完美的文本。从罗斯金学院、牛津大学到犹他谷州立大学，从沃福德学院到哈佛大学，从布朗大学、罗德岛设计学院到南内华达社区学院，如今数百所院校开设讨论迪伦的学期性课程。还有无数其他课程在宽广的文学、音乐或文化语境里考察迪伦的作品。《剑桥鲍勃·迪伦手册》是按教材来设计的，意在使迪伦作品的教学更为丰富：提供材料和视角以使他对当代文化的贡献更为生动和复杂，探索迪伦对文学教师和学生的持续吸引力，并将他置于美国流行文化和流行音乐的场域之中。

第一部分

视角

1. 鲍勃·迪伦与盎格鲁–美利坚传统

戴维·亚夫

2007年，托德·海恩斯（Todd Haynes）拍摄了电影《我不在那里》。片中，6位演员轮番扮演以鲍勃·迪伦为原型的角色，其中一位演员是凯特·布兰切特（Cate Blanchett）。影片结尾处，凯特·布兰切特坐在豪华轿车后座上，抽着香烟，吐出一串破碎的对白。这些对白直接取自1966年《花花公子》杂志的奈特·亨托夫（Nat Hentoff）对迪伦做的访谈。当时的迪伦正给人们带来一样新事物，即摇滚音乐会。这新事物很快就腐了，陈腐的速度就像戈德民谣城[1]的音乐集会一样快。但新事物的震撼仍和族语传统的诸考古层纠缠在一起。就算在一个杂乱晦涩的访谈中，迪伦——迪伦在《花花公子》上扮演的迪伦40年后成了布兰切特扮演的那个迪伦——也在设法回避且搅乱自己与民谣的关系。民谣这个音乐门类他永远无法完全丢弃。迪伦的访谈通常什么事情都不会揭示。但海恩斯把迪伦那个访谈的内容拿来，用印象主义的手法反复演奏，而且指涉了D. A. 彭内贝克（D. A. Pennebaker）1965年拍摄的迪伦巡演纪录片《不回头看》（*Don't Look Back*）和费里尼的影片《八部半》；

1　戈德民谣城（Gerde's Folk City），曼哈顿格林尼治村的一处演出场所，20世纪60年代开设，80年代关闭。

这种做法确实揭示了，我们梦中的迪伦一直拴在某种旧东西上，即便他正嗑高了安非他命并伴着反馈啸叫嘶声吼出简短的格言。海恩斯剪切拼接迪伦的访谈，可迪伦的访谈喋喋不休，不断喷出没逻辑的精辟警句，原本就显得破碎（“挂在骡子头上的珠宝和双目望远镜”）。他唱着，搅和着。面对“民谣传统”的问题时，迪伦既未认之为正统，也未弃之如敝屣。他知道自己无法淹没它的声音，无论扩音器的音量开到多大。民谣传统彻底植入了他的DNA，他知道他可以持续讲述这个事实，即便他不好好讲：

> 至于民谣和民谣摇滚，人们为这音乐发明什么肮脏的名字都无所谓。可以叫它砒霜音乐，或者菲德拉[1]音乐。我不觉得“民谣摇滚”这样的词跟它有任何关系。民谣音乐这个词我用不了。民谣音乐是一堆胖子。我只能把这一切都当传统音乐……每个人都知道我不是个民谣歌手。(Hentoff，“Playboy Interview”，第 98 页)

访谈里的句子说出来时，背景音乐是《低地的悲伤眼女士》(*Sad-Eyed Lady of the Lowlands*)。这首歌有苏格兰低地歌谣的影子，反复吟唱迪伦第一位妻子萨拉·朗兹[2]的名字。听众到今天都在争论“My warehouse eyes / My Arabian drums”[3]这句歌词里的“眼睛”(eyes)是动词还是名词，但这问题不会困扰苏格兰的民谣歌手。玩乐的迪

---

1 菲德拉（Phaedra），希腊神话里忒修斯之妻。

2 英文为Sara Lowndes，与Sad-Eyed Lady谐音。

3 这歌词既可理解为“我的仓库眼睛 / 我的阿拉伯鼓”，也可理解为“我的仓库看着 / 我的阿拉伯鼓”。

伦可能会避开“老歌谣”，但写歌的迪伦还在吸收其营养。公开露面时，迪伦抗议抗议运动和抗议运动唱的所有歌谣（他在1965年的一次新闻发布会上反复嘀咕“我总是在抗议”）；私下里，迪伦仍旧回头看。“传统音乐太不真实了，所以死不了，”他说。就算是1966年那个篡位的现代迪伦也杀不死它。这里迪伦做了区分：他跟什么东西一起玩，他向什么东西祈祷，他对什么东西保持尊重。那种玩乐很快过了头，迪伦差点儿就轰轰烈烈成了不朽的摇滚自杀偶像。但他没有致命地摔断脖子（也许根本没什么大伤）。他从城市退回到乡村，而且无视他自己的忠告：他回头看了。“传统”对他变得更重要了，成了一座要爬的大山。传统不只是用来瞎搞的东西，也不只是用来征服的东西。它是座圣殿。他没有加入伍德斯托克一代。他是个北部乡村的长老，一个26岁的隐士，学习画画，细读《圣经》，而且，就像他在布里克街到处借住时那样，擦拭着“哈里·史密斯78转”的唱片[1]。一时之间，那成了一个既新又旧的清晨。

好吧，说一说背景。如果你读这篇文章是想知道一点儿摇滚的初级知识，那就记笔记，但不要剽窃。剽窃的事留给迪伦去干吧（这一点以后再谈）。迪伦的故事已经有超过30本书啰唆过了，这些书现在就在我书架上呢（亚马逊网站上的迪伦书籍数量是这个数字的10倍还不止）。如果你把这些书通通读过了，是忠实的迪伦迷，你的马丁·斯科塞斯《没有家的方向》DVD已经看了太多次而花掉了，那么你读这段话时眼睛可能会呆滞，但反正我开始说了。从前，有个不再恪守犹太教规的小青年叫博比·齐默尔曼（Bobby

1 哈里·史密斯（Harry Smith），生于1923年，1952年编辑发行了一套唱片，称为《美国民谣音乐选集》，其中的歌曲选自他收藏的每分钟78转的绝版老唱片。

Zimmerman)，他掸了掸靴子上中西部的雪，搭车来到纽约，没打算回去。他揣着偷来的唱片，到了比利克街的民谣世界。世上永远不缺自命不凡的20岁青年，认为自己怎么一弄就能把世界变得更好，比他们无能的父母和权威人物控制的世界更好。但这个群体是特殊的。他们想要终结种族隔离，终结冷战外交政策。他们一边在没有酒精出售许可证的吧台喝着咖啡，一边做着这些事情。这些孩子是可爱的。你至少会觉得他们讨人喜欢。有些人——像是迪伦，还有唱歌的颤音能压倒1000个大喇叭的琼·贝兹——后来跟着马丁·路德·金一起游行，不只是嘴里说说要改变世界，而是在1963年的闷热夏日真的做到了。

但回头看1961年，来谈谈博比·齐默尔曼及其伙伴们心目中的英雄，比如一路跋涉的老民谣歌手们。我们都知道，齐默尔曼成了鲍勃·迪伦（就像埃利奥特·查尔斯·艾德诺佩兹成了漫游者杰克·埃利奥特[1]）。他把自己天生所属的种族留在了衣帽间，换成了种种装扮出来的人格和种族姿态。于是，年轻邋遢的迪伦穿着精心搭配的普罗阶级行头，在伍迪·格思里的床边单膝跪下。当时的伍迪·格思里正被亨廷顿舞蹈病折磨得奄奄一息。格思里有几个脸蛋红扑扑的追随者，他们在苦端夜总会（Bitter End）里弹唱《这土地是你的土地》（*This Land Is Your Land*），但没一个像博比那样得到了格思里的赐福。博比像个嘉年华叫卖者般操练这个老家伙的歌。1961年，年轻的博比在哥伦比亚唱片公司出了第一张专辑，里面有两首原创，其中一首唱道："嘿，嘿，伍迪·格思里，我给你写了首歌。"那首歌的旋律不知羞耻地抄自格思里的《1913年大屠杀》

---

1 即Ramblin' Jack Elliott，生于1931年，美国民谣歌手。

（*1913 Massacre*），但没有人抱怨。

于是，这一刻，迪伦还跪在格思里的床边，认真记住卡特家族[1]的吉他指弹，与皮特·西格尔[2]和睦相处，下一刻迪伦就成了一代人的声音。然后他在新港插上了电，皮特·西格尔威胁要用斧子砍断电线（是打比方还是真要拿斧子，全在于你相信哪个版本的故事）。《我不在那里》呈现的是我们想象的迪伦，我们潜意识的符号。海恩斯的迪伦（或那六分之一的那个，最迷人的那个，那个女妖精）提供了奈特·亨托夫的迪伦的迷幻拷贝。而迪伦也刻意与"民谣传统"拉开距离，同时很明白自己永远拴在民谣传统上了。"把你自己拴在有根的树上，"迪伦在《你哪儿也不去》（*You Ain't Goin' Nowhere*）里唱着。T. S. 艾略特在《传统与个人才能》里写道："但如果传统、传承的唯一形式，是照着我们上一代人的做法去做，盲目地、怯懦地依附那种做法的成功，那么绝对应该阻止'传统'。"迪伦两者兼得。所有艺术都是爱和窃（参见Eric Lott，第167页）。世界终归是这样，一如往常。

21世纪听鲍勃·迪伦演唱会的体验，更像是听"草原一家亲"[3]，没有任何反叛的味道。但若现在去想象那个说出"民谣音乐是一堆胖子"的僭越者迪伦，想象那个醉醺醺地对美国民权同盟说自己认同李·哈维·奥斯瓦尔德[4]的迪伦，还是很带劲的事情。但那像是已经过了一辈子（满是血汗的一辈子）。"菲德拉音乐""仳霜音乐"。曼彻斯特有人想搞民谣清洗，叫他"犹大！"，但其实是

1　卡特家族（Carter Family），美国民谣组合，活跃于20世纪30年代到50年代。

2　皮特·西格尔（Pete Seeger），生于1919年，美国民谣歌手。

3　"草原一家亲"（*A Prairie Home Companion*），美国的一档电台综艺节目。

4　奥斯瓦尔德，刺杀肯尼迪总统的凶手。

迪伦自找的。《宝贝，让我跟着你》（*Baby, Let Me Follow You Down*）这首歌，1966 年巡演时他和群鹰乐队嘶喊出的版本——以及 10 年后他和“乐队”乐队在“最后的华尔兹”演唱会上合唱的版本——与 1961 年首张专辑里那个礼貌扫弦版几乎没有什么相似之处[1]。巡演的版本是有点儿丑陋的，有股世界末日的味道。迪伦在专辑录音版里说，这首歌他得自埃里克·冯·施密特（Eric Von Schmidt），施密特则说自己最初是听到“盲男孩”福勒（Blind Boy Fuller）唱一首相似的歌，但没人能确定是怎么回事。嬗变早就超越了源头。我梦中的迪伦永远会嬗变，写下词语后很快就翻新它们，有时搞得抒情，多数时候搞得粗粝。真正相信迪伦的人跟随他，跟着他体验最吵闹和最不着调的变化。他们说像奴隶般卖命时就唱吧，但他只是厌烦了，而真正爱迪伦的人爱他的拒绝安定。他来劲的时候，没人能比他更好地自我亵渎。在《没事，妈（我只是流点儿血）》［*It's Alright, Ma (I'm Only Bleeding)*］这首歌里他吟诵一句出名的歌词：“不忙着出生的人忙着死掉。”《巴特莱特著名引语集》[2] 收入这个警句之前很久，他就知道灵感是断断续续的，人太容易对自己和自己的创造生出反感。通过唱片的重新发行、YouTube 和现在托德·海恩斯的片子，我们陶醉于永恒的 1966 年，永不停止的僭越之旅，永在持续的“操”，去感受——就像科特·柯本（Kurt Cobain）后来冲一个穿法兰绒衬衫的 X 时代人嘶喊的——“传染性的愚蠢”。他仍然只会弹不多的几个和弦，从来没弹得很好，甚至常常不在调上。他也从未脱离老歌的结构，即便在新港插电以后。他能走多少条路？他只

1　群鹰乐队即 The Hawks，是“乐队”乐队的前身；“乐队”乐队即 The Band；《最后的华尔兹》是马丁·斯科塞斯导演的纪录片。

2　《巴特莱特著名引语集》（*Bartlett's Familiar Quotations*），最早出版于 1855 年，至今仍在再版。

学会了有限数量的歌，只是一遍遍地弹这些歌，他作曲者的名声来自“传统编曲”。“那是民谣音乐传统，”2004年他对《洛杉矶时报》说，“你运用传承下来的东西。《时代正在改变》（*The Times They Are A-changin'*）这首歌大概源于一首苏格兰民谣老歌。”

从他最早期的歌起，迪伦就依赖各种传统，同时，在他最有灵感的时刻，他的缪斯指向新东西。在马丁·斯科塞斯的纪录片《没有家的方向》里，艾伦·金斯堡的模样像是正要去荒芜街[1]。金斯堡相当自恋地怀念道，第一次听到迪伦《暴雨将至》这首歌时他啜泣了，不是因为那首歌的末日味道，而是因为他感到“火炬传递下去了”。垮掉派不再是当道的嬉皮士了，那条老路（对金斯堡来说）正在快速隐退，而这首歌像是布里克街对古巴导弹危机的反应，指指戳戳。金斯堡知道这种指指戳戳会比印出来的文字召集更多的年轻精神，召集更多的钱包（这倒不是他的第一个念头）和力比多（好吧，这是他的第一个念头）。

但金斯堡肯定意识到了，伴随火炬传递的曲调已存在了几百年。《暴雨将至》大量借鉴了《兰德尔少爷》（*Lord Randall*）。《兰德尔少爷》是一首歌谣，有人猜测出自1232年去世的第六代切斯特伯爵（Earl of Chester）之手。许多世纪之后，这首歌的故事仍然在流传。我在2005年春天见过迪伦唱《暴雨将至》，就像金斯堡，我也听哭了。可是，1963年的听众听到的是冷战的焦虑，2005年的那个晚上，一波席卷灯塔剧院的掌声针对的是“刽子手的脸总是妥妥隐藏”——阿布格莱布虐俘事件发生在一年前，这句歌词仍然应景。早在1963年迪伦的眼光就不限于头条新闻了。当时，在一档

1 《荒芜街》（*Desolation Row*）是迪伦的一首歌。

电台节目上，斯塔兹·特克尔（Studs Terkel）说暴雨是核爆雨，却遭到年轻的新发迹者的纠正：“不，不——它是暴雨。”这事从未变得更容易。让歌曲保持一般性也就使它更像一首匿名的、公共的民歌，某种会永远存续的东西。《兰德尔少爷》的基础是常存的：士兵总是会被派到战场上，年轻人总是会面对死亡，总是会有歌手来歌唱他们。每一代人都以自己的方式看见世界的终结。

迪伦写这首歌时，正发酵的末日图景为他提供了一个有利的楔子，当时肯尼迪和卡斯特罗的军刀正开始咯嗒作响。迪伦拿来《兰德尔少爷》的骨架，填上歌词。歌词指涉了《指环王》（“12 座起雾的大山”）、种族不公（“我看见一个白人遛着黑狗”）和一种超越他年龄的古怪智慧（“我将在开口歌唱前熟谙我的歌”）。那重复吟唱令人晕眩、劈头盖脸，就像惠特曼的意象排列或《圣经》的咒语。盎格鲁 - 美利坚民谣传统也许只是一堆胖子。迪伦面前有一顿食人大餐——几个世纪的胖子供他吞吃和反刍。

那么，让我们快进到 1965 年，这个坐在伍迪和皮特脚边的男孩成长得太快了。D. A. 彭内贝克的纪录片《不回头看》开头用了《地下乡愁布鲁斯》（*Subterranean Homesick Blues*）的宣传片。宣传片里的迪伦是最具偶像性的迪伦，片中还有他自己不大想遵循的忠告。那是 1965 年初拍摄的。尚未满 24 岁的迪伦站在伦敦萨伏伊酒店外的小巷里，举着一叠牌子，上面草草写着从歌词里挑出来的词语。凭借那张娃娃脸、詹姆斯·迪恩[1]式的冷笑和蓬帕杜式小卷发，他装出了一种算计过的无所谓。我们听到歌在唱，他没有对嘴，而是把纸牌子一张张扔掉，面无表情。他想要我们把注意力放在词语

1　詹姆斯·迪恩（James Dean），生于 1931 年，美国演员。

上——差劲儿的双关、陈词滥调、随机的格言，但他也想给我们留下这样的印象：他对这些词语压根儿就不在乎。响着的歌吐出相关歌词的速度太快，迪伦来不及扔掉“当心”（look out）和“孩子”（kid）。每一段歌词唱到后来，他扔牌子的速度越来越快。

这是摇滚乐中最无处不在的图像之一。它比MTV的出现早15年，INXS乐队、红辣椒乐队都在录影带里指涉过它，甚至，2007年夏，一个戏仿民主党总统初选辩论的YouTube视频也化用过。这首歌的部分歌词注定要进《巴特莱特著名引语集》：“水泵不灵了，因为捣蛋鬼偷走了把手”，“上了20年学，他们把你排进白班”。另一句歌词的影响更直接。极端组织“气象员”（Weatherman）令人遗憾地借用了“你不用问气象员才知道风吹往哪边”这句歌词。这个组织的三个成员后来死于格林尼治村的一次爆炸事件，忘记了迪伦在歌曲的另一处给出的忠告：“别跟随领袖。”在彭内贝克那段标志性的片子里，迪伦几乎轻蔑地让写着“风吹”（WIND BLOWS）的牌子像垃圾一样掉落。

牌子上的词语有些是艾伦·金斯堡写上去的。片中的他徘徊在一个垃圾桶旁，像一个正统派拉比在祈祷，从而支持着这个前提：迪伦把《号叫》的美学拿过来揉进了乡村摇滚的重复乐段里。迪伦是个犹太混混儿模样的埃尔维斯和凯鲁亚克，一点儿不缺少态度，看起来太年轻不用刮胡子。正是这样的迪伦使得布鲁斯·斯普林斯汀在1988年引介迪伦进入摇滚名人堂时说：“埃尔维斯释放你的身体，迪伦释放你的心灵。”那个年轻的迪伦仍然吸引着如今的观众，即便他和他象征的那个时代是无法进入的。《地下乡愁布鲁斯》结合了各种派生的源泉，形成了极其原创性的效果。这首歌的歌词与伍迪·格思里和皮特·西格尔的《放轻松》（*Taking It Easy*）的歌词甚为相似，重复乐段听起来像是从查克·贝里（Chuck Berry）的《太多烂事了》（*Too Much Monkey Business*）抄来的，歌名则像是对杰克·凯鲁亚克的致意。他并没说他找到的东西多么纯，他找到的是随机的言语和回收利用的智慧，甚至那个宣传片里牌子上的字也不都是他写上去的——尽管他的确说自己是作曲家。这个捣蛋鬼是不是偷走了把手？这真的是关键吗？片子里的迪伦拿出一张写着“不要拿”（DON'T LIFT）的牌子，此时响着的是迪伦的歌声“不要偷，不要拿”。片子拍摄前一年，迪伦上“斯蒂夫·艾伦秀”时碰到这个问题：你唱的歌是自己的还是别人的？迪伦的隐晦回答是典型迪伦式的：“它们全是我的，现在。”他这回答是真诚的——他已经从民谣艺术家变成了原创型的唱作人。但他过去在戈德民谣城玩的日子里，资源的流动相当自由，此时他走了出来但并未走得很远。那时旋律传来传去，就像许多举着的帽子索要翻唱费，那时，保罗·克莱顿（Paul Clayton）教给迪伦的一个旋律可以变成分手歌杰作《别犹豫，就这样吧》（*Don't Think Twice, It's All Right*）。

“不要偷，不要拿。”这句歌词回响到40多年后，但有一点儿反讽的味道。戴维·哈伊杜（David Hajdu）称迪伦为“心灵的埃尔维斯”，有人却说迪伦在21世纪的作品越来越多地偷拿别人的素材（Hajdu，277页）。迪伦实质上发明了唱作人，发明了唱作人这个概念，但近来他越来越依赖他人的材料。这些材料中有些是大家熟悉的，有些则鲜为人知。有时他会指出来，但其余时候他劫掠并遮掩。“不用多看就容易明白 / 没多少东西 / 真的神圣”，他在1965年唱道。40多年后，原本的预言成了命运：迪伦自己对许多人来说成了神圣之人。于是，细查之下在他近作里发现一堆缪斯就很烦人了。

T. S. 艾略特在《荒原》里写道:“我加固这些片段抵挡我的废墟。”迪伦则在加固片段抵挡逼近他的死亡，精心打造着一个心碎老人的形象。他用低沉、有时绝望的沙哑嗓音吟唱出的布鲁斯显得比年轻人的嘶喊更真切。迪伦成了摇滚乐的李尔王，在演唱会上冲着荒野发怒，或至少对穿着扎染衣服的大众发怒。但他的写作此时更依赖其他人的词语。早期的迪伦总是偷曲调，可后期的迪伦偷词语。但正是歌词的成就使人们崇拜他，封他为圣，把他收入大学课本。如果一代人的声音说出的是他人的词语，我们该怎么办呢？20世纪90年代的两张翻唱专辑后，迪伦的歌唱事业走向他乐在其中的复苏，即所谓的后期“三部曲”(虽然他自己反对这种叫法):《被遗忘的时光》《“爱与窃”》和《摩登时代》。1992年和1993年（当时“迪伦后期作品的水平不一”似乎已是定论）迪伦做了两张传统歌曲专辑。在那个时间点，对“根源”音乐的热情是个边缘现象，是拜本真教的一抹痕迹。那种对本真的崇拜曾主宰了迪伦1961年进入的民谣世界。迪伦在粉丝中积累了太多的忠诚，他的粉丝也似乎主宰了对他的评论，所以他能够承受每一次对他的剽窃指控。迪伦唱过一句著名的歌词:“活在法律之外，你必须诚实。”这话很像唐·尼尔（Don Neil）的1958年电影《阵容》(*The Lineup*）里的一句台词。“活在法律之外”对许多迪伦的听众来说无所谓，而且那法律原本就难说是铁律。回到源头恰是这位偶像的需求。

1992年10月16日，在麦迪逊花园广场的演唱会上，迪伦对自己的过去敬了一个炫目的礼，庆祝自己成为录音歌手30年。尼尔·杨（Neil Young)、乔治·哈里森等人诚挚而出色地翻唱了迪伦的歌曲，但最难忘的是希妮德·奥康纳（Sinéad O' Connor）被嘘下了台。一个星期前，她在“周六夜现场”(*Saturday Night Live*）节目上撕掉了教皇的照片，给了自己的歌唱事业重重一击。把奥康纳嘘下台的那伙观众是去为迪伦喝彩的，迪伦唱自己的经典老歌时唱得有些不确定——他仍在努力敲出他几十年前敲出的音符，不确定自己下一轮回要干什么。他肯定在某些较小型的场合、更富灵感的夜晚表演得更出色，但他下一轮化身的线索将出现在两张传统民谣专辑里：《我对你这么好》（*Good as I Been to You*，1992）和《世界出了毛病》（*World Gone Wrong*，1993）。用他走调的吉他和低保真设备，迪伦在自家车库里随意快速地录制了这两张专辑。人们太容易轻视它们，认为那只是为了履行完哥伦比亚唱片公司的合同（那份合同后来续签了）。但迪伦唱别人的歌词时似乎无拘无束了，卸下了以往人们对他的期望的信天翁[1]重负；他丢开录音室技术，不在乎要在音响效果上显露出他正生活在——照他在《世界出了毛病》专辑内页上的说法——"神妙的垃圾摇滚"（celestial grunge）时代。迪伦更喜欢神妙的指弹、"卡特家族"的风格，在马里布[2]的车库里不为时代风潮所动。

录完《我对你这么好》专辑后不久，迪伦谈到传统歌曲："我当它们是我的歌，而不是翻唱。"这两张专辑的每一首都打上了他的个人烙印：正如他 1964 年对斯蒂夫·艾伦说的，它们全是他的，现在。有些评论者抱怨迪伦的嗓音失去了音域和灵巧，但他们没抓住重点。迪伦的嗓音这件乐器经历了几十年的烟草侵蚀，如今他利用它的每一个罅隙和裂缝。至于失去的灵巧，他则用戏剧性来补偿，并且得大于失。事实上，这个残破的嗓音对于效果至关重要。在《世界出了毛病》专辑的同名歌曲里，迪伦对密西西比酋长乐队（Mississippi Sheiks）的《世界正在出毛病》（*The World Is Going Wrong*）

---

1 信天翁在英语里有不祥之兆的意思，源于柯勒律治的诗《古舟子咏》。

2 马里布（Malibu），指加利福尼亚的马里布市。

做了微量却关键的修改。这首歌表明，一位上年纪的摇滚明星能够如何从一位萧条时代的黑人游吟歌手那里招来一种不同的心灵忧郁（Weltschmerz）。顺便说一句，那位黑人游吟歌手录完那首歌后，没几年就回去当佃农了。副歌的重复句把世界末日当作不良行为的便宜借口："我不再能当好人了，像以前那样 / 我当不了好人，宝贝，亲爱的，因为世界正在出毛病。"密西西比酋长乐队是把这段当喜剧唱的，仿佛在说，即便面对萧条时代，恶棍还是恶棍。迪伦的版本低了几个调，速度稍稍慢了些，使这首歌更悲伤、听天由命和难缠。世界不是——像酋长乐队的原歌名说的那样——正在出毛病。世界已经出了毛病，回不去了。迪伦在专辑里还翻唱了酋长乐队的《我眼中的血》（*Blood in My Eyes*）。在专辑《我对你这么好》里，他则翻唱了酋长乐队最热门的歌《明晚》（*Tomorrow Night*）。迪伦为《我眼中的血》拍了个录影带：他游荡在伦敦的卡姆登市场，流露出一丝对名气的厌倦，半梦半醒地签着名，躲到一家咖啡馆里（也就是拍摄专辑封面的场所），吟唱着歌中的叠句"嘿嘿，宝贝，我为你眼睛里有了血"。他不像在唱年轻人的彻夜狂饮，而像在唱老年人衰退的力量。酋长乐队的版本是年轻人的夸张，迪伦痛苦、紧张的唱法几乎像是写实。密西西比酋长乐队 1935 年后解散，歌手波 · 卡特（Bo Carter）1964 年在穷困中死去，那一年迪伦正不可阻止地崛起。

但对迪伦来说，这些民谣歌曲像是一种净化，像用音乐来认错，像回到一切最初开始的土地。他唱着威利 · 布朗（Willie Brown）的《破烂和肮脏》（*Ragged and Dirty*）："主啊，我没钱了，饿了，浑身破烂肮脏。"听者相信他唱的事情，至少相信这句话的后半句。他把传统歌曲看作净化仪式，伴着他的只有一把录得阴暗的原声吉他。他这回用不着歌词纸了，仿佛召唤回了1961年左右的布里克街——或是在街角或是在西四街地铁站演唱歌曲。他在1965年唱道，当你一无所有，你没什么可失去；如今他好像就是那样，唱着可追溯到19世纪的美国歌曲，还有可追溯到几个世纪前的英格兰、苏格兰、爱尔兰歌谣。那些歌曲讲述通奸、抢劫、谋杀和欺骗的故事，吉卜赛人和处女私奔，斯坦格里（Stagolee）为了一顶宽边帽对人开枪，女人无缘无故抛弃男人，男人因为嫉妒杀人。那是个无法无天的过去，肯定还没有版权或署名一说，但这个过去中有某种准则，迪伦为之献出了忠诚。他演唱、弹奏那些歌，仿佛他的生命全赖于此。“你要抛弃我，宝贝，可我对你这么好？”盲布莱克（Blind Blake）唱这句时不是在问罪，只是了结一段情缘。迪伦1992年专辑的名称宣称“我对你这么好”，提醒他的听众还不到放弃他的时候，即便他不是用自己的歌词为自己辩护。世界将继续出毛病，但写歌的迪伦将回归。不过，正如他后来所言：你总是能回来，但你不能一直往回走。

迪伦在专辑《被遗忘的时光》中唱过一句歌词：“我走在路上，心里难受。”听到他的嗓音，你愿意相信他，即便“走在路上，心里难受”（*Going Down the Road Feeling Bad*）是一首经典乡村歌曲的名字。沙尘地[1]遭受肆虐时，伊丽莎白·科腾（Elizabeth Cotten）和伍迪·格思里曾吟唱这首歌。后来感恩的死者乐队翻唱过，迪伦和“乐队”乐队也在《地下室录音带》里翻唱过。那句歌词出现在《寻找天堂》（*Tryin' to Get to Heaven*）这首歌里时，迪伦正唱着无底的深渊：“当你觉得失去了一切 / 你发现永远能再失去点儿什么。”然

1 沙尘地（Dust Bowl），指20世纪30年代遭到干旱等因素袭击而荒芜的美国地区，尤指俄克拉何马州的某些地区。

后迪伦喊出那句歌词，榨取沙哑嗓音里的每一丝磨损，强调“失去”（lose）和“再”（more）这两个词，拖长它们，像是敲打它们，几乎有点儿滑稽。最惨能有多惨？沙尘地的移民世界甚至更惨。《走在路上，心里难受》的最早录音版来自1923年的亨利·惠特（Henry Whitter），这首歌肯定陪伴过一些艰苦的旅途，远比摇滚乐最著名的巴士巡演之旅更苦。迪伦唱这句词时，好像在为自己的生命而战。实际上，那些录音带录完后不久，他就差点儿去见埃尔维斯了。在《被遗忘的时光》专辑的气氛沼泽里，古旧的词语也在别处滑过。迪伦在《站在门口》（*Standing in the Doorway*）这首歌里咕哝道：“我饿了吃饭，渴了喝水。”这句格言曾在伍迪·格里斯录制的《黑麦威士忌》（*Rye Whiskey*）里说出过，也在盲莱蒙·杰弗逊（Blind Lemon Jefferson）录制的《方块J》（*Jack of Diamonds*）里说出过。迪伦在专辑最后一首歌《高地》（*Highlands*）里唱着“我的心在高地，轻柔美好”，向罗伯特·伯恩斯（Robert Burns）1789年的一句歌词举牛仔帽致敬。不过这些歌词是指涉，而不是剽窃；它们被束扎在一起描绘出一个不逢时的男人，所以专辑的标题才会重提莎士比亚《罗密欧与朱丽叶》中茂丘西奥说过的词语[1]。1970年，戴维·鲍伊（David Bowie）唱过“一个叫迪伦的奇怪年轻人 / 嗓音像沙子和胶水”。如今迪伦是个奇怪的老人，沙子和胶水里混进了更深的悔恨和绝望，甚或还有某种类似“成熟”的东西。如今比那时老的迪伦做到了鲍伊永远做不到的事（尽管鲍伊的表面是那么美妙闪烁）：他让我们见识到他如何公开地变老。摇滚明星本该燃烧殆尽，而不是渐渐褪色。但迪伦成长为这样的迪伦，他坚忍、优雅地演绎着，

1 《罗密欧与朱丽叶》中，茂丘西奥（Mercutio）的台词里出现过“time out of mind”。

回溯几个世纪，谱写着摇滚乐中最壮观的后期自悼挽歌。

“这些老歌是我的词汇库，我的祷告书，” 1997 年这张专辑发行时迪伦说。“我的所有信念都来自这些老歌，一点儿不夸张，从《让我长眠于平静的山峦》到《站在阳光的一面》[1]。我的所有哲学都可以在那些老歌里找到。我相信时空中有上帝，但如果人们问我，我的本能指向那些歌。我相信唱着‘我看见了光’的汉克·威廉斯（Hank Williams）。我也看到过光。”（Pareles, “Wiser Voice”）在 1997 年，《被遗忘的时光》是一张像是早就存在的新专辑。原本那个燃烧殆尽的游吟歌手，如今化成了一个动人的形象。有些歌词是由其他人的词语拼贴起来的，但谁的歌词又不是呢？迪伦在《高地》里承认：“派对结束了，可说的话越来越少。” 但这首歌有 17 分钟，雏形版更是长达 35 分钟，迪伦其实还是有很多话要说。复古是他回归的路径。成果是原创性的，一件声音剧场的动人作品。在揪心揪肺的挽歌《还没黑》（*Not Dark Yet*）里，他低吟着：“我都记不起我来这儿是要摆脱什么了”。即便表达着一种极为迷失的厌倦，他也无法摆脱那些老歌。而相信《我看见了光》这样的灵歌，也就是相信一首信念之歌。这句话的回响超出了它的主题，那词语和声音难以索解。如果说与伍迪、盲莱蒙或伊丽莎白·科腾呼应的那些无主词语继续构成他的语词库，那么，在《被遗忘的时光》专辑里他就是把那些词语传递下去，与他自己的词语——他通向意义的唯一保险绳——纠缠在一起。

《被遗忘的时光》像是一张通往最深绝望的太阳唱片公司（Sun Records）录音室专辑，但对那些老词语的信念在每一个受折磨的

1 这两首歌分别是拉尔夫·斯坦利（Ralph Stanley）的 *Let Me Rest on A Peaceful Mountain* 和卡特家族乐团唱红的 *Keep on the Sunny Side*。

音节里燃烧。专辑拿到了三白金，成为迪伦首张获得“年度最佳专辑”的专辑。与他 1991 年糟糕的表现形成对照，迪伦 1998 年的格莱美之旅是胜利的：他赢了一个竞赛奖，而且，某个胸口印着“大豆炸弹”(Soy Bomb）的无政府主义者冲上舞台时，他没有退缩（正唱着“我腻烦了相思”的迪伦只是耸了耸眉毛，继续表演，直到保安把混乱场面控制住），并在谦和的获奖演说里提到了罗伯特 • 约翰逊（Robert Johnson）和巴迪 • 霍里（Buddy Holly)。7 年后,《相思病》（*Love Sick*）出现在一支“维多利亚的秘密”的广告片里，不过，在成为内衣歌之前，这首歌曾是一次复活。

2007 年 6 月 10 日，1200 万观众打开电视观看《黑道家族》（*The Sopranos*）的大结局“美国制造”(Made in America)。1965 年的迪伦出现在这一集的背景音乐里，在剪接拼贴间跻身不朽。剧中A. J. 和蕾安浓（Rhiannon）把越野车停在树林中，坐在车里，若有所思地盯着空气，专注地听着“没事，妈（我只是流了点儿血)”。这首歌来自专辑《全部带回家》(*Bringing It All Back Home*)，专辑的第一首歌是《地下乡愁布鲁斯》。A. J. 从来不是特别内省的人，直到一首叶芝（他把叶芝念成“易芝”）的诗和一次分手突然刺激得他去自杀。这一集前面说道，A. J. 坐在葬礼后的饭桌上，周围的黑帮成员谈着陈词滥调，他爆发了，颠三倒四地批评美国消费主义和外交政策。“就像是，美国……我是说，人们还是来这里，来实现梦想。这是个美好的想法。然后他们得到了什么？奢侈品？被廉价的赠品吸引，念想他们不需要也买不起的东西。”后来，车停在树林里，看着蕾安浓若有所思地抽烟，耳边响起那首歌，他听见迪伦表达一种相似的全球性沮丧。那个年轻歌手运用手头的各种音乐资源，抨击周围的一切。A. J. 听到的那年轻歌手比他自己大不了几岁。迪伦设法化用正统文学而又不曲解它们。那种敌意是焦灼的、摧毁性的，而且，与迪伦大部分作品给人的感觉相比，敌意在这里是绝对清晰的。1965年的迪伦不再像前几年那样模仿伍迪·格思里的鼻音，也还没有成为中年时期的那个淋巴肿大的游吟歌手。这首歌体现着他受到的许多影响，但他并非是某种方言的传声筒。披头士乐队的影响使他的发音英国化了，当然还有沙尘地区和三角洲布鲁斯的语调。

这首歌并不太适合亲热时听。A. J. 和蕾安浓一起经历了心灵的构建，聆听是为了寻找意义。蕾安浓点了根烟。最先跳出的歌词是“广告标语忽悠你 / 你觉得就是你了……”你可以看见A. J. 的表情闪过一丝认同，他想起了自己在葬礼上混乱的出言不逊，好像在想“我要这么说就好了”。A. J. 说：“你老说这家伙很棒。”蕾安浓回答：“好神奇，这歌是那么久以前写的。就像是写现在。”他们很快贴近了，热烈地接起吻来，CD机里的迪伦继续冷冷地发泄着。蕾安浓爬到A. J. 身上，烟雾开始从尾气管涌出，她的胸罩就要解开。A. J. 错把车停在了枯叶上。不过，车爆炸之前，仍能听见迪伦的声音飘出：“当有人唱得热火朝天……”

《没事，妈》的最初录制已过了42年，但这首歌仍在流传。《黑道家族》大结局播出的12天后，迪伦把这首歌放进了夏季巡演的曲目里。那次巡演迪伦又拿起了吉他——2003年的某次演出后他就只弹键盘。我在多伦多城郊的一个赌场看过他的一场表演，这首歌是全场的高潮。那时这歌成了一首更慢的布鲁斯挽歌，迪伦退化得沙哑的嗓音在悲悼中加入了戏剧性。那悲悼已成了对那40年的悲悼。它超越了许多年代和事件。经历过水门事件和克林顿弹劾事件的人群大声喊出这句歌词：“就算美国总统有时也必须一丝不挂站着。”吉米·卡特和艾尔·戈尔招来这句歌词：“不忙着出生的人忙着死掉。”迪伦似乎兑现了自己的预言，无疑仍在继续让这首歌生长。这首歌的特殊力量似乎是神秘的，对任何人包括其作者都一样。写下《没事，妈》时，迪伦勘察的已是一片开采殆尽的土地。他在《全部带回家》的专辑内页上写道：“伟大的言说全都被说过了。”它们全是他的了，现在。

从《荒芜街》到《大水》（*High Water*），迪伦把各种不协和的元素束扎在一起，以无法模仿的手法编织为一种文化戏仿集锦。而他实际上已经成了这种戏仿集锦的化身。只不过 2006 年时这种“束扎”已不那么直白。很显然全世界的博客作者、英语教师和图书馆员都会在他的歌词里搜寻词语的出处。对迪伦的指控最后也没怎么影响他的标志性地位。迪伦一直都在说，他爱，他窃。他榨取美国歌曲几乎 50 年了，但他说他和穆迪（Muddy）、西斯科（Cisco）、莱德贝里（Leadbelly）等等美国歌曲的喜鹊[1]混血儿是一样的。迪伦的自传《编年史：第一卷》“借鉴”了马克 • 吐温的《哈克贝利 • 费恩历险记》。《哈克贝利 • 费恩历险记》的开头写了这句格言：“试图在这个故事里找动机的人将会被起诉；试图在里面找寓意的人将会被放逐；试图在里面找构思的人将会被枪毙。”这句格言肯定适用于摇滚乐的一切。摇滚乐这种艺术的基础就是耍花招，它浪漫化罪犯，放逐学者。但凡能上因特网的人都知道，博客世界里充斥着业余和职业的侦探，制造自己的脚注，追查迪伦和迪伦日益贪婪的缪斯。在许多方面，迪伦的轨迹是被多重确定了的。“我离家时还年轻。”迪伦在 1961 年唱道。这句话说的是事实，虽然他唱的时候想唱得老成些。

1 喜鹊比喻爱四处捡小东西的人。

他在《不说话》（*Ain't Talkin'*）这首歌里低吼："不说话，只顾走。"这首歌是《摩登时代》专辑里的。专辑里的其他歌似乎都有气无力，似乎都是派生、剽窃出来的，于是这首歌显得突出。但结果《不说话》却是最玷污纯洁的——一行行的歌词都来自奥维德的《哀怨集》（*Tristia*）。迪伦在《摩登时代》的其他地方也用了奥维德的材料。[他说自己在研究《爱的艺术》。他用来跟"爱的艺术"(the art of love) 押韵的歌词是"像手套一样贴服"(fit me like a glove)，押得有些甜腻。] 不过，奥维德被奥古斯都流放后写的诗集《黑海信笺》（*Black Sea Letters*）和《哀怨集》在迪伦那里的回响最为深切。奥维德曾是古罗马那一代人的摇滚明星，甚或是那一代人的声音。但他当时也受困于剽窃：在一个普遍剽窃古希腊的文化里，他被指控剽窃了荷马。而且，奥维德那时 60 岁，与《摩登时代》的迪伦在同一个年龄段，正对驱逐他的不公正力量发泄不满。无论如何，总共从《哀怨集》里拿了 9 行诗的《不说话》是一首出色的迪伦歌曲。借用迪伦的歌词（也是皮特·格林[1]的《奥维德》译文）来说，他身处"世界尽头的最后荒野"，吟咏着古罗马的诗句，穿越密西西比三角洲、锡盘巷[2]、南部邦联州和天知道什么地方。迪伦嘶声唱着："走着，脚跟上牙疼。"这句歌词来自 1843 年首次发表的一首吟游歌曲《老丹·塔克》（*Old Dan Tucker*）。没有人能独占"走着，脚跟上牙疼"这句词。奥维德、亨利·蒂姆罗德（Henry Timrod）和宾·克罗斯比（Bing Crosby）都在公版领域——出版界的荒芜街，歌曲的死信存放室。所有的文字来源都飘在这样一把嗓

---

1 皮特·格林（Peter Green），生于 1924 年，英国古典学者，《奥维德》译者，迪伦用了他的译文。

2 锡盘巷（Tin Pan Alley），指主宰纽约流行音乐的发行人和写歌人。

音上：感觉比他65岁的年龄老，几乎和那些词语一样古老。某处，降A小调就要转为降A大调时，迪伦粗声念出从奥维德的《黑海信笺》里照搬来的一行："在最后的荒野，在世界的尽头。"这是个壮丽的结尾，偷来的片段和窃来的人格的庄严深渊。而且迪伦从来没说过他就是表面上的他。他告诉我们"那不是我，宝贝"，尽管他也不是宾·克罗斯比、穆迪或奥维德。在1962年的一次访谈中，他已然坦白了："也许我就是一切我吸收的东西。我不知道。"1965年的迪伦唱着《荒芜街》。2006年他到了荒芜街，荒芜街1号，子弹还在飞[1]。

1 原文是number one with a bullet，指歌曲占据排行榜第一名后，销量和播放频率还在上升。

2. 鲍勃·迪伦与“滚雷秀”

迈克尔·邓宁

1975 年秋天，就要踏上“滚雷秀”巡演的旅程之际，鲍勃·迪伦和贝特·米德勒（Bette Midler）录制了《大雨倾盆》（*Buckets of Rain*）。这首歌是为贝特·米德勒的专辑《新萧条时代的歌》（*Songs for the New Depression*）录制的。专辑名很恰当，因为迪伦和米德勒都一直在运用对大萧条时代的文化记忆。年轻的迪伦崛起于 20 世纪 60 年代初的繁荣时期，却有一副与时代错位的大萧条歌手面目。他在较早的一张专辑的内页里写道：“我来得晚了，但我也 / 希望活在 / 饥饿的 30 年代。”如果说，像奥森·威尔斯[1]这样的大萧条时代艺术家，其作品实质上讲的是林肯那个共和国的衰落，那么，迪伦的作品背后的隐秘大故事是大萧条、洪水和沙尘地区、黑人唱片[2]和乡村乐唱片、帅小子弗洛伊德（Pretty Boy Floyd）和盲威利·麦克泰尔（Blind Willie McTell）。

但这个专辑名之所以恰当，还因为战后资本主义的长期繁荣当时正在崩塌，一次新萧条快要到来。如今，我们常把 20 世纪 70

1 奥森·威尔斯（Orson Welles），美国演员、导演，代表作《公民凯恩》。

2 黑人唱片（race records），指 20 世纪 20 年代到 40 年代针对美国黑人听众制作发行的唱片，包括了多种美国黑人音乐风格。

年代中期到90年代初期的经济滑坡称为“大衰退”——当时“萧条”总是跟大萧条时代连在一起，就不说“萧条”，委婉地说“衰退”。有趣的是，“萧条”本身也是30年代的委婉说法，是为了避免引起对1893年“恐慌”的更可怕记忆。90年代初，一项针对当时经济状况的重要研究项目得出结论：“大部分美国人的生活更差了……比70年代末更差”，“1992年的穷人比1979的穷人穷得多”。（Mischeland Bernstein，第2、第7页）而且，“大衰退”不只是一个经济分水岭，也标志着美国文化史的一个独特时期：嘻哈乐（hip hop）时代。

20世纪60年代的经济政治繁荣开始消退、大衰退时代就要来临时，迪伦着手进行自《宽边》时期[1]以来自己最雄心勃勃的政治-艺术项目，即1975年的“滚雷秀”。迪伦决定召集一大堆表演者（音乐家、演员和诗人）到乡村去，一个镇一个镇巡演，在小场地里演出，不做多少事前的宣传。还要一路拍一部电影。这既是一次政治行动，一场要求释放遭监禁的拳击手鲁宾·“飓风”·卡特的运动，也是一个新艺术群体的乌托邦宣言，一个布莱希特式的巡演马戏团，一个在行途中讲述的美国故事。“滚雷秀”也许失败了，从未成为预想的那个永不落幕的巡演，那部电影也遭到了完全的冷遇，一直是迪伦最不为人知的作品。但那也无妨，因为就像一路上他几乎每晚都唱的那句歌词所言，“成功从来不像失败，失败根本不是成功”。在种族政治和性别政治的飓风冲击之下，1975年“滚雷秀”的歌曲和表演，以及随后1978年的电影《雷纳尔多和克拉拉》，不仅仅是迪伦的“新萧条时代歌曲”，还照亮了迪伦和自己身

1 《宽边》（*Broadside*），1962年创刊的油印民谣音乐杂志，一度很有影响力。broadside有一层意思是“轰击”。

处的时代之间的关系。

把迪伦放进“他的时代”并不容易。他总是宣称自己外在于时代，即便有时候他显得属于他的时代。在音乐上，他的艺术延长或缩短时间，添加或删减节拍和小节，拉长或压缩音节，对抗铺底乐队的节奏。他宣布时代变了，也总是试图停住时间、逃脱时间、跳到时间之外。他在一次访谈时（话题是《雷纳尔多和克拉拉》）对艾伦·金斯堡说：“你想停住时间，那是你想做的……为了停住时间，你就要生存于当下，强烈到停住时间，证明你想证明的。”（Ginsberg，第 108 页）我们也许可以公平地说，迪伦作品包含的是停住时间的策略和逃脱历史的技巧。

他的歌谣出了名地扭结缠绕，有着诱人的叙述跳跃、不明确的代词和悬而未决的结尾。他从历史、文学、地方歌曲和神话里掠取专名，重新安排那些面孔，给予“它们另一个名字”；这做法使迪伦唱出的故事脱开了历史语境的束缚，把历史指涉与其原本场所切割开来。而且，他还进一步避开历史，把他的歌曲包裹在据说超越时间的布鲁斯、歌谣和福音音乐里。迪伦的最初原创性在于他对民谣复兴中相对的两翼的综合。戴夫·范·容克[1]呼应“民谣复兴”的拉美叫法[2]，称之为“新歌曲运动”(Van Ronk，*Mayor*，第 196 页)。一方面，迪伦是个“话题”轰击（broadside）歌手，写下新歌，复活民谣歌曲的新闻媒体功能；另一方面，正如范·容克所称的“新种族音乐”(neo-ethnics)，迪伦想重现的不只是传统歌曲，还有传统音乐的表演风格（Van Ronk，*Mayor*，第 200 页）。在这儿，时间从未被齐整地遵循。“滚雷秀”的乐队成员戴维·曼斯菲尔德（David

1 戴夫·范·容克（Dave van Ronk），生于 1936 年，美国民谣歌手。

2 这个拉美叫法是nueva canción，意思是新歌曲。

Mansfield）后来说：“回想起来，不太容易学的是他［迪伦］的乐句长度，完全不可预测——它们［显然］基于美国种族音乐的东西，不是齐整的八小节，可能有一个2/4拍的小节，要么就是连续10拍重复某个东西——完全是民谣的东西。我猜这都来自阿巴拉契亚[1]音乐。”（引自Heylin，第416页）于是，即便是迪伦最贴近时代的歌，从写海蒂·卡罗尔（Hattie Carroll）和霍利斯·布朗的歌到写“飓风”卡特和乔伊·加罗的歌[2]，坚持要占据的也不是当下的时间，而是过去的时间。

迪伦还这样躲避时间和历史：他惯常运用自然元素（风、水、火和土），以及非历史的地理世界（山峦、山谷、海洋、平原和森林）。克里斯托弗·里克斯[3]使用“罪”的概念分析迪伦的作品。也许这种分析捕捉到了迪伦的忏悔时刻，他的罪和悔恨、他的星期六夜晚和星期日早晨、布鲁斯口琴和神盒（god box）之间的无尽辩证，但并未捕捉到迪伦如自然力般的冷漠。正因为这种冷漠，迪伦这位创作者说到底不是忏悔性的，甚至无关道德。就像他和贝兹在“滚雷秀”巡演中唱的，“也许是因为天气，或类似的东西”。迪伦很恰当地选择“天气”作为“主题时间广播”[4]首次节目的主题。想要捕捉到迪伦的这一面，可能需要去分析“迪伦所见的自然力”。

---

1 阿巴拉契亚，美国东部的大山脉。

2 海蒂·卡罗尔，指迪伦的歌曲《海蒂·卡罗尔的孤独之死》（*The Lonesome Death of Hattie Carrol*）；霍利斯·布朗，指迪伦的歌曲《霍利斯·布朗歌谣》（*Ballad of Hollis Brown*）；乔伊·加罗，生于1929年，纽约黑帮头目，迪伦的歌曲《乔伊》（*Joey*）以他的死亡为主题。

3 克里斯托弗·里克斯（Christopher Ricks），生于1933年，美国文学学者，曾著《迪伦所见的罪》（*Dylan's Vision of Sin*）。

4 “主题时间广播”（Theme Time Radio Hour），迪伦主持的一档广播音乐节目，从2006年到2009年每周一次，每次一小时。每次节目都有一个主题，如天气、钞票、花等等。

不过，迪伦写风、水和天气的歌曲——“人们知道天气的变化是极端的”[1]——固然是对历史的强有力自然化，却也同时是历史寓言。迪伦写洪水的歌，从《暴雨将至》到《堤防将溃》（*The Levee's Gonna Break*），全都携带着政治和社会的回响。这一点正如吟唱1927年密西西比三角洲洪水的歌曲（它们早就吸引着迪伦），从贝西·史密斯（Bessie Smith）的《死水布鲁斯》（*Backwater Blues*）（1961年迪伦首次在卡耐基音乐厅演出时唱过这首歌），到查理·帕顿（Charlie Patton）的《大水遍野》（*High Water Everywhere*）（迪伦在《“爱与窃”》专辑中明确地向这首歌致敬）。

1975年巡演的主题词——飓风和滚雷——正是这种修辞犹疑的例证。“飓风”结合了风暴的自然力与遭监禁拳击手的身体力量和政治力量。“滚雷”则更神秘。整个巡演过程中，人们都在争辩这个词的意思。迪伦告诉跟队记者拉里·斯洛曼（Larry Sloman），它说的就是天气：“有一天我坐在家门口，琢磨这次巡演的名字，突然我看了看天，听到“轰”的一声！接着是轰、轰、轰、轰，从西滚到东。于是我想名字就是它了。”（Sloman，第55—56页）罗杰·麦吉恩[2]后来开玩笑说：“如果那是在马里布，[他听见的]可能是范德堡空军基地的声音……可能是音爆，喷气音爆秀。”（Sloman，第135页）其他人也听出了喷气机的意思，依据是针对北越的轰炸行动代号“滚雷行动”。某个巡演成员告诉斯洛曼：“斯嘉丽[3]对我说的，她很政治。你看，攻击柬埔寨的飞机是从那一带的美军基地起飞的，那个基地是关岛基地。”关岛（Guam）是滚雷秀乐队的一

---

1 这一句是迪伦歌曲《你现在是个大姑娘了》（*You're A Big Girl Now*）里的歌词。

2 罗杰·麦吉恩（ Roger McGuinn ），飞鸟乐队（The Byrds）的成员。

3 指斯嘉丽·里维拉（ Scarlet Rivera ），生于1950年，美国小提琴手。

个外号。（Sloman，第239—240页）

还有人听出了对美国原住民的指涉。漫游者杰克·埃利奥特的巡演经理人告诉迪伦，“滚雷”在印第安语里的意思是说出真相，迪伦回答道：“好，好。我很高兴听到这个，哥们儿。我真的很高兴听到这个。”（Sloman，第56页）“滚雷”还真是个人名，一个切罗基族巫医的名字，上一年曾出过一本写此人的反文化畅销书。“滚雷”本人曾短暂地加入巡演：他从内华达来到罗得岛新港，主持了一次日出仪式。

是落到胡志明市的炸弹，还是“血泪之路”[1]的回音？“滚雷”成了这次巡演的主题词，激发了情感和政治的回响、历史和宗教的回响、枪炮的声音和说出真相的声音。

当我们思考“滚雷秀”时应该想到，迪伦最基本的长音乐形式，即歌曲的组织形式，不是专辑，而是音乐会和音乐会巡演。正如迪伦当时所说，“基本上……我是个现场演出者，想要上台为观众演出，而不是录制音效很好的唱片”（Allen，166页）。长久以来乐迷中间都流传着私录的“场地录音”(field recordings)，它们基本上是音乐会和巡演的录音，有的是公开演出，如“万圣节”音乐会和“皇家阿尔伯特音乐厅”音乐会，有的是私下表演，如“明尼苏达旅馆录音”和“地下室录音”。每一部讲迪伦的影片都把音乐会或巡演当作叙事骨架。所有这些片子，包括《雷纳尔多和克拉拉》，都可算作对彭内贝克拍摄的1964年英格兰巡演纪录片《不回头看》的回应。

形式上，“滚雷秀”巡演有四个元素：规划、人员、行程和表

1 “血泪之路”，指19世纪印第安人被迫迁徙。

演。“滚雷秀”的规划既是政治性的也是艺术性的。作为一次政治介入，它是个公益音乐会。海蒂·卡罗尔、霍利斯·布朗、戴维·摩尔（Davey Moore）、乔治·杰克逊（George Jackson）——用《全部带回家》专辑内页上的话来说，这些人“都死了”。“飓风”卡特“坐在3米宽的牢房里像佛陀”。《飓风》这首歌是那年秋天发行的单曲，而这次巡演的高潮是麦迪逊广场花园的“飓风之夜”。这首歌和这次巡演的规划是营救卡特出狱。迪伦曾在介绍这首歌时说：“这首歌写的是此刻正在监狱里的一个人，我们要努力把他弄出监狱。”（Kokay，第51页）《雷纳尔多和克拉拉》这部片子里最长的一段（后半部分的开场）讲述的是“飓风”的故事：迪伦的这首歌不时插入，蒙太奇的镜头不断切换，一会儿是鲁宾·卡特的访谈，一会儿是在阿波罗剧院门口采访哈林区居民对这个案子的看法，一会儿是“滚雷秀”在新泽西某监狱的演出。

其实最好把迪伦的“政治”——对这个提法一直有争论——理解为公益音乐会的政治。这也许是一种美国特有的形式，一种美国大众文化的产物。第一次经典的公益音乐会是新泽西帕特森市和格林尼治村的一次早期联谊——著名的1913年帕特森露天表演。当时，约翰·里德（John Reed）和《大众》（*Masses*）杂志的艺术家、知识分子把格林尼治村的艺术群体和世界产业工人协会的新泽西纺织业罢工者凑到了一起。用迪伦自己的话说，他不是社会活动家，但是，他的音乐生涯可以用历史性的公益音乐会来量度：从1963年7月学生非暴力合作委员会组织的密西西比绿木市选民注册集会，到1963年3月他在华盛顿游行中露面；从1971年乔治·哈里森的“孟加拉”音乐会，到1974年菲尔·奥克斯（Phil Ochs）的“智利之友”公益音乐会；从“援助现场”音乐会到“援助农场”

音乐会，直到《蒙面者和匿名者》（*Masked and Anonymous*）——一部思索公益音乐会这种形式本身的电影。

“公益”巡演的政治规划之外，“滚雷秀”也想体现一种新的艺术群体联合形式。有很多比喻：迪伦说它像“那种意大利戏班子……那种意大利街头剧团……即兴喜剧[1]。这次不过是那些事物的延伸，只是这回是音乐”；贝兹叫它“药班子秀”[2]；（Sloman，第 180 页、184 页）也许最好借用它自己的措辞，将其视为讽刺秀场[3]，就像 20 世纪 50 年代和 60 年代早期的那种乡村音乐或节奏布鲁斯的秀场。“滚雷秀”的演出人员体现了美国艺术、剧院和音乐的特点。迪伦招募来北美“新歌曲”的歌手和写歌人，也就是在民谣复兴和民权运动的交汇中涌现出的人，比如琼·贝兹、罗杰·麦吉恩、漫游者杰克·埃利奥特、琼妮·米切尔（Joni Mitchell）、戈登·莱特福特（Gordon Lightfoot）、金基·弗雷德曼（Kinky Friedman）、瑞奇·海文斯（Richie Havens）和阿洛·格思里（Arlo Guthrie）。负责“滚雷秀”舞台的是一位根源于纽约实验剧场的布莱希特剧场导演雅克·莱维（Jacques Levy），拍摄“滚雷秀”的是一位极端的纪录片导演霍华德·阿尔克（Howard Alk）。阿尔克的早期影片涉及音乐（新港民谣音乐节和贾尼斯·乔普林[4]）和政治（黑豹党弗雷德·汉姆普顿谋杀案，以及讲述 1968 年民主党的芝加哥全国大会的“美国革命二”）。从罗伯特·奥尔特曼（Robert Altman）导演的影片《纳什维尔》（*Nashville*）的剧组里，“滚雷秀”借来了演员、歌手罗

1 即兴喜剧（Commedia dell’arte），16—18 世纪意大利剧院的一种即兴大众喜剧。

2 药班子秀（medicine show），指旧时民间兜售药品的巡回演出。

3 “滚雷秀”的“秀”原词是revue，指一种轻松的剧场综艺秀，有歌有舞，内容常常讽刺时事。

4 贾尼斯·乔普林（Janis Joplin），美国歌手，阿尔克曾拍摄她的纪录片。

妮·布莱克利（Ronee Blakley）。

“滚雷秀”还把一群作家聚到一起。他们不只是上台或在影片中表演，还最终阐释了“滚雷秀”的意义。剧作家萨姆·谢泼德（Sam Shepard）的身份是影片“编剧”，但后来也捕捉有意思的场景和对话；“哏作”[1]摇滚乐记者拉里·斯洛曼着魔似的记录这场运动引起的恐惧和憎恨，同时为《滚石》杂志写报道；诗人艾伦·金斯堡不仅阐释歌词和影片图像，还阐述了“滚雷秀”的意识形态。他对记者说：“70年代将属于工人文化社群，‘滚雷秀’则将是刻画工人文化社群的一个标志性行动……这次巡演可能不会像其他巡演那样有个终点。我们有某种欲望，想要拥有一个永久性社群，迪伦正非常非常慢地迈着步子，想弄明白那可不可行。”（Benson，第142—143页）

“滚雷秀”的意义很大程度体现在巡演的行程上，这一点在影片对巡演的剪辑中得到了强调。当时，人们认为这是美国建国两百周年之际的一次寻找美国之旅。金斯堡说：“我们又一次踏上了重新开拓美国的旅程。”（Benson，第149页）人们很容易——太容易了——就把“滚雷秀”与“地下室录音带”和20世纪90年代翻唱专辑放在一起，视其为迪伦对格雷尔·马库斯所称的“奇异的老美国”的追寻：这当然是再次重回61号公路。但这样就会错失“滚雷秀”的“美国”的特殊性，错失“滚雷秀”借由音乐巡演所进行的独特历史书写。

毕竟，这次巡演始于罗马的街道。迪伦的开场总是（《雷纳尔多和克拉拉》里也是）迪伦和鲍勃·纽沃斯（Bob Neuwirth）合

---

1 哏作（gonzo），指一种夸张、主观、虚构化的新闻报道风格。

唱《等我画出我的杰作》(*When I Paint My Masterpiece*),迪伦还戴着迪伦或尼克松的透明面具(因过于透明而看不清楚)。这首歌大约有32小节,但他们唱的版本缩短了过门段,没有唱完全部8小节。在过门段里,旧大陆的“Gondola”(威尼斯平底船)和新大陆的“CocaCola”(可口可乐)押韵。这首歌适合开场,因为它不仅寓指艺术创作(迟迟无法兑现的承诺:“等他画出那幅杰作,一切都会不同,一切都会美丽。”),也寓指道路(罗马和布鲁塞尔之间的不畅旅途“一定很痛苦”)和舞台本身(“哦我耗在大剧场里/躲避狮子浪费时间”)。但这首歌也是历史残骸的故事:开头是“罗马的街道满是瓦砾/到处是古代的脚印”;结束时(《雷纳尔多和克拉拉》中的版本),曼陀铃与歌词分道扬镳,而歌词正在说离开罗马和布鲁塞尔,前往可口可乐大陆上的某个神秘所在:“火车轮子碾过我心底的记忆。”

而且,“滚雷秀”重新开拓的那个“美国”不是整个美国,而是美国的具体一段:美国东北,从普利茅斯岩经由新泽西的街道监狱到纽约城。第二年,迪伦再办“滚雷秀”,走了另一条路:沿着墨西哥湾海岸,从佛罗里达到新奥尔良再到得克萨斯。但那次巡演没有按照设想与东北段的巡演形成呼应(《雷纳尔多和克拉拉》未使用那次巡演的任何画面)。再有,东北段的“滚雷秀”不仅仅是一次美国巡演,还越过边境线进入加拿大,招募加拿大音乐家,吸收了加拿大的场景和一点点法语对话。“滚雷秀”的地貌是北国(就像《蒙面者和匿名者》的地貌是洛杉矶);在《雷纳尔多和克拉拉》里,蒙特利尔音乐会版本的《爱西斯》(*Isis*)起首唱的是第四段歌词:“我们那晚出发去寒冷的北方。”《雷纳尔多和克拉拉》这部影片的名称颇可以改为“北国布鲁斯”或“北国女孩”[1]。

正是这个北国的设定把“滚雷秀”置于“大衰退”之中。70年代中期，新英格兰工业城镇的衰落（比如“滚雷秀”走过的洛厄尔、普罗维登斯、纽黑文），还有纽约的破产，是经济社会危机的强有力象征，代表了战后繁荣的终结，就像火车轮子碾过人们心底的集体记忆。到处是古代的脚印，迪伦的“滚雷秀”喧闹地追寻这些脚印。那部影片中的象征性行程描绘了一种历史讲述。除了构成“道路”的无数酒吧、餐厅、街道、车站、火车和巴士，“滚雷秀”和影片的六七个主要场景是：格林尼治村中属于垮掉派诗人和民谣复兴运动的若干咖啡馆；一个热门的歌舞餐厅里，金斯堡对着一群打麻将的犹太老太太念他的诗《珈底什》（*Kaddish*），念诗前后分别是歌舞餐厅版的《欢迎》和《我生命的早晨》[2]；在尼亚加拉瀑布附近塔斯卡洛拉保留地的校舍，印第安社会活动家华莱士·“疯熊”·安德森（Wallace Mad Bear Anderson）欢迎“滚雷秀”到来，介绍易洛魁联盟的历史；在普利茅斯种植园易装主题公园，“滚雷秀”碰上了一个自称“卑微的考古学家”、穿着17世纪衣服的家伙；在洛厄尔的墓地，金斯堡和迪伦在凯鲁亚克墓前读了《墨西哥城布鲁斯》[3]，金斯堡为迪伦翻译了耶稣受难画像上的法语；纽约华尔街的乔治·华盛顿雕像下几个街头的传福音者；关押卡特的新泽西特伦顿市监狱；还有，老歌手妈妈玛丽亚·弗拉斯卡（Mama Maria Frasca）在“寻梦酒家”再次演绎她录制过的意大利语挽歌。

---

1 这是迪伦的两首歌，分别为*North Country Blues*和*Girl From the North Country*。

2 《欢迎》（*Wilkommen*）是音乐剧*Cabaret*中的歌曲，《我生命的早晨》（*Morning of My Life*）是比吉斯乐团的热门曲。

3 凯鲁亚克（Kerouac），“垮掉的一代”作家，《墨西哥城布鲁斯》（*Mexico City Blues*）是他的诗作。

这些“时间中的点”常常被切开，自行折叠或互相折叠。由此，“滚雷秀”捕捉到北国的种族历史——殖民者、印第安人、非洲人、意大利和犹太移民、魁北克边境乡村和工业城镇。这不是一次史诗之旅，而是流浪汉的探险。在迪伦《扬基力量故事》（*Tales of Yankee Power*）这首歌的地貌里，北部边疆（也包括明尼苏达州西宾市[1]）隐喻着南部边疆：迪克西和杜兰戈[2]，密西西比和墨西哥。迪伦不是在教一堂历史课，而是在听一堂历史课——在奇趣物品商店里，在国家纪念碑前，在纽约的街道，也在保留地的校舍。讲这堂历史课的总是一个声音，他同时是布道者、诗人、教师、歌手、政治家、社会活动家，想要引诱和劝导，也顺便传递授课者的帽子。没有人能像妈妈玛丽亚·弗拉斯卡那样唱布鲁斯。她开价一美元卖她的录音。

“滚雷秀”在北国和边境线间穿来穿去，上演了一出布莱希特式的喜剧，表演者戴着面具或涂着脸。“滚雷秀”的导演雅克·莱维回忆说：“关键是营造出一个自发的夜晚——完全不实际的，像巡回歌舞杂耍秀，或巡回马戏团——杂耍演员和小丑……我们没用聚光灯。所有灯光都是舞台上打的……房子常常是暗的，就在那儿，这个小小的珠宝盒点亮了。”（Bauldie，第 160 页）乐队的核心成员是《渴望》（*Desire*）专辑的录制过程中组成的：做出打底节奏的是贝斯手罗伯·斯通纳（Rob Stoner），摇滚鼓手和爵士钢琴手霍华德·韦思（Howard Wyeth），爵士打击乐手卢瑟·里克斯（Luther Rix）。节奏声之上是一堆吉他、和声，民间音乐并置在一起，仿佛家庭聚会时远房表兄妹不安地相见。格思里的好友漫游者杰克·埃利奥特用无畏牌原声吉他奏出卡特家族歌曲的华彩，戴

---

1 明尼苏达西宾市是迪伦的故乡。

2 迪克西（Dixie），指美国南部各州；杜兰戈（Durango），墨西哥一城市。

维·鲍伊的合作者米克·荣森（Mick Ronson）弹出英式电声华丽摇滚，罗杰·麦吉恩的西海岸十二弦吉他叮当作响，T-波恩·波奈特（T-Bone Burnett）的特哈诺吉他欢快奏起，还有年轻的演奏大行家戴维·曼斯菲尔德狠狠奏出的小提琴、曼陀铃、多波罗吉他（dobro）和踏板吉他。贯穿始终的是斯嘉丽·里维拉的"吉卜赛"小提琴，这把琴占据了迪伦早期乐队里键盘的位置，伴着迪伦的歌声和口琴声时进时出，其音色常常主导编曲。

"滚雷秀"的基本曲目顺序很少变化，在《雷纳尔多和克拉拉》和《1975现场录音带》里也没有打乱。可以说，"飓风"的故事如滚雷般震颤着整个夜晚。埃利奥特诠释自己听伍迪唱的第一首歌（大萧条时代的逃犯歌谣《帅小子弗洛伊德》），迪伦重新演绎自己的民权歌谣《海蒂·卡罗尔的孤独之死》（"飓风"卡特与海蒂·卡罗尔的名字相互呼应[1]），讲述遭背叛的正义；贝兹唱起大萧条歌谣《乔·希尔》（*Joe Hill*），此歌写的是那位被诬陷犯谋杀罪的摇摆游吟歌手（贝兹把这首歌献给正在进行的农场工人运动）；贝兹、迪伦合唱迪伦版的《乔·希尔》《我梦见了圣奥古斯丁》（*I Dreamed I Saw St Augustine*，"我梦见我是其中一个／把他弄死的人"）；迪伦、贝兹再次合唱《我将被释放》（*I Shall Be Released*），这首歌在这里完全像一首监狱歌了："整天我听他［飓风卡特］喊得那么响／大叫他遭了诬陷"；在后半部分的高潮段落，迪伦唱出《飓风》，同时再次演绎升级版的《帅小子弗洛伊德》——"现在所有罪犯穿着外套打着领带／全都自由自在喝着马蒂尼看日出"。

当时，见到迪伦回归"话题"歌曲，许多人感觉吃惊。这次回

1　Hurricane Cater（"飓风"卡特）和Hattie Carroll（海蒂·卡罗尔），这两个英文名字之间有某种谐音。

归似乎是迪伦读鲁宾・卡特的自传并去监狱探望他的结果。回头再看，他写“飓风”卡特的歌谣并不反常。写歌人迪伦的出现原就是由黑人解放运动的政治和美学塑造的，写冤案的歌谣也一直很吸引他。1971 年，迪伦听到狱中的黑人极端分子乔治・杰克逊（George Jackson）的死讯，录了一首单曲纪念他：“有时候我觉得整个世界 / 是一个大监狱 / 我们要么是囚徒 / 要么是狱卒。”迪伦对“话题”轰击这种形式的回归（他 60 年代初采用这种形式，后来放弃了）也受到墨西哥歌谣的启发。墨西哥歌 谣扎根于墨西哥革命。迪伦在《杜兰戈罗曼史》（*Romance in Durango*）里唱道：“我们将喝龙舌兰，在祖辈们住过的地方 / 他们和维拉一起，开进托雷翁。”[1] 他在这方面的首次尝试是歌谣《比利》（*Billy*）。

迪伦唱道：“羞于活在这种土地上 / 正义只是一场游戏 / 飓风的故事……不会结束，直到他们洗清他的罪名 / 把他失去的时间交还。”迪伦要的不仅仅是停住时间，还要把时间还回去。所以“滚雷秀”不能结束（“虽然我认为我们是时候退场了”）。这场秀的双重结尾指向公益音乐会两种可能的解决方式。一方面，那位囚徒感到他在“敲打天堂之门”[2]（这首歌的歌词重写了，不再有“警徽”和“枪”）；另一方面，合唱者坚称“这土地是你的土地”，用迪伦的话说，格思里的这首歌“有一天会成为我们的国歌”（Kokay，第 51 页）。演出的效果是把“飓风”卡特置于一长串政治犯和连逆社会者之中，并赋予几乎被遗忘的老歌新的生命。

但“飓风”卡特不是台上的唯一飓风。到处是历史的古老脚

1　维拉，指 Pancho Villa（1878—1923），墨西哥革命中的英雄；托雷翁是墨西哥城市。

2　《敲打天堂之门》（*Knockin' on Heaven's Door*）这首歌最初发表于 1973 年，“滚雷秀”上迪伦改变了歌词。

印。演出开始迪伦并不出场，先由乐队成员唱五六首歌。这些歌曲不仅取自迪伦继承的音乐，而且召唤出了那种音乐的幽灵：既有鲍勃·纽沃斯写汉克·威廉斯的歌，也有漫游者杰克·埃利奥特对伍迪·格思里的诠释。等迪伦上了台，更多的幽灵被唤了出来（可能是爱伦·坡、梅尔维尔或凯鲁亚克，看演出地点），这晚的公路叙事开始了。他的第一批歌（和整个乐队一起表演的五六首歌）是公路歌曲，喻指“滚雷秀”本身。他充沛有力地重写了《今晚我要留在你身边》（*Tonight I'll Be Staying Here with You*），唱道：“我听见半挂车也在滚动 / 如果路上有司机，就让他拿走我的货。”他还唱出了演出的首要隐喻：“你走向我就像滚雷。”迪伦将《爱西斯》里前往“寒冷北方”的 6/8 拍的神奇旅程与强劲的《暴雨将至》并置，强调了后一首歌里那位“蓝眼睛孩子”的路途：他深一脚浅一脚走过雾蒙蒙的山峦和蜿蜒的公路。《杜兰戈罗曼史》在这里不像音乐电影了（迪伦用三分钟重演了佩金法的《帕特·加勒特和比利小子》[1]），倒像一首《我和玛格达莱娜跑路》的公路歌，还伴着滚滚的雷声——“我听到的是打雷声吗？”。演出前半部分的音乐有点儿像一个摇滚马戏团，仿佛未经协调的音质冲突的吉他在狂欢。

演出后半部分的开头，用萨姆·谢泼德的说法，是雅克·莱维的“一场故作声势的戏”（Shepard，第 112 页）：幕布拉起之前，迪伦和贝兹的嗓音和吉他声就响起了，他俩合唱原声版的《答案在风中飘》（*Blowin' in the Wind*）。这场戏剧性的“民谣复兴”戏之后，迪

1　《帕特·加勒特和比利小子》（*Pat Garrett and Billy the Kid*）是佩金法（Peckinpah）导演的电影，有评论家认为《杜兰戈罗曼史》这首歌就像是用一首歌重现了这部电影。另外，迪伦也参与了这部电影，在其中扮演角色，并且为电影创作音乐，《敲打天堂之门》这首歌即是为这部电影而作。

伦和贝兹继续合唱了几首歌，音乐感觉相当不同。全套乡村乐乐队、多波罗吉他和踏板吉他加入进来，一起呜咽地唱出《妈妈我想着你》（*Mama You Been On My Mind*）、《我将被释放》、民谣抒情歌《水面宽阔》（*The Water is Wide*）以及约翰尼·埃斯（Johnny Ace）50年代初的曲子《永远别赶我走》（*Never Let Me Go*）。随后，轮到“滚雷秀”的“新歌曲”歌手上场了。有常规阵容，也有嘉宾歌手。每一个人的演出时间不长，唱的是各自最出名的歌曲，像是贝兹的《钻石和锈》（*Diamonds and Rust*）、罗杰·麦吉恩的《栗色母马》（*Chestnut Mare*）、琼妮·米切尔的《土狼》（*Coyote*）和戈登·莱特福特的《日落》（*Sundown*）。

迪伦再次回来，独自唱一组歌。这些歌针对的是刚刚过去的时代。在那时期的访谈里，迪伦常常把60年代与内战时期相比：“60年代是破坏的10年。同样的事情在19世纪60年代发生过。”现在“是重建时期”（Kotkin，第45页）。60年代“给人的感受将与1870年、1880年时对内战的感受一样”（Allen，第168页）。《纠结的忧郁》这首歌是巡演半途加进去的，成了这一断裂的体现。“滚雷秀”版本的《纠结的忧郁》把歌词中的大多数“我”改成了第三人称，歌中原本对失去爱人的追寻改成了对整个政治-艺术社群的追寻：追寻那个失去的世界，那个“夜晚咖啡馆里的音乐/空气中的革命气息”的世界。“于是我现在又回去/我反正要找到他们”——迪伦对自己的“滚雷秀”目标的最直白陈述。在《雷纳尔多和克拉拉》里，这首歌是影片的高潮，歌声响起之前是一段餐厅对话，谈的是成就了那个“运动”的“真和爱”，以及运动走入歧途后发生的事情。

演出的这个部分还唱了《现在都结束了，蓝宝贝》（*It's All Over*

Now, Baby Blue）和《命运的小小转折》（*Simple Twist of Fate*）。前一首歌要求人们“忘记你离开的死者 / 他们不会跟随你”。在后一首歌的“滚雷秀”版本里，人们告诉他这是犯法、不是罪——挺适合一个关于刑事正义的夜晚。这里，迪伦的原声吉他催眠般地叮当作响，没有指弹，没有布鲁斯技巧，没有贝斯音型，完全没有《轨道上的血》专辑里的开放调弦[1]：只有扫弦、弱拍重音以及跟人声拉扯的多重节奏。他的口琴从不插入到歌词中间，口琴声是每一首歌的无词尾声。

针对60年代“内战”的这个段落结束后，场下的《渴望》专辑乐队——贝斯、打击乐和里维拉的小提琴——上台加入迪伦，演出走向高潮。于是，《飓风》与《哦姐姐》（*Oh Sister*）、《再来杯咖啡》（*One More Cup of Coffee*）和《萨拉》（*Sara*）共享了一个声音空间。在《哦姐姐》里，迪伦的口琴和里维拉的小提琴对话，呼应着那个弟弟的抱怨。这些歌曲似乎古怪地脱离了环境，像是属于另一个地方，而不是在美国北方。这些歌大多是用小调写的，有一种明显的开放感。它们是那个平静的飓风眼，听着周围飓风、吉他和嗓音的复调齐奏。

《再来杯咖啡》不仅是公路叙事的高潮，还是（如艾伦·金斯堡指出的）演出的音乐“最高点”。金斯堡说：“它是摩尔的、吉卜赛的、阿拉伯的、犹太的，从历史的角度我中意《爱西斯》和《飓风》这两首歌，但《再来杯咖啡》是那种原型歌。”（Sloman，第110页、113页）这首歌有着安达卢西亚式的和弦，属于那种几乎没有歌词内容的迪伦经典歌曲，或者说，歌词内容的焦点在大合

---

1 开放调弦是吉他的一种调弦方式，六根空弦构成一个和弦。

唱，主歌的歌词简直像是后加的。类似的歌曲大概还有《我将被释放》或《敲打天堂之门》。

所有的巡演人员（包括艾伦·金斯堡这样的诗人）回到舞台上，共同表演结尾部分。结尾的三首歌被视为“滚雷秀”的主题曲：《就像个女人》（*Just Like a Woman*）；赞美诗般的《敲打天堂之门》（罗杰·麦吉恩唱出整晚最后一句指涉滚雷的歌词“妈妈，我能听见雷声滚滚 / 从上帝的遥远海岸传来”）；格思里的《这土地是你的土地》。

威尔弗里德·梅勒斯（Wilfrid Mellers）曾提出，迪伦的音乐唱的既是自我丧失，也是自我发现——在团体、社群中找到自己。一种恒常的张力表明了这一点：（评论家和迪伦自己）既认为他本质上是独具一格的表演者（就像一则早期广告所言，“没人能像迪伦那样唱迪伦”），又认为他是个写歌人，能创作出更大团体汲取的“经典”。虽然迪伦明白自己永远当不了皮特·西格尔，没办法领着听众一起唱，但独自表演和群体表演之间的对话，或用梅勒斯的话说，“茕茕孑立的独唱”和“白色狂喜”（white euphoria）般的“复调宗教团体”之间的对话，一直是他表演中的元素。无论是民权运动时期的表演，还是电声布鲁斯乐队时期的表演（迪伦插上电就能跟别人一起演奏），还是“地下室录音带”里的醉醺醺狂欢，都是如此。“滚雷秀”是迪伦最有力的尝试中的一次：不只要凭借意志力重新建造那个政治 - 艺术社群，还要用“滚雷秀”中嘉年华般齐唱的狂喜来与他自己表演歌谣时（一种涂了白脸[1]的阐释性的哑剧）茕茕孑立的独唱进行对位。

---

1 涂白脸（whiteface）指黑人表演时把脸涂白以便像白人。

“滚雷秀”结尾的狂喜是短暂的。“滚雷秀”未能成为那个“永久性社群”，那个表演者随时可以来唱上几曲的无止境的旅行咖啡馆。就像巡演回忆录后来描述的那样，在“大衰退”肇始时，性别、种族的飓风围困着美国文化，但“滚雷秀”并非那个平静的飓风眼。每个夜晚，“滚雷秀”的演出人员共同唱起那首出人意料的主题曲《就像个女人》，性别政治的冲突就被尖锐地摆了出来。或许，没有哪首歌比《就像个女人》更能体现迪伦的性别政治——以及60年代反文化的性别政治——的含糊性。对这首歌的解释也一直颇多争论［最早是艾伦·威利斯（Ellen Willis）对迪伦的经典女性主义角度的欣赏或批评］。这首歌在演出的末尾共同唱出来，贝兹和布莱克利唱主歌。它不仅代表了女性运动对“滚雷秀”的影响力，也代表了迪伦的情歌在“滚雷”这个欲望中的位置。雅克·阿塔利[1]提醒我们，一部了不起的音乐作品“总是情欲关系的一个模型”。迪伦的“滚雷秀”就是这样一个模型。事实上，从一开始，“滚雷秀”中女性音乐家的重要地位就使这次巡演有别于迪伦以前与巴特菲尔德（Butterfield）布鲁斯乐队和“乐队”乐队合作的电声巡演。琼·贝兹和罗妮·布莱克利都有各自的单独表演段落，而且迪伦和贝兹的人声合唱、与斯嘉丽·里维拉的器乐合奏都成为相应爱情歌词的音乐象征。

《雷纳尔多和克拉拉》试图把“滚雷秀”中的情歌编成一个叙事，在音乐之间插入随性表演的陈旧公路民间故事：摇滚乐手对农民的女儿甜言蜜语；卡车司机在饭馆里邀请两个女人搭车；妓院里的处男；吉他手要音乐不要情人；牛仔用一个女人换一匹马。那

1 雅克·阿塔利（Jacques Attali），生于1943年，法国学者。

时，在玛丽 • 戴利的*Gyn/Ecology*[1]这样的女性主义神话学里，永恒的女性得到了恢复，从而有了一种女神的女性主义，而迪伦的这些男性公路叙事的经典桥段融合到了这种女性主义里。这种性别美学在迪伦新写的情歌歌词里得到了演绎：他祭出了女神《爱西斯》[2]，他在《哦姐姐》里把姐姐和妻子、弟弟和丈夫分别化身为一，还有《再来杯咖啡》里那个“从没学会认字或写字”的逃犯的女儿。

和凯鲁亚克的公路小说一样，迪伦的公路电影最终半是纪实小说，用“真实电影”的许诺引诱观者（特别是在诉情歌《萨拉》里），半是套路情节的虚构作品，所有男人都是雷纳尔多（戴帽子的那个），所有女人都是克拉拉（拿着玫瑰的那个）。尽管有女神女性主义的成分，这部电影的性别政治往好里说是神秘，往坏里说其实就是难堪。就像萨拉 • 迪伦[3]后来回忆她在影片中的角色时所言，“讲了那么多女神之类的话，到最后我们还是妓女”（引自Heylin，第424页）。

还有一点也很说明问题：在4小时长的影片《雷纳尔多和克拉拉》（迪伦对“滚雷秀”的解构）里，“滚雷秀”表演的最后一曲——主题曲般的格思里的《这土地是你的土地》——被剪掉了。取代这首歌结尾位置的是一首不属于“滚雷秀”的“找来的”歌：一个酒吧歌手翻唱比吉斯乐团（Bee Gees）的热门曲《我生命的早晨》，演唱者是无名气的灵歌歌手哈尔 • 弗雷泽（Hal Frazier）。这个修改的结尾或许是对“滚雷秀”之失败的一个幻灭、反讽的注脚

1 玛丽 • 戴利（Mary Daly，1928—2010），美国女性主义学者，*Gyn/Ecology*是她的著作，这个书名把“Gynecology”（妇科生理学医学）这个词拆成gyn和ecology（生态学）。

2 《爱西斯》这首歌的Isis是埃及神话里的生殖女神。

3 莎拉 • 迪伦，迪伦当时的妻子，所以作者上文说《萨拉》这首歌使观者认为在讲真事。

（“那儿没有珠宝，啥都没有，我觉得被骗了”）。另一方面，尽管赢得了重审的机会，“飓风”卡特还是在二审中被判有罪，直到 10 年后才获得自由。而且，按照计划，巡演的高潮是麦迪逊广场花园的“飓风之夜”，“滚雷秀”的民谣 - 乡村与唱和型的黑人灵歌音乐的融合，但“滚雷秀”与当时黑人音乐文化的联结却从未发生。虽然穆罕默德·阿里和科丽塔·斯科特·金[1]都上了台，斯蒂夫·旺德和艾瑞莎·富兰克林却没有去，而且只有罗贝塔·弗莱克[2]唱了歌。斯蒂夫·旺德在随后的休斯敦“飓风之夜”登场表演了，但那个乌托邦高潮——迪伦和旺德的合唱——却没有发生。有意思的是，10 年后的 1986 年，他俩在马丁·路德·金诞辰音乐会上合唱了一曲。以飓风之名建立一个亲爱社群的愿望并未在 1975 年实现。

谢泼德如此描述麦迪逊广场花园音乐会：罗贝塔·弗莱克露面后，“后台绝对有一种黑人白人间的紧张……并没有任何古怪或暴力的事情，只是这两股完全不同的音乐文化之河汇合了却又泾渭分明”（Shepard，第 164 页）。同样的情况也出现在新泽西监狱里《敲打天堂之门》的别扭合唱中。当时，迪伦转过身，好像是觉得弗莱克会凑到同一个麦克风前，却没找到她。与约翰尼·卡什（Johnny Cash）在福尔松监狱和B. B. 金（B. B. King）在库克县监狱的传奇表演相比，迪伦的监狱摇滚最后是落空的。哈尔·弗雷泽唱的《我生命的早晨》中的渺茫希望占据了《这土地是你的土地》的位置，而且还占据了尚待实现的迪伦 - 旺德合唱的位置。尽管做了那么多乌

1　穆罕默德·阿里，即拳王阿里；科丽塔·斯科特·金（Coretta Scott King），美国演员、民权领袖，马丁·路德·金的妻子。

2　斯蒂夫·旺德（Stevie Wonder）、艾瑞莎·富兰克林（Aretha Franklin）、罗贝塔·弗莱克（Roberta Flack）都是美国黑人歌手。

托邦的承诺，“滚雷秀”主要还是一个白人乡村－民谣团体，很少跨越肤色的界限。从迪伦自己的音乐生涯的角度看，“滚雷秀”音乐的最醒目之处也许是布鲁斯音乐的缺席。唯一的例外是迪伦的16小节布鲁斯行路曲《笑很费力，哭需要一列火车》（*It Takes a Lot to Laugh, It Takes a Train to Cry*）和《暴雨将至》的布鲁斯前奏版。迪伦自己似乎看到了“滚雷秀”在形式上和政治上的不协调。那部电影1978年遭遇惨败后，他在音乐上调转路线，摒弃了那种“破布摇滚”[rag rock，他对1976年音乐的描述（Hickey，第107页）]，转而去找马斯尔肖尔斯的灵歌录音室[1]，把贝兹、布拉克利和艾米萝·哈里斯（Emmylou Harris）的民谣－乡村和声换成了卡罗琳·丹尼斯（Carolyn Dennis）、海伦娜·斯普林斯（Helena Springs）和雷吉娜·麦克拉里（Regina McCrary）的福音歌和声。

迪伦为新的萧条唱的歌似乎更体现了一个时代的结束，而不是他想象的新开始。“大衰退”不是“滚雷秀”的时代，而是里根政府的时代，不是“飓风”的时代，而是嘻哈的时代。在《编年史：第一卷》里，迪伦写到自己在大衰退里的最低落时刻：“冰T、公敌、N. W. A.、Run-D. M. C.[2]，这些家伙绝对不是瞎胡闹。他们打着鼓、撕扯、把马丢下悬崖。他们全是诗人，知道现在是什么世界……丹尼·拉诺瓦（Danny Lanois）和我做的音乐太旧了。有了闯路的冰T和公敌乐队，必定要出现一种新的表演者，而且跟普雷斯利不一样。”（Dylan，第219页）虽然迪伦也算在嘻哈的时代掺和了一把，

1 马斯尔肖尔斯（Muscle Shoals），美国亚拉巴马州一地，这个录音室即有名的马斯尔肖尔斯录音室（Muscle Shoals Sound Studio）。

2 冰T（Ice-T）、公敌（Public Enemy）、N. W. A.和Run-D. M. C.都是20世纪80年代著名嘻哈歌手或乐团。

参与了库蒂斯·布劳（Kurtis Blow）《街头摇滚》（*Street Rock*）一歌的录制，但他知道自己过时了，知道自己太像普雷斯利了。

不过，回头来看，迪伦特别像的不是普雷斯利，而是另一位美国艺术奇才，即自比莎士比亚的奥森·威尔斯。假如说威尔斯在好莱坞电影里重新想象了伊丽莎白一世时代的剧院，那么迪伦就是在录音工业时代重新想象了伊丽莎白一世时代的歌谣。威尔斯当然是胖子，迪伦是瘦子。假如说威尔斯（像他自己说的）遭遇了只能演国王的厄运，那么迪伦则奇怪为什么自己总得当窃贼。他俩都出身中西部，都前往东部的纽约，都是左翼政治 - 文化阵线的少年英才，这个阵线给了他们主题、形式和合作者。两人都插上了电，把自己的前卫表演带到广播录音时代的大众那里。某种意义上，他俩从未重现年轻时的惊人胜利：哈林区的《麦克白》[1]《公民凯恩》《答案在风中飘》《重访 61 号公路》《金发叠金发》。政治的时势过去了，他们的合作者消失了，他们在记忆中去小地方表演，永不停止地巡演，留下一堆未完成的、丢弃的作品，还有一些天才的时刻。就像威尔斯的影片《历劫佳人》已从冷战时代的各剪辑版本中重建出来[2]，迪伦的“滚雷秀”录音和几乎被遗忘的《雷纳尔多和克拉拉》——当时就过时了——或许会在未来起到描绘美国大衰退时期的作用。

1 指威尔斯在纽约哈林区的一家剧院上演的《麦克白》。

2 《历劫佳人》（*Touch of Evil*），威尔斯 1958 年发行的电影，但制作后期威尔斯失去了对剪辑的控制权，1976 年环球影业又发行了一版，1998 年沃尔特·默奇根据所有的材料重剪了一个版本。

3. 写歌人鲍勃·迪伦

安东尼·迪科蒂斯

谁期待什么？我是说，如果有人期待我拿出什么东西，那只是极少数。但凡有一点点现实感，就不会期待我拿出什么东西了。我已经给了他们足够多了，你知道，他们还想从我这里拿到什么呢。你不能老是靠一个人给你一切。

——鲍勃·迪伦（1984年）
转引自Williams，*1974—1986*，第275页

如果那是梦中的歌，那我的声音仿佛来自他们的梦。

——鲍勃·迪伦（1996年）
转引自Shelton，*No Direction*，第354页

还需要说明这一点：探讨作为写歌人的鲍勃·迪伦，意味着要去检视作为艺术家、文化人物和人的迪伦的每一面。他的歌曲处于问题的核心，既是他的美学声誉所系之处，也是他的各种象征性身份和角色的养料。这些身份和角色，他在各种时候雄心勃勃地追求过，也曾受困于其中，也曾绝望地想要摆脱，也设法利用过。现在过了40多年了，迪伦给人的“变形者”感觉与他选择写下的歌曲

的关系，至少不亚于这种感觉与他发出的声音、他的外表、主题、嗓音质地和态度的关系。谈到迪伦（他常使人想起莎士比亚），这个结论是必然的：歌曲是关键。

既然提到了莎士比亚，迪伦歌曲创作的另一个重要方面就是其中体现的“负能力”。这个词的意思正如叶芝提到莎士比亚作品的一个特质时所言：“一个人能够处于不确定、神秘、怀疑之中，不易怒地追求事实和理性。”（1817 年 12 月 21 日的信，转引自Noyes，第 1211 页）这个描述当然能够用到迪伦生涯的每一面上，不只是他的歌曲创作。像他这种年纪和地位的艺术家，仍然十分频繁地出场表演，定期发行新专辑，发行、重新发行过去的作品，写自传，授权拍摄几部电影和一部冗长的纪录片，主持一档广播节目，偶尔做访谈。做这一切的同时，他始终保持着一种无法穿透的神秘。迪伦是“藏匿于光天化日之下”的典型。他精心打磨出自己的一个版本，使得自己几乎出现在任何地方，对自己的透露却又如此之少。在我们这个被媒体浸透的时代，这种技艺似乎是不可能的，但他却做到了。

他的歌曲也同样无处不在却又难以捉摸。它们写出了一群人物，展现了无数观点。但常常不可能知道哪个观点是他自己的（如果有的话）。在迪伦的神秘寓言《弗兰基·李和犹大神父的歌谣》（*The Ballad of Frankie Lee and Judas Priest*）里，那个“小小的邻家男孩”抬出弗兰基·李的尸体，然后近乎无声地嘟哝着什么，但最终“什么也没有揭示”。至少对歌曲的作者什么也没有揭示。

要想保持那种程度的神秘，根本上是不可能的，除非在某种基本的意义上你自己对自己都是个谜——或者，至少你的才能对你自己是个谜。1986 年，《滚石》杂志的库特·罗德（Kurt Loder）采访迪伦。罗德问他，写下自己 60 年代的经典歌曲时，他是否“汲取了时代精神”。迪伦回答说：“我现在回头看，我很吃惊自己写出了这么多。当时做起来感觉很自然。现在我回头看，觉得我写那些歌时肯定是‘出神’了，你知道吗？像是《荒芜街》——我只是有天晚上想到了那个，不可能逻辑清晰地写出那种歌词。我不知道怎么写出来的……它只是洞穿了我。”（Loder，第301页）

大约20年后，埃德·布拉德利（Ed Bradley）在“60分钟”节目的访谈中又问到迪伦那个时期的歌，迪伦的回答措辞类似。极少上电视节目的迪伦那次在电视上说：“我不知道我怎么写出那些歌的。那些早期歌曲的创作几乎像是魔法。”（“60分钟”节目，2004年12月7日）然后，极为罕见地，迪伦背诵起《没事，妈（我只是流点儿血）》这首歌非凡的第一段歌词：

正午来临的黑暗
银匙都罩了阴影
手工的刀刃，孩子的气球
遮掉了太阳还有月亮
太早就想弄明白
你知道，没有意义

别人琢磨他的歌词，想找出其中可能包含的隐秘意思和讯息。可能是很快对这种事感到厌烦了，迪伦极少引用自己的歌词。不过，对布拉德利说出这几句歌词时，他的态度里有“事实如此”，也有得意。他甚至在发音时强调了那5个气势步步逼人的孩子气韵脚[1]

1 原歌词前五句都押一个韵：noon，spoon，balloon，moon，soon。

中的“迪伦属性”——对锡盘巷音乐家那一套moon/June/spoon的刻板押韵的故意爆破。[几年后迪伦反转这个过程，开始探索一种更欢快、更简明的写歌风格，歌词不再像《没事，妈》那样狂野和流转。这样的反转是典型的迪伦做派。在《约翰·韦斯利·哈丁》（*John Wesley Harding*）专辑的《今晚我是你的宝贝》（*I'll Be Your Baby Tonight*）里，他唱着“那个肥大的月亮就要如匙子般闪亮”[1]，而且，曲调中的锡盘巷气息完全没有反讽味道。这是他挣脱“诗人”身份的一次较早的努力。]

对布拉德利说话时，迪伦显露出的超脱自信毫无疑问地表明，他完全明白那几句歌词多么独特、多么无与伦比。但他再次承认自己不知道是怎么写出来的。背诵完歌词后他继续说——嗓音里满是一种认命，但也有一种尖刻的挑衅——“哦，想拿起笔写出那样的东西，这里面有一种魔法，而且不是齐格弗里德和罗伊[2]的那种魔法，你知道吧？这是不同种类的穿越魔法。而且你知道，我做到了。我做到过。”（“60分钟”节目，2004年12月7日）布拉德利问他能否再做到，迪伦摇头，说：“你不能永远做到一件事，我曾经做到过，现在我能做其他事情。但是那个我做不到了。”

艺术家常常会推脱，说创造性是一个完全神秘的——或魔法般的——过程，“它只是洞穿了我”。但迪伦说不知道自己如何写出自己最好的歌词，其中的缘由远为复杂。不只是因为他不想对技巧有自我意识——这种自我意识到了一定程度可能阻碍自由的创造，至少在写作的初始阶段。对迪伦来说，说到底是想要摆脱期待，无论

1　上句中的moon（月亮）、June（六月）、匙子（spoon）押韵，这句歌词原文中moon和spoon押韵。

2　齐格弗里德和罗伊（Siegfried & Roy），一个双人魔术师团体。

期待来自哪里，哪怕是来自他自己。

自从迪伦 1965 年从民谣转向摇滚（当然他从未完全丢弃民谣），迪伦的早期歌曲与后期歌曲之间的关系已经成了他被迫面对和论断的问题。也就是说，自从人们开始谈论他的早期风格，这事就成了一个问题。迪伦成了一个符号。对于许多这样的艺术家，人们都会形成一种观点：他们的作品里有一部分是纯粹的，是堕落前的。至于他堕落为商业化等事物的时间点，则随观者最喜欢他音乐的哪个时期而各有不同。这不是说，迪伦各个时期的音乐都同等重要或完善。它们不是。不过，托德·海恩斯的电影《我不在那里》中的一个场景（大概是一个梦境）充分地捕捉到了迪伦自己对这个问题的感受：嬉笑的迪伦冲着一个十字架喊："做你以前的东西！"

迪伦的 1989 年专辑《哦，仁慈》受到了广泛赞誉，被认为是迪伦的实力回归。迪伦和专辑制作人丹尼尔·拉诺瓦（Daniel Lanois）合作时，上述问题的呈现几乎是最迷人的一次。在 2004 年出版的极为独特的回忆录《编年史：第一卷》里（这本书其实更像一首迪伦的长歌，不太像非虚构叙事），迪伦写道："我们弄《一串梦》（*Series of Dreams*）这首歌时，时不时［拉诺瓦会］对我说这种话，像是'我们需要《战争专家》《北国女孩》或《上帝在我们这边》（*With God on Our Side*）这样的歌'，他开始纠缠我，大概两天一次，说我们肯定可以搞一些那样的歌。我点头。我知道我们可以，但我想要咆哮。那种歌我手里根本没有。"（*Chronicles: Volume One*，第 195 页）

很难想象有几个人敢对迪伦说那种话，更不用说当时迪伦正在做一张专辑呈现他的新歌。而且，如果能知道拉诺瓦实际上怎么说的（而不是迪伦回忆的），那就太棒了。迪伦是不是解释了拉诺瓦的话？这个制作人真的那么直接吗？

无论怎样，正是由于拉诺瓦这种肯去逼迪伦的态度，《哦，仁慈》以及《被遗忘的时光》(拉诺瓦 10 年后再度为迪伦制作的专辑)才会被视为 1975 年《轨道上的血》之后的最强迪伦专辑。而《轨道上的血》无疑可与迪伦 20 世纪 60 年代的杰作比肩。(但必须指出，过去 40 年间，迪伦的创作中有几十首歌，不仅在他的最好歌曲之列，也在这 40 年的最好歌曲之列。)

拉诺瓦把迪伦的老作品放到迪伦面前当作标准，如果他真的这么干了，那么这事情很有意思。而且，大家也很想知道他到底想让迪伦怎么做，他想让迪伦写的是哪种歌。《一系列梦》是一首很不错的二流迪伦歌曲，并未收入《哦，仁慈》专辑。是拉诺瓦不喜欢，还是迪伦出于怨念而撤掉了，就不得而知了。迪伦在《编年史：第一卷》里还说道，拉诺瓦起初认为《一切都破碎了》(*Everything Is Broken*)是一首“一次性”的歌。(*Chronicles: Volume One*，第 198 页)这首歌是迪伦的许多“列举歌”里的一首：“破碎的行，破碎的弦 / 破碎的线，破碎的春天……”

很明显，和许多迪伦的合作者一样，拉诺瓦觉得跟迪伦的合作是一次机会：做出能够成为美学里程碑、骄傲地比肩迪伦已做出的标志性作品的专辑。拉诺瓦没能理解，至少起初没能理解，在迪伦眼里，同僚的这种合理愿望与顽固粉丝催促他做“老东西”的做法并无差别。这些期待都是要被忽略的，假如不是被明确拒绝的话。

迪伦回忆中拉诺瓦提到的那三首歌恰恰都是来自迪伦的同一个时期，当时他正在赢得（如果这是合适的词）“一代人的声音”的声誉。这三首歌都是原声伴奏，都基于早期的民谣旋律，迪伦通过自己的歌词把那些旋律转化为完全属于当代的声音。跟迪伦合作制作《哦，仁慈》专辑前，拉诺瓦制作了内维尔兄弟（Neville

Brothers）的专辑《黄月亮》（*Yellow Moon*，1989）。在这张专辑里，内维尔兄弟录制了《上帝在我们这边》，还有《霍利斯·布朗歌谣》。这两首都是迪伦 1963 年专辑《时代正在改变》里的歌。拉诺瓦甚至把迪伦带到了录制现场，亚纶·内维尔（Aaron Neville）对迪伦歌曲的空灵诠释把迪伦惊呆了。

在 1963 年新港民谣音乐节上，迪伦和琼·贝兹合唱了《上帝在我们这边》。表演前介绍这首歌时，迪伦开玩笑说："我以为我写了这首歌。"他接着说，许多年前他听到莱姆·克兰西（Liam Clancy）唱爱尔兰歌谣《爱国者游戏》（*The Patriot Game*），"然后它肯定是留在我心底的某个地方了"。《爱国者游戏》的作者是多米尼克·贝汉（Dominic Behan），歌曲本身借鉴了一首更老的爱尔兰民歌的旋律。贝汉指责迪伦剽窃（两首歌的旋律结构、某些歌词和曲调是相似的）。因此，《上帝在我们这边》成了迪伦作品原创性争议的一个较早的战场。迪伦对自己的借用做过各种解释，其中最好的一个解释是最简单的解释，可能也是最诚实的："我那么干，因为我喜欢那些旋律。"（"Bob Dylan in His Own Words"）

照拉诺瓦的看法，那三首歌对传统民谣旋律的运用无疑是一个闪光点。融合传统和现代是他的长处。由于 1965 年的"插电"，以及对民谣运动幽闭症美学纯粹性的摧毁，迪伦受到了推崇。不过，为民谣音乐创造当代相关性是他的第一项大成就。尽管很容易把他的音乐生涯分为"民谣期"和"摇滚期"，但那项成就一直是他的保留曲目中的重要部分。这个对民谣传统的重振不仅指"指指戳戳"的抗议歌曲——那些歌使他成了所谓一代人的声音。这种重振最明显地体现在《北国女孩》这首歌里。这首歌很难说是政治歌曲，而是一首传统的英格兰歌谣。迪伦与那首歌谣的最初相遇是听到了民谣歌手马丁·卡西（Martin Carthy）的演唱，而且迪伦也借用了卡西的编曲。等到 1964 年，出《鲍勃·迪伦的另一面》（*Another Side of Bob Dylan*）专辑的时候，迪伦实质上用完全个人化的方式重新想象了民谣音乐。结果这成了他“插电”的序幕，但实质上也定义了后来受到崇拜的唱作人模式：极为个人化，歌曲具有强烈的诗意，以某种可以辨识为民谣（或民谣派生）的原声风格进行表演。1984 年接受《滚石》杂志库特·罗德的采访时，迪伦说当代民谣歌手不配叫民谣歌手，因为他们都唱自己的歌。这话只不过是迪伦对自己难以摆脱的影响力的又一次反讽。

在迪伦的抗议歌曲里，《战争专家》可能是最成功或最有名的一首，无疑是顶严厉的一首。这首歌凶猛地攻击军火制造商（“连耶稣也永远不会原谅你做的事”，“我会踩住你的坟墓 / 直到肯定你确实死了”），反战立场毫不妥协。正是由于这样的歌，迪伦在 60 年代初期成了左派的宠儿。这首歌出现时，1962 年 10 月的古巴导弹危机发生了不过 7 个月。但就像许多迪伦最明显的抗议歌曲，这首歌具有某些出人意料的元素。迪伦的目光盯着一个体系：仅仅两年前，前总统德怀特·D. 艾森豪威尔（他自己就是位将军和战争英雄）造出了“军事 - 工业复合体”这个词组。迪伦不是只控诉战争的恐怖，而是谴责使战争有利可图的经济系统的受益者。尽管非常凶猛，这首歌里的批判比通常的话题歌曲更广更系统。

后来从政治性的歌曲创作转向时，迪伦常说写那种歌曲对他已太过容易。他说，以前他想让人们注意到他是写歌人，他很清楚听众想听什么，就满足了他们。为了逃避对他的期待，迪伦倾向于对自己的成就轻描淡写，但就算这样，他轻视自己具有社会意识的音乐的理由，的确能在《战争专家》里得到印证。这首歌又一次借用了一个传统旋律，而且，尽管侵蚀的力量很强，就他的听众对世界的假定而言，这首歌完全是讨好的态度。它利用了当时对冷战和可能的核毁灭的焦虑，还有投入社会行动的那一代年轻人的正义劲头。

许多年来，迪伦在一些重要场合唱过这首歌。有两次值得一提。一次是海湾战争发动后，1990 年美国军事学院的演唱会上。一次是 1991 年他接受格莱美终身成就奖的电视直播。后一次，他表演时已经听不出来唱的是这首歌了。那段时间他在音乐会上唱歌都是这样。这两次他对这首歌的演唱，都呈现出迪伦对意义的双向切削。如果你反对海湾战争，为什么要去西点军校表演？如果你对于“社会抗议的声音”的标签很沮丧，为什么接受“终身成就奖”、为数亿全球观众表演的时候，偏偏要唱一首带来这个标签的歌？而且，既然你选择唱这首歌，为什么又要唱得面目全非？这一切，这些行为和问号体现了迪伦与自己的作品，尤其早期作品之间的张力。

和《战争专家》一样，《上帝在我们这边》传达了冷战时期的焦虑。但这首歌冷眼看待美国例外主义，即这个观念：上帝对美国有一种特殊的历史安排。凭借一种疲倦的尖刻，迪伦指出那个安排显然包括对美洲印第安人的屠杀，包括与杀戮 600 万犹太人的德国的战略结盟。在这首歌的末尾，他传达的是普世和平主义的讯息，一字一顿地唱出了最后几个词：“如果上帝在我们这边，他会阻止下一场战争。”

但是又一次（他每次都这样），这首歌的另一面使最明显的意图无法简单成立。有一段歌词提出了一个奇怪的问题。驱动其他歌词的是源自因果历史分析的反问句，这个奇怪的提问却有些不同。歌词是这样的：“在许多黑暗的时刻，我在想这件事：/ 耶稣基督是被一个吻出卖的。/ 但我不能代替你们想，你们需要判断：/ 上帝是不是站在犹大·伊斯卡略特那一边。”这首歌的歌名使它超出了历史，进入了形而上学的领域，而这段歌词引入的问题与其他歌词谈的政治，乃至道德都没多大关系。在最宽泛的意义上，可以把这段歌词解读为：就像美国背叛了自己的理想，并且用暴力侮辱了“上帝在它这一边”这个观念，犹大因为贪图那30件银器，背叛了自己口中的对耶稣的爱和献身（耶稣“被一个吻出卖”）。

但也可以认为，这段歌词揭示了迪伦固有的对绝对立场的不适——甚至他自己取绝对立场时也会如此。他自己不取绝对立场时，则举出似乎无可饶恕的人物，他觉得听众对此种人的看法是单维度的，而他要敲打甚至颠覆那种看法。一个例子是《只是游戏的卒子》（*Only a Pawn in Their Game*）这首歌（也是《时代正在改变》专辑里的）。这首歌讲的是1963年密西西比社会活动家麦德加·艾弗斯（Medgar Evers）遭谋杀一案。这是民权时代一桩最凶恶的罪行。后来查出，凶手是一个残忍暴力的3K党徒，但经过30年间的三次审判后才将其定罪。迪伦不是去谴责凶手，而是把焦点放到造出这种人和这种罪行的社会政治条件上。

这做法很大胆，但也可以认为他是拒绝加入对凶手的正义谴责。如果杀害艾弗斯的人只是一个更大的社会政治及阶级游戏里的卒子，他就不必对自己的行为负责了吗？那个时期的其他歌曲，例如《谁杀了戴维·摩尔》（*Who Killed Davey Moore*）和《海蒂·卡罗尔的孤独之死》，采用了相似的策略，把焦点从个人身上移开，放到更大、必然更抽象的社会问题上。如果社会活动家常常要为显得难以人格化的社会问题加上一张“人的脸孔”，迪伦则常常反其道而行——把焦点从个人和具体事件上移开，放到更大的社会原因和意义上去。“答案在风中飘”，确实如此。

歌曲创作之外，迪伦在采访和公开表态中也取类似的态度，全都是为了不遵从他的跟随者认为他持有的观点。例如，1968 年《唱出来！》（*Sing Out!*）杂志的约翰·科恩（John Cohen）和哈皮·特劳姆（Happy Traum）采访迪伦，迪伦拒绝说自己不支持越南战争。他提到“某个画家”，他的一个朋友：“完全支持战争。他正打算自己上战场。而我能理解他。”特劳姆大惑不解，但迪伦不改口：“我认识他很长时间了，他是个绅士，我尊敬他，他是我的朋友。人们就是有自己的看法。总之，你怎么知道我不是，用你的话说，支持战争的呢？”（Cott，第 137 页）

如果不是迪伦，而是任何其他人，在 1968 年暗示自己支持战争，可能会永久性地摧毁你的“反文化”可信度。然而，那个时候迪伦的“警句”名头已经足够响，就算他拒绝满足对他的进步性期待，那也不是多么惊人的事情。可是，三年前的 1965 年，他在洛杉矶自由出版社的访谈里的表态甚至更激烈。那回又是在讨论他为什么停止写抗议歌曲，他说：“就像是，我不认为任何老一代人是有罪的。我是说，他们在纽伦堡得到审判了，对吧？看看那个你就能弄明白了。猫会说：‘我只能杀掉那些人，否则他们会杀我。’那么，由谁来审判他们呢？这些法官有什么权利审判一只猫？你怎么知道他们不会做同样的事？”（“Bob Dylan In His Own Words”）

迪伦对左翼正统观点的拒绝，最出名最有争议的一次是 1963 年在全国紧急公民自由委员会为人权法案举办的晚宴上的发言。这个组织把每年一度的汤姆·潘恩[1]奖发给了迪伦，表彰他在公民自由方面的贡献。表彰迪伦这样的人不是这个组织的惯常做法，而是

1　汤姆·潘恩，即托马斯·潘恩，英裔美国思想家、作家、政治活动家、激进民主主义者，他为美国的独立做出了突出的贡献，著名的小册子《常识》即出自他之手。

一种有意识的努力，想认可正崭露头角的年青一代社会活动家。

迪伦的获奖发言一开头就侮辱晚宴的来宾，说他们太老了："我只希望你们这些今天或今晚坐在这里的人都不在这儿，那我就能看到有头发的人了。"当时约翰·肯尼迪遇刺事件刚刚发生三个星期，迪伦却声称："我得承认，打死肯尼迪总统的那个人，李·奥斯瓦尔德，我其实不了解……他为什么要那么干，但我要诚实地承认，我也，我在他身上看到了一点我自己……我不觉得我会干出那种事。但我要站出来说，他的感受我自己也有。"("Bob Dylan and the NECLC")

迪伦这番话引起的义愤，挺像"9·11"事件后比尔·马赫[1]对美国政策的直言批评所引起的义愤。最后迪伦不得不回应，给全国紧急公民自由委员会写了一段相当长的文字，有点儿像一首无韵诗。这段文字又是典型的迪伦风格，一会儿表示歉意，一会儿为自己辩护，一会儿晦涩难懂，一会儿扯无关的事情。它更像一首迪伦的歌，而不是一个声明。但这些话也在某种程度上说明了他的心态和他余生的创作立场："……我烦透了/烦死了 /听见他们说所有的事情'我们每个人都有错' /什么教堂爆炸案、枪战、矿难、贫困的爆炸性增长、暗杀总统。"

正如迪伦指出的，比起躲在"我们每个人都有错"这种镇静剂盾牌后面，拷问自己与残暴事件的关系更勇敢，也更困难。反过来，"如果时代有暴力那么我心中必定有暴力"，这种话为他许多抗议歌曲里的总体观点提供了辩护，即他认为，谴责谋杀麦德加·艾弗斯的那个人还不够，因为整体的社会结构助长了那种行为。他还

1 比尔·马赫（Bill Maher)，生于1956年，美国时政脱口秀主持人。

认为，除非你认识到你自己是那种社会力量中的一分子，也受其影响，否则你的抗议的正义感就是空洞的，而且，部分是为了自己。[《一天早晨走出门》（*As I Walked Out One Morning*）是迪伦 1967 年的一首歌，情绪纠结猛烈，可能就是写他在全国紧急公民自由委员会的经历。]

在写给全国紧急公民自由委员会的回应里，另外几处甚至更有揭示性："这是一种凶猛沉重的感觉 / 想起别人对你有期待 / 而你不清楚是什么期待…… / 这带来一种古怪的内疚。"显然，期待对他已经成为一个重要问题，不仅在他的公共和个人生活中，也在他的歌曲创作中。《自由不羁的鲍勃 · 迪伦》[1] 是迪伦 1962 年的专辑，巩固了他"抗议之声"的地位。即便在这张专辑里，也有他已然厌烦那种姿态和角色的迹象。专辑发行的三天前，迪伦刚满 22 岁，可《鲍勃 · 迪伦的梦》（*Bob Dylan's Dream*）这首歌（专辑中最后录制的歌）已经在想象他未来生活和工作中的断裂。他设想自己身处志趣相投的朋友中间，唱道："分辨黑白很容易 / 分辨对错太容易 / 我们的选择很少，从来没想到 / 脚下的路有一天会塌掉。"

这里指的明显是迪伦在明尼苏达大学民谣圈里交上的、后来疏远的朋友，但歌词也暗示，世界观的发展很快就容不下抗议运动轻易得到的黑白分明的确定性。这首歌的情绪是一种预期的伤感，好像这种确定性的世界已然过去了，面对已经到来的更复杂的新世界，歌手感到疑虑。

下一年，在《鲍勃 · 迪伦的另一面》专辑的《我的旧篇章》（*My Back Pages*）这首歌里，那情绪完全变了。《绝对黑白》的图景

1　专辑英文名是 *Freewheelin' Bob Dylan*，freewheeling 本义是骑车时不蹬脚蹬，让车滑行，也指随心所欲地做事。

重现（“生活黑白分明，我头脑发热说出这谎言”），但这一回迪伦丢弃的不是梦里的姿态，而是他眼中自己真实过去里的幼稚姿态。他不是在想念那失去的过往联系，也不是在想念他无疑在民谣听众中间体会过的社群感。相反，他是在向前走，怀着新的自信，以及一种重新焕发的美学活力。他的结语是：“啊，但我那时苍老得多，现在的我更年轻。”

1991年格莱美奖颁奖典礼电视直播中，迪伦把《战争专家》唱得无法辨识。他逃避听众期待的努力在此达到了最高点——或最低点。他持续地重新定义自己的歌曲，这本身就是一种歌曲创作的形式——他所谓“永不落幕的巡演”的创作版。最好的迪伦不是把自己的歌曲当作博物馆里的作品，而是当作有呼吸的活物，总是可以重新诠释。渐渐地，他诠释自己的作品，完全就像其他人在翻唱“迪伦歌曲”。几乎所有人都翻唱过他的歌。

但是，在重新诠释自己的歌曲时，他并不总是提升或深化它们。尤其在20世纪80年代后期和90年代初期，他常常削弱歌曲的旋律，他的演唱扭曲、无节奏、无意义地强烈，歌词难以辨认。他似乎是在表现对自己作品的蔑视，希望失去他的听众。差不多20年前他曾采用过相似的策略：那张饱受嘲讽的双碟专辑《自画像》（*Self Portrait*）。在伍德斯托克，后来在格林尼治村，痴迷的粉丝在他家门外扎下帐篷。沮丧的迪伦决定：“好吧，去他妈的。我情愿这些人忘掉我。我想做一点儿他们不可能喜欢的音乐，他们不可能感受的音乐。他们会看到，他们会听，然后他们会说，‘哦，到别的人那里看看吧。他不再说那个东西了。他不给我们要的东西了。’你明白吗？他们会去找别的人了。但事与愿违。因为那张专辑出来了，人们说，‘这不是我们要的’，然后他们更愤恨了……对我来说

那是个笑话。”（Cott，第 301 页）

不过，到了那个低谷之后，迪伦再次上升了。20 世纪 90 年代初期以来，他一直在复苏。这个复苏的肇始，并不是对他早期歌曲的回归，而是越过那些歌曲，探入那激发了他早期经典歌曲的民谣传统。在创作、编曲的来源归属方面，《我对你这么好》和《世界出了毛病》这两张专辑都有争议，但其中并无一首迪伦自己写的歌。这是迪伦漫长的音乐生涯里从未有过的。两张专辑都完全是一个人的原声表演，只有迪伦的吉他和口琴为自己的演唱伴奏。在这两张专辑里，迪伦也罕见地不觉得必须在一张专辑后改换方向，即便《我对你这么好》的反响很好——这在过去无疑意味着迪伦绝不会接着做重复的事情。自然，与这两张专辑最相像的是迪伦 1961 年的首张专辑《鲍勃·迪伦》，虽然那张专辑里还有两首原创。

录制耳熟能详的民谣和布鲁斯歌曲，像是《坐在世界之巅》（*Sittin' on Top of the World*）、《小青蛙来求婚》（*Froggie Went A Courtin'*）和《斯塔克·阿·李》（*Stack A Lee*），使得迪伦卸下了满足听众期待的负担。这个做法对迪伦有益。90 年代初期，没人期待迪伦录制一张民歌专辑，不管是不是他自己写的。但迪伦这么做了，他的歌迷挺高兴。迪伦已经使吉他加口琴的单人艺术家形象成了“本真”的不移象征，听众为他再次这样出现而兴奋。从迪伦的角度来说，因为这些歌不是自己的，他不可能要为“意义”负责。但吊诡的是，他为《世界出了毛病》专辑写下了极有趣的内页文字，生动地解释了专辑里的每一首歌。

也许最重要的事情是，已经五十几岁的迪伦在为自己要求一种新的身份，他觉得这种身份比“时代的声音”或之后的任何身份都要自由自在得多。他的嗓音粗哑了，他的吉他演奏就像他翻唱的那些艺术家那样原生和个人化，他抛弃了为时代命名的歌曲创作者角色，就像抛弃一条磨破的流浪汉麻袋。他已成了一个失意的老布鲁斯歌手和流浪民谣歌手，就像他早期的那些偶像。他小儿子雅各布（Jakob）的乐队“墙花”(Wallflowers）获得了成功，进一步把迪伦推到了文化边缘，但他在边缘显得很自在。媒体写出一个接一个的故事，大肆渲染守护人的世代交替：听说雅各布的父亲是一个重要的歌曲创作者时，“墙花”乐队的年轻听众表示惊讶（及冷淡）。

迪伦和“感恩的死者”乐队一起巡演的那段相对短暂的时间，使一群年轻的新听众认识了他。他们看他的眼光与他们的父辈不同。他们并不那么期待他扮演以前扮演过的角色。他们对他好奇，很想听他唱唱传说中的歌曲，但他们也欢迎他对这些歌进行重新编排，喜欢他每晚演唱不同的曲目。迪伦的老听众要是还听迪伦，都逐渐习惯了他那难搞的、变化多端的做法，年青一代的听众则既不知道也不期待别的东西。尤其是 1995 年杰瑞 • 加西亚（Jerry Garcia）去世后，这支即兴乐队的听众对迪伦越来越感兴趣[1]。

因此，当迪伦再次活跃地创作歌曲时，他不仅有了一个适合他的当代身份，也拥有一群想听他说话的听众。1997 年的《被遗忘的时光》是他 7 年以来第一张新歌专辑。迪伦唱了《相思病》和《还没黑》这样的歌。最引人注目的则是《高地》(*Highlands*)，这首歌并不想迎合潮流，迪伦担任了类似古代水手的角色，游荡在残破的当代世界的碎片中间，思索着自己与这个世界越来越脆弱的关系。专辑发行前不久，迪伦的心脏出了严重的问题，使那股肉身有死的寒彻气息更为浓郁。

1　杰瑞 • 加西亚是“感恩的死者”乐队的成员，“即兴乐队”（jam-band）指在演唱会和演唱会专辑中有大段即兴表演的乐队，“感恩的死者”乐队是最早的“即兴乐队”之一。

而且，就像《我对你这么好》催生出了《世界出了毛病》这张相似专辑，《被遗忘的时光》被视为一个三部曲的第一部。另两张接着的专辑是《“爱和窃”》（2001）和《摩登时代》（2006）。这三张专辑的风格各异，但都收录了这样的歌曲：主人公像是漂荡在一个他几乎认不出的世界里。这几张专辑的试金石是民间传统中的音乐家、音乐风格和价值观。这些事情之所以在此有意义，全靠召唤出它们时的那种确信。1965 年，插上电的迪伦把民歌传统炸塌了；90 年代，迪伦则反复把自己塑造成那个传统的一部分。他在一次访谈里坚称，莱德贝里和伍迪·格思里这样的音乐家“是冒险的自由精神，我从来不想抹杀那种精神”。（Cott，第 401 页）

与那种精神和传统保持一致，迪伦把自己重新定义为某种行吟诗人。20 世纪 80 年代和 90 年代，音乐行业的通常观点是，艺术家巡演只为宣传新专辑。迪伦不仅拒绝这种思维，而且反其道而行之。他声称“世界不需要更多的歌曲了”。他常常演出，无论要不要宣传新发行的专辑。

早在 1984 年迪伦就说：“是的，我很感恩我能在舞台上演奏，而且有人来看我表演。因为不然我就没办法，我是说如果我出去表演没有观众来，那我就到头了。我就不会做唱片了，这一点我可以告诉你。我做唱片，只是因为有人来看我的现场。所以，只要他们还来看我的现场，我就会继续做唱片。”（Cott，第 324 页）

迪伦的最近三张专辑，从极其多样的地方借用了很多东西，比如佐贺纯的《浅草博徒一代》（一个日本黑帮成员的口述史），19 世纪美国诗人亨利·蒂姆罗德（Henry Timrod）的无名诗作。就像他 60 年代早期的民谣经典专辑的遭遇一样，这种事恐怕必然遭到指责。2006 年，唱作者苏珊娜·维加（Suzanne Vega）在《纽约时报》

上谈到对迪伦的剽窃指控："他从未假装自己是个学者，甚至是好人。他更可能是要把自己塑造成，哦，窃贼。叛徒，逃犯，艺术家。那就是我们爱他的原因。"

在这个意义上，迪伦的歌曲创作既是在舞台上也是在录音室里进行的，既是在他对过往歌曲的翻唱中进行的，也是在他对自己写的歌的重新发明中进行的。他的作品集是无可匹敌的，但其边缘因磨损而尖锐粗糙。尽管极其精细、意味无穷、睿智迷人，但他的歌曲是为表演和诠释而作的。这样的歌曲要求——如迪伦开启的那个传统那般——声音（无论新旧）响起来、唱起来。

4. 表演者鲍勃·迪伦

艾伦·莱特

1965 年 12 月，鲍勃·迪伦在圣弗朗西斯科开了个新闻发布会。当时他老是跟媒体进行高速的躲闪格斗，这次新闻发布会是个最佳例子。发布会在电视上播出，很有趣。记者问迪伦："你怎么解释你的吸引力？"迪伦反问："对什么的吸引力？"当时，25 岁的迪伦正在开一个历史性的世界巡演，所到之处，都因为与一支使用扩音器的摇滚乐队合作而遭嘘。不过，有人问他更喜欢现场演出还是做专辑时，他认真地回答了。他说："演唱会比以前好玩多了，但专辑是最重要的。那是实实在在的，非常简洁，容易听清楚歌词和各种东西。"（*Dylan Speaks*）

由于巡演，由于"做鲍勃·迪伦"带来的要求和期待，他饱受折磨，几个月后这位歌手在纽约伍德斯托克开摩托车时出了车祸。他到底受了多重的伤？从未有确证。但这事给了他脱离巡演的绝好理由。他再次巡演要等到 8 年后了。而当时是他最受欢迎最有影响力的时候。那么，似乎大可以把鲍勃·迪伦定义为一个录音室音乐家。

不过，40 年后，事情并非如此。20 世纪 70 年代和 80 年代，迪伦对现场演出的态度模糊多变，此后他则全心全意投入了巡演生活的怀抱，直接与行吟诗人的传统相连接——他本就出自那个传统。1988 年他踏上了常被称为“永不落幕的巡演”(Never Ending Tour）的旅程，自那以后，他每年进行 100 多场演出，每一年。到现在，他这段时间的演出场次已经达到了 2000 场。曾几何时，迪伦的演出就像尼斯湖怪兽一样稀罕。如今，他出现在州一级活动的舞台上，出现在公司活动的舞台上，似乎只要有观众，他哪里都愿意去。

这些演出当中，有些很震撼很有揭示性，有些糟糕得让人难受。不过最重要的是，这种对巡演的投入在很大程度上重新定义了迪伦和迪伦的遗产。很明显他那无可匹敌的录音作品将永存，但他也尽其所能地重新塑造了自己：他的首要身份成了一个表演艺术家。通常的看法是，他并不具备“谁人”乐队或布鲁斯·斯普林斯汀那种级别的表演魅力和舞台能量。但通过在观众面前的演出，许多他最好的音乐被创造了出来，他的故事里的许多东西能得到最好的讲述。

萨姆·谢泼德写到 1976 年“滚雷秀”的一站：“这是迪伦的真实魔力。暂且把他写歌词的天才放到一边，就看他带来的能量转换……他把一种带来生命的激昂感觉注满了现场。这不是那种使人狂躁的能量，这种能量带来勇气和希望，最重要的是，把生命砸进最显要的所在。”（Shepard，第 32 页）

经历了近 50 年的独一无二的音乐生涯，鲍勃·迪伦是一个传奇，一个英雄，一个谜。他仍然在工作。1997 年，迪伦对《纽约时报》说：“许多人不喜欢上路，但对我来说那就像呼吸一样自然。我去做是因为我有动力去做……我在舞台上感到羞耻，但是呢，只有在那里我才感到快乐。只有在那里，你才能成为你想成为的人。

你无法在日常生活里成为你想成为的人。”（Hasted，第 110 页）

首先说一说迪伦的糟糕夜晚。从这儿说起似乎有些奇怪，但是如今，无数迪伦的第二代、第三代歌迷兴奋地涌去看自己的偶像，却只是见证一次含糊不清的黯淡演出，然后他们下结论说，他最好的日子已经过去了。（20 世纪 90 年代初我妻子去了一次出了名糟糕的纽约市演出，我花了许多年才说服她再给迪伦一次机会。）事实上，如果你把几个迪伦死忠聚到一块儿，话题很快会转向各自看过的最糟演出。这是个荣誉勋章：坚持看完一场糟糕的演出，而且还再去看。然后呢，迟早会有人问他们这种献身为何值得。林戈·斯塔尔[1]最近说：“鲍勃给你什么，你就得到什么。我上次看他，很难辨认出哪首是哪首。但以前他像钟声一样清晰。”（Schou）

迪伦总是明确说，他认为他的歌是有呼吸的活物，有机会持续地重新进入和探索自己的作品是最让他兴奋的事情。他在 1989 年说：“现场演出时，总是有新东西可以发现。也许是同一首歌，但在那首歌里面你找到不同的事情去做，是你昨天没想到的。那取决于你的大脑和手是怎么连接的，你的心智和你的嘴是怎么连接的。”10 年之后（也是上千场演出以后），他又说：“一旦一首歌有了构架，就可以用无穷的方式来做它。这使我现在的现场演出保持纯粹。”（Heylin，*Behind the Shades*，第 682 页）

对迪伦来说，最关键的事情似乎是表明他的歌曲不是固定死的博物馆作品。录音室里的那个初始过程从来就让他不舒服，他总是认为歌曲的专辑版本只不过是某一天碰巧捕捉到的东西。所以也就不奇怪，他觉得要在每一次表演时重新考虑自己的创作——有时达

1　林戈·斯塔尔（Ringo Starr），披头士乐队的鼓手。

到了新的深度或找到了新的含义，有时则一无所获。保罗·威廉斯（Paul Williams）写的多卷本《鲍勃·迪伦：表演艺术家》（*Bob Dylan: Performing Artist*）明显是对迪伦现场演出的最佳研究。威廉斯曾写道："每个晚上，无论他的状态是好是坏，他实际上是在说，'再想想'。"

那么，漫不经心的粉丝或新来的听众耗了90分钟看一个60多岁的老头儿把一些史上最佳歌曲呜呜咽咽唱得面目全非，他们算得到了什么？首先，记起你爱鲍勃·迪伦的一个理由是他的不可预测，如果不是这样，那么你就自找失望了。其次，你可以相当确定，他很快就会找回状态。还有他的票价一直相对较低。

从一个警惕但出色的现场表演者，到一个受到尊崇的行路战士——想要追踪迪伦的这一演变史并不太难，因为他演出的纪录程度不比任何音乐家差，当然，大概比不上他的伙伴"感恩的死者"乐队。他已出了10张左右的官方现场专辑，比如制作、发行混乱的1984年《真实现场》（*Real Live*），或是精心编辑、迪伦的经理人杰夫·罗森（Jeff Rosen）监制的《私录系列》（*Bootleg Series*）。还有各种全明星阵容的纪念联欢和活动的专辑，一些演唱会视频和DVD。这一切之外，当然了，还有巨量的私录录音、录像。这些私录品似乎抓到了鲍勃·迪伦每一次公开露面，常常捕捉到授权专辑无法捕捉的东西。鉴于本章的目的，我将努力避免谈那个庞大的私录世界——那是个使人上瘾的无底兔子洞，几乎不可能用可理解的方式去谈。（还有，迪伦自己总是对私录显露敌意，由此引发的伦理问题请读者自行裁断。）

若说零散的迪伦录音、录像，很早的都有，最早是1959年的；但若说迪伦在听众面前的大段表演，最早的记录是《1962年加斯莱特现场》专辑。这张专辑与迪伦的自传《编年史：第一卷》是在2005年同时发行的。加斯莱特（Gaslight）是格林尼治村的一家民歌俱乐部，是这类俱乐部的原型。10首歌都是10月在此录制，录制方式类似，但并非同一场演出。录制的时间晚于1961年的首张专辑《鲍勃·迪伦》的发行，早于1963年的突破性专辑《自由不羁的鲍勃·迪伦》的发行。其中有三首新的原创歌曲，最值得说的是他的早期杰作《暴雨将至》，还有7首传统歌曲，比如《芭芭拉·艾伦》（*Barbara Allen*）和《可卡因》（*Cocaine*）。

在《编年史：第一卷》里，迪伦说加斯莱特是“一个神秘的俱乐部——排场冠绝整条街，名望别处都不及”（第15页）。但整张专辑里闪耀着迪伦的绝对自信，毫无胆怯或犹疑感。他为何要胆怯犹疑呢？他当时已在音乐厅表演了，已在全国最强的厂牌发行了一张专辑（尽管在商业上惨败），已然飞速地越过了在俱乐部表演挣钱的阶段。

如果在加斯莱特的演出表明这位年轻歌手即将从有天赋的学生、传统歌曲的诠释者一跃而拥有自己独特的、有创造性的声音，那么，收录6首歌的《1963年卡内基音乐厅现场》则捕捉到了迪伦抗议歌曲阶段的高峰。这些歌许多都是迪伦后来说的“指指戳戳的歌曲”，像是《霍利斯·布朗歌谣》和《上帝在我们这边》。而双张唱片《1964年现场：爱乐音乐厅音乐会》则表明，他是多么快地超越了那种歌曲：他拿出了更抽象、更神秘的作品，像是《伊甸园之门》（*Gates of Eden*）和《手鼓先生》（*Mr. Tambourine Man*）。他的歌曲先是在已有的民谣形式中设立标准，继而开拓全新的领域。迪伦知道他需要领着听众去他的目的地。他开始拉长歌词，在舞台上过度清晰地表达。如今，脑子里已经存了他后期的咕哝低吟，再去听他当时的演唱，有时会感到精确得有些不舒服了，直到你想起来这种拉伸的、非线性的歌曲创作是多么空前的创新。

2007年发行的DVD《镜子的另一边：1963—1965新港民谣音乐节现场》（*The Other Side of the Mirror*）最能一揽子展示那几年发生的事情。在其中最早的镜头里，迪伦显然是民谣音乐的宠儿。环绕着他的是多克·沃森（Doc Watson）和克拉伦斯·阿什利（Clarence Ashley），他与圈里的公主（也是他的拥护者/保护人/爱人）琼·贝兹合唱，压轴音乐节的是《答案在风中飘》——他和贝兹、皮特·西格尔、“自由歌手”乐团（Freedom Singers）、“彼得、保罗和玛丽”三重唱（Peter, Paul, and Mary）手拉着手合唱，唱得欢欣鼓舞。他的政治性创作——《谁杀了戴维·摩尔？》和《只是游戏的卒子》——则被这位老一代的新英雄唱得真挚热烈。

下一年，鲍勃·迪伦在新港的演出毫无讨好的味道。他是统治性的超级明星，很明白自己有能力挑动所有人。雄浑的《自由的钟声》（*Chimes of Freedom*）震彻全场。他那笨拙的魅力变得坚硬了，成了一种风格化的、冲击性的酷。正如DVD中显示的那样，此时已经没有人与他处于同一级别。

然后就是1965年的新港民谣音乐节。

那是神话一般的东西，今天已无法真正想象。如今看来就像是，1965年7月25日迪伦穿着皮夹克、带着伴奏乐队“保罗·巴特菲尔德布鲁斯乐队”（巴特菲尔德没去）走上舞台时，大地崩裂了，天空崩塌了。托德·海恩斯的2007年电影《我不在那里》描绘了那个场景：凯特·布兰切特饰演的迪伦与乐队伙伴真举着机关枪对人群扫射。这个描绘可能下手太重了，但却准确地表达了历史如何记住了那一刻：这位民谣的标志性歌手第一次带着全套的摇滚装备上台。

有没有谁真的知道发生了什么？听众的嘘声是出于蔑视和仇恨，还是因为混音很糟糕而且表演只持续了15分钟？皮特·西格尔真的操起了斧子威胁要砍断电缆？迪伦再次上台唱了一首尖锐的、原声版的《现在都结束了，蓝宝贝》，这一行为是尊重还是挑衅？如今，重要的不是那次表演而是其影响。这件事就像在沙里划下一条线，宣布一个新时代的到来。《镜子的另一面》这张DVD里，《玛姬的农场》和《像一块滚石》的段落展示了一种躁狂的、仓促的强烈，主宰音响的是吉他手迈克·布卢姆菲尔德（Mike Bloomfield）胡乱飙出的插奏和华彩。看这段视频记录，似乎所有对此事的解释都是真实的，兴奋、困惑、沮丧、背叛、启示全都注满了新港的空气。

有一个事实在这个故事的传统讲法里丢失了，即迪伦并非从天而降吓坏音乐节观众的。演出前一天，就像几年来时时在做的，他参加了常规的歌曲创作排练，弹了几首自己新歌的独奏版本。而且，那乐队真的使人震惊吗？他已经发行了半插电的专辑《全部带回家》，而且，无瑕疵的全摇滚专辑《重访61号公路》中的《像一块滚石》已经是电台大热门歌曲。

无论如何，手套已经掷下[1]，随后的演唱会常常演变成迪伦与观众的约战。迪伦带着伴奏乐队开始了巡演，先是在美国，然后去了欧洲。这支伴奏乐队是第一次与迪伦合作，不久就命名为“乐队”乐队。对这次巡演人们已经写了太多文章，很难再为讨论提供什么新东西。1998年终于发行的《1966年现场：皇家阿尔伯特音乐厅

1 中世纪传统中，把手套扔在地上表示挑战，捡起手套表示迎战。

音乐会》记录了 1966 年 5 月 17 日他们在曼彻斯特的传奇演出。这个记录无疑捕捉到了他们当时的音乐：绝对位列史上最激动人心的摇滚乐。一想到当时的戏剧性气氛，人们很容易忽略掉演出前半部分的原声段落，但《乔安娜的幻象》（*Visions of Johanna*）和《荒芜街》唱得如此锋利，效果惊人，就像一记强劲的刺拳，完美地为接着的击倒重拳做了铺垫。

这些演出的后半部分是灼烧、莽撞的插电音乐，对此观众究竟多么敌视呢？很糟糕，“乐队”乐队的鼓手列文·赫尔姆（Levon Helm）在美国段中途退出了。很糟糕，马丁·斯科塞斯的华丽纪录片《没有家的方向》末尾处，迪伦的模样苍白憔悴，感觉山穷水尽了（当时欧洲的巡演就要结束）。捉弄媒体，法国的舞台背景悬挂巨大的美国国旗，每天服用固定量的药品挨过那些日子——这一切肯定不会对事情有帮助。但当时，一边要创作开拓性的艺术，一边要甩掉当人们心目中的政治领袖所带来的锁链，换来当人们心目中的先知和说真话的圣人所带来的疯狂，这种张力和压力已经变得不堪忍受。

这次巡演后不久，就出了摩托车车祸事件。接下来的 7 年多里，迪伦只在现场演出了三次：1968 年纪念伍迪·格思里的音乐会上，他与“乐队”乐队在卡内基音乐厅表演了三首格思里歌曲的粗粝版；1969 年怀特岛音乐节上的一段黯淡表演；1971 年的“孟加拉”演唱会（首次全明星公益摇滚演唱会）上，他情真意切地演唱了几首老派原声歌曲。他继续发行专辑，从晦涩、难以忘怀的《约翰·韦斯利·哈丁》到一挥而就的《自画像》。但除了那三次露面的两小时，没有迹象表明他计划进行更多的舞台演出。

迪伦在家的那几年里，摇滚乐坛的规模改变了。1969 年的伍德斯托克音乐节说明了新摇滚市场多么大。巡演进入了大场地，票价提高。同时，原本是超强伴奏乐队的“乐队”乐队，如今自己也成了明星，甚至登上了《时代》杂志的封面。1973 年时，很难抗拒这个想法了：迪伦和“乐队”乐队重组巡演。他们迅速搞出了《行星波》（*Planet Waves*）这张被低估的专辑，算是热热身，然后宣布将在 1974 年 1 月和 2 月巡演 25 个城市，开 40 场音乐会。

门票是通过邮件抽签订购的。据估计，申请购票的人数占美国人口的 4%。演出推广人比尔·格拉汉姆组织了有史以来最雄心勃勃、最奢华的巡演，音乐家乘坐华美的私人飞机前往各个城市。正如巡演宣传者保罗·威瑟曼（Paul Wassrman）所言，“那年的迪伦巡演就像耶稣复临”（Graham and Greenfield，第 358 页）。

可惜的是，据“乐队”乐队鼓手列文·赫尔姆说，巡演在芝加哥开唱那天，他们“觉得没有准备好”，而且他们始终未觅得对演出的热情。最后一站洛杉矶的演出被录制成了专辑《洪水来临前》，也是迪伦的第一张官方现场专辑。从这张专辑来看，表演还行，偶尔达到顶级水准，从观众私录的演出内容中得出的结论也不外乎如此。开场的那首急速嘶吼版《多半各走各路》[*Most Likely You Go Your Way*（*And I'll Go Mine*）] 其实就是最精彩的了。还有从吉米·亨德里克斯翻唱版中汲取灵感的《沿着瞭望塔》（*All Along the Watchtower*）。不过，如赫尔姆所言，“有时我有一种奇怪的感觉：我们是在扮演鲍勃·迪伦和‘乐队’乐队，观众付钱来看他们许多年前失去的东西……巡演对我们的钱包是大好事，但我们当中没人对此很热情”（Helm and Davis，第 248 页）。

1974 年的这次巡演与水门事件听证会的进行形成对照，把迪伦真正引入了 70 年代。巡演的钱很多，灵魂不足。迪伦后来说演出不怎么样，“只是拼力气”。他最精准的评论大概是，“问题在于每个人对巡演的目的都有自己的想法”（Heylin，*Behind the Shades*，第364页）。

那场巡演也恰逢迪伦和萨拉·朗兹的婚姻的终结。这事从个人角度而言非常痛苦，却引发了创造力的复苏，使迪伦做出了两张很棒的专辑：《轨道上的血》和《渴望》。如果说《轨道上的血》是迪伦深挖自我，《渴望》则把他带回了艺术社群。《渴望》专辑的多数歌曲都是与剧作家雅克·莱维亲密合作的产物，录音乐队则是从格林尼治村里艰难维持的小乐队里挑选乐手匆匆组成的。那时候，拳击手鲁宾·“飓风”·卡特正遭到成问题的谋杀罪指控。一方面是为了此事，另一方面也为了即将来临的美国独立两百周年，迪伦很快决定再次上路。但这一回与1974年的大场面很不一样。《渴望》专辑的录制一结束，他就召集起乐队，加上嘉宾和朋友，比如罗杰·麦吉恩、艾伦·金斯堡和琼·贝兹，登上巴士，直奔新英格兰的各个小剧院，只在开演前做很短时间的预告。这是一次即兴的巡演，更像是一个巡回马戏团或药班子秀。它名为“滚雷秀”。迪伦还决定把“滚雷秀”的过程全拍摄下来，制作一部名为“雷纳尔多和克拉拉”的电影。

《1975现场：“滚雷秀”》专辑中的录音来自伍斯特、坎布里奇、波士顿、蒙特利尔站的演出。这些录音具有代表性，非常出色。（不过，冒着过度强调私录录音的风险，我们可以说它们不是这次巡演的最佳表演。）迪伦在这些演出中状态火热，重新编排、充分演绎了《渴望》专辑中的歌曲（这张专辑还没发行呢），并且深挖自己的经典曲目。经典讽喻歌曲《爱西斯》有一种翻腾、宣扬的热烈。[《传记》（*Biograph*）精选集中的蒙特利尔站版本是最棒的。] 他的演唱充满意义，完全不亚于 1965 / 1966 年的巡演，乐队虽可说是匆匆凑起来的，却完美地契合演出的情绪。

“滚雷秀”的第一阶段胜利结束了。但这些复杂的演出需要带上一大堆人员，还要拍摄十几个小时的实录，费用持续上升。他们决定把巡演开进西部的大场地，以补贴费用。“滚雷秀”的第二阶段有着非常不同的态度，一个标志是迪伦在舞台上的头饰：从戏剧化的、超大的白帽子变成了中东人上战场戴的头巾。几年后，我在“西南偏南影展”上采访琼·贝兹，某个观众说曾在“滚雷秀”上见过她。她说：“哦，是吗？是戴好玩儿帽子的演出还是戴穆斯林头巾的演出？”

迪伦努力把那部影片做了出来，但同时，他最终未能挽回他的妻子，他筋疲力尽了。为了再挣一笔钱，科罗拉多柯林斯堡站的演出被拍摄下来供NBC电视台播出，同时也录制为一张现场专辑。当然，那天晚上有倾盆大雨冲刷着露天舞台。那张专辑发行时命名为“暴雨”(Hard Rain)，人们通常认为，专辑杂乱无章，各首歌的水准相差很大，但当时迪伦心里的挣扎情绪催生了某些极为出色的音乐。他如一个陷落井底的人般嘶喊，为生猛的情感牺牲了微妙之处。《我统统扔掉》（*I Threw It All Away*）的温柔思绪被剥除，变成了悔恨的呼喊。《避风港》（*Shelter from the Storm*）毫无同情和感激的痕迹了，成了一首愤怒抽打的劲歌。那可不好受，但那是迪伦音乐生涯中最棒的表演之一。

1978 年 1 月《雷纳尔多和克拉拉》上映时，批评家对其大加攻伐，观众则将其忽略。迪伦离婚一事到头了，他陷入一场抚养权之战，他的财务陷入混乱。他也没能帮“飓风”卡特走出监狱。在前几年里，他做出了一些最美妙的音乐，做了一些最强的演出，但他的生活几乎没获得什么回报。

迪伦脑子里的下一个声音需要一种不同的音乐编排。一批晦涩、迷人、令人沮丧的歌曲组成了《合法上路》专辑。录制歌曲的乐队比以往更大更丰富，有圆号［由传奇萨克斯手斯蒂夫·道格拉斯（Steve Douglas）吹奏，他后来进入了摇滚名人堂，是少数几个获此荣誉的伴奏乐手之一］，有大管乐，有三人女声和音组。乐队在一个空荡的洛杉矶仓库里排练和录制，而且这个录制阵容还直接搬到迪伦音乐生涯中最大的国际巡演现场做暖场演出。

好也好坏也好，《合法上路》专辑的歌曲构成了这次国际巡演的冗长演出中的很大一部分。其余的部分，迪伦再次大幅改动自己的老歌，以适应大乐队设置。出来的效果有时很有趣（雷鬼风味的《别犹豫，就这样吧》），但多数时候浮夸做作。有些人写文章说，照在萨克斯手道格拉斯身上的聚光灯是对布鲁斯·斯普林斯汀的崛起的回应（斯普林斯汀是迪伦的美国摇滚符号的主要衣钵继承者）。不过，这些编排的感觉更接近晚期的埃尔维斯（1977 年猫王的去世极大震动了迪伦，还打断了《合法上路》的歌曲创作），甚至是尼尔·戴蒙德［Neil Diamond，当时戴蒙德的经理人杰瑞·温特劳布（Jerry Weintraub）正跟迪伦合作］。

最重要的是，1978 年的巡演把迪伦带回了全球舞台。美国的演出得到了褒贬不一的评论。平淡的《在武道馆》（*At Budokan*）专辑录制于共 155 场的巡演的早期一站，发行后迅速遭到恶评。不过，英国的评论家倒很是赞赏。一家伦敦小报的头版上写道："我看过的最棒音乐会。"公平地讲，随着这场大秀（有些知情人称之为"赡养费巡演"，各种观察家称之为"拉斯维加斯巡演"）一个场地一个场地进行，乐队对老歌的把握变得更好了，迪伦有时也能用嗓音的力量超越音乐的局限。但大多数时候，他深陷于大体量乐队的要求而无法自拔。

结束这段旅程时他筋疲力尽，但他的心思已经在别的地方了。迪伦仍然受到离婚的折磨，面临精神危机。他的几个乐手和合作者，包括新女友玛丽·爱丽丝·阿尔兹（Mary Alice Artes，在《合法上路》专辑的工作人员名单中名为“蜜蜂皇后”），带他接触了加州坦扎纳的“葡萄园团契”聚会。他的精神觉醒的历程并不那么清晰，但当时他已经开始在脖子上戴十字架，在巡演的最后几站用《慢车开来》（*Slow Train Coming*）等几首新歌来试验。

时机到了：出生时名叫罗伯特·艾伦·齐默尔曼的鲍勃·迪伦重生了（尽管他后来否认用过这个字眼）。他沉迷于学习《圣经》，写出了唱他的新信仰的歌曲。结果有了《慢车开来》专辑。这张专辑拥有迪伦在录音室里捕捉到的最铿亮的声音，乐手包括“恐怖海峡”(Dire Straits）乐队的吉他手马克·诺弗勒（Mark Knopfler)。专辑甚至还给迪伦带来一首热门歌曲：轻快、狡黠的《总要侍奉谁》（*Gotta Serve Somebody*）。

但这场专辑要传递的信息，即宣布他的基督教原则、警告不信基督者，严重吓到了迪伦的歌迷。

回头看，这一步是连贯的，甚至是一个逻辑过程的必然结果。如果说迪伦音乐生涯的总体目标是检视美国音乐史（当时他已经试过民谣、布鲁斯、乡村和摇滚），那么，他也许不可避免要去探索另一个伟大传统——福音音乐。《合法上路》的音乐很强调三人女声和音，已经很接近福音音乐的声音。而这种声音是不能封闭在录音室里的，福音音乐是真正活在表演中、活在与听众的呼应中的音乐。

1979 年 11 月，迪伦在圣弗朗西斯科沃菲尔德开启了共 14 场的美国剧院巡演。他没有唱听众熟悉的歌，只唱了新的基督教主题的歌。那次新港演出的 14 年后，他又一次让自己陷入与追随者的争斗。有歌迷抗议，有歌迷离场，剩下的则折服于他的演出激情和信念。随后在加州圣莫妮卡的四个夜晚，气氛尤其温暖和欢庆——无论人们对这些歌曲的内容怎么看，毫无疑问迪伦和他紧凑的小乐队是在上演光彩照人的音乐。（“私录系列”没有收录发行“福音时期”的任何演出，实在是个缺憾，尽管很容易理解为什么哥伦比亚唱片公司不太愿意去碰那个时期。）

不过，随着巡演的进行，迪伦开始更多地对听众说教、责骂，听众嘴上也越来越有敌意。他上演冗长的阿莫基顿[1]场景，发出反同性恋的咆哮。最初几场演出的喜悦让位给焦灼的圣战。迪伦把舞台上唱的一些新歌录制成了《得救》（*Saved*）专辑。这张带有更多宗教复兴主义感情的专辑像块石头一样沉没了。开启福音巡演的几乎整整一年后，他回到了沃菲尔德。这一次，新歌里有几首不像他的近期作品那样关注福音。他甚至还唱了几首自己的老热门曲。

《来一针爱》（*Shot of Love*）是他不到三年时间里的第三张专辑。这张专辑平衡了《圣经》主题和俗世歌词［如《莱尼·布鲁斯》（*Lenny Bruce*）的歌词］，两者的声音都多少有点儿尖厉。这是一个混合体，听起来像是在纸盒子里录制的。但它引出了一次编排出色的美国 - 欧洲巡演。这次巡演是 1980 年末和 1981 年初进行的，乐队由录音室大牌乐手组成，部分场次促成了迪伦和键盘手阿尔·库帕（Al Kooper）的重聚，甚至吉他手迈克尔·布卢姆菲尔德也出现

---

1 阿莫基顿（Armageddon），指审判日前善恶间的最后一战。

在几场演出里。这次巡演有创造性，令人兴奋，虽然有时有些冗长和散漫。到了巡演的尾声时，表演也失去了活力——这种情况已经成了迪伦巡演的惯例。

福音时期大大缩减了迪伦的歌迷基础。不过三年，原本带着大乐队到大场地巡演也门票售罄的迪伦，已经在上座不满的剧院里演出了。而且，这时期的录音只留下了他的最糟作品的样本。但这个时期为随后的10年定下了基调——80年代将是迪伦音乐生涯中真正最困难的岁月。

结束《来一针爱》专辑的歌曲演出后，迪伦有三年时间没有上路表演。自1966—1974年的“隐退”以来，这是他的最长休整。有人拍到他在耶路撒冷出席儿子的犹太受诫礼，他跟犹太哈西德教派来往——显然，他的精神认同又发生了转变。他不确定下一张专辑要往哪个方向走。对于制作人的人选，他考虑过弗兰克·扎帕（Frank Zappa）、戴维·鲍伊（David Bowie）等人，最后请了与《慢车开来》专辑中的音乐联系紧密的马克·诺夫勒。这张专辑就是《异教徒》（*Infidels*）。

专辑中充满了末日想象和神秘的意象。它很有力，尽管可能有些焦点不明。专辑获得了广泛的赞誉，人们觉得迪伦的音乐水准回来了。其中的音响植根于诺夫勒和米克·泰勒（Mick Taylor，前滚石乐队成员）的主音吉他与斯莱·唐巴（Sly Dunbar）和罗比·莎士比亚（Robbie Shakespeare）的雷鬼节奏之间的互动。不过，这些歌曲的首次现场演出与专辑中的演绎相当不同。

当时迪伦已经在关注“冲撞”乐队（Clash）和X乐队这样的朋克乐队。他邀请洛杉矶组合“普拉格兹”（Plugz）和“克鲁扎多”（Cruzados）的成员到马里布的家里来排练。为了推广新专辑，他带着三个邋遢的乐手上了“戴维·莱特曼的深夜秀”，轰隆隆地唱了两首《异教徒》专辑的歌，还有索尼·伯伊·威廉森（Sonny Boy Williamson）的《别逼我开口》（*Don't Start Me Talking*）的愤怒改编版。这场表演很有趣：那几个年轻的摇滚乐手拼了命地跟上，明显不确定火力全开的迪伦要干什么（强烈推荐去YouTube扫一眼演出录像）。

可惜，这个出乎意料的新方向未能持久。推广人比尔·格雷汉姆为迪伦提供了到欧洲体育场巡演的机会，迪伦转而找米克·泰勒组一个纯职业的、没什么火花的乐队。1984 年的这次巡演时，迪伦面对的是自己音乐生涯中最庞大的现场观众，但演出不过是无聊地过一遍他最热门的歌曲，就像我们在完全没必要出的《真实现场》专辑里听到的那样。

1985 年 7 月，迪伦的下一张专辑《帝国滑稽剧》发行，一周后，他得到了更闪亮的聚光灯：压轴费城的“援助现场”公益音乐会。他带着基思·理查兹和荣·伍德唱了三首歌，但演得就像车祸。他们说听不见自己的声音，他们上台时，全明星合唱阵容正在排练音乐会的最后一首大歌《四海一家》（*We Are the World*）。还有，在这个场合选择唱《当船到来》（*When the Ship Comes In*）似乎有点儿问题。迪伦想要唱出的很可能是“整个世界在看着”这句歌词，但这首歌的高潮是报复性的这几句：“然后他们会举起手，说我们满足你们的所有要求 / 但我们会在船头喊，你们的日子没几天了。”迪伦造成的最大影响源于他的一句评论。他表示我们也应该关注美国农民的困境，这话让“援助现场”的组织者不爽，但使得威利·尼尔森（Willie Nelson）和其他人领头创立了“援助农场”组织。

迪伦在“援助农场”的首演中出场，伴奏乐队是“汤姆·佩蒂和负心人”(Tom Petty and the Heartbreakers) 乐队。这个粗粝的摇滚编排也将开启他巡演的下个阶段。随后就是他们共同领衔的全球短巡演，但演出的形式是迪伦 - 佩蒂的小组合与“负心人”乐队的大段伴奏交替出现，结果相当笨重。在《编年史：第一卷》里迪伦写到这次巡演，说自己“没有任何一点儿灵感”，“我自己的歌变得很陌生……跟他们一起我不再能做任何突破创新的事情。就像背着一袋重重的腐肉”（第 148 页）。

与佩蒂共同巡演的间歇期，迪伦也跟“感恩的死者”乐队一起演出了几场。他写道，和“感恩的死者”乐队排练时感到沮丧，他在乐队所在的马林郡走了走，在一家爵士俱乐部碰见一位歌手，那歌声“猛的使我找回了自己”（*Chronicles: Volume One*，150 页）。不过，他和杰瑞·加西亚及其伙伴们[1]合作演出时，他找到的新灵感并没有怎么显露出来，这个特别低潮的时期记录在了那张糟糕的迪伦 - “感恩的死者”现场专辑里。

1988 年，乔治·哈里森找到迪伦和佩蒂，提出携手共组“旅行的差错”乐队出专辑[2]，参与者还有罗伊·奥比森（Roy Orbison）和杰夫·林恩（Jeff Lynne）。这张精神昂扬的专辑使迪伦重回专辑榜前十，同时他和“感恩的死者”乐队巡演的体育馆门票销售一空。哈里森大概想让“旅行的差错”乐队做现场演出。“我们几乎每天都谈到做一次巡演，”佩蒂说，“但等我们冷静下来，我们就不再想

1 杰瑞·加西亚（Jerry Garcia），“感恩的死者”乐队的主音吉他。

2 “旅行的差错”(Traveling Wilburys)，是这几位音乐家合组的短期乐队。Wilburys 指录音时因设备问题产生的差错，来自哈里森的一句玩笑：“我们将在混音时盖掉它们（We'll bury' em in the mix)。”

做了。”

迪伦和佩蒂转而重新踏上自己的巡演之路。曲目扩充了，迪伦感到与歌曲的距离更近了。不过，据他说，一天晚上在瑞士，他开口唱却什么也唱不出来。他琢磨该怎么做完那场演出时，一句话闪现在他脑海里——“我决心站出来，无论上帝是否保佑我”（Williams，1986—1990，第88页）。如果我们相信他的说法，那么他就是这样决定了要真正回归。他设计了一个方案，开始常年的巡演，反复回到同样的市场重建自己的观众群。就这样，在1988年，“永不落幕的巡演”开始了。

迪伦说，有过一个“永不落幕的巡演”，但它已经落幕了。“它早结束了。”他在1993年《世界出了错》专辑的内页里写道。他进而列出其他的巡演名称，比如“行动原则巡演”和“钱永不耗尽巡演”。不过，不管叫什么名字，事实是自1988年6月以来，迪伦一直稳定地上路演出，并无明显的计划要停止。这也包括1997年，他患上几乎致命的肺部感染的那一年。他给出了纯粹实用角度的解释。1997年他对《伦敦时报》的艾伦·杰克逊（Alan Jackson）说：“我只是每年在一定数量的日子里工作，就让我成了一个靠一门活计谋生的人。事实是，连续的巡演反而不那么艰苦了。你不需要老是召集、排练新团队。生活里的颠簸动荡更少了。”（Dylan Speaks，第128页）最早的一批演出粗粝尖锐，为他伴奏的是一个三人组，由“周六夜现场”节目的前乐手、弹起吉他时摇摇晃晃的G. E. 史密斯（G. E. Smith）领衔。用朋克味道吼出的迪伦歌曲颇使人兴奋，也很有能量。1989年发行的《哦，仁慈》专辑至少是《异教徒》专辑以来最强、完成度最高的迪伦专辑，更加使人觉得迪伦找回了真正的力量。

但很快，“颠簸动荡”出现了。史密斯离开了乐队，导致迪伦在90年代初换了几个吉他手，做了一堆没头没脑、排练不足的演出。迪伦的下一张专辑《红色天空下》就是一团糟。传言说，迪伦过度饮酒（他否认），上台时穿一件拉起来罩住头的廉价运动衫。但还是有很不错的演出。1990年1月，他数十年来首次在俱乐部演出，地点是纽黑文的“蟾蜍家”，四个小时里表演了50首歌曲，接受点歌，总体演得快活迷人。1992年和1993年，迪伦录制了两张专辑，《我对你这么好》和《世界出了错》。他在里面一个人表演传统民谣、乡村和布鲁斯歌曲。这两张唱片毫无商业影响，但似乎使他重新找到了意义。他开始使用较稳定的乐队阵容，贝斯手托尼·加尼尔（Tony Garnier）是阵容的基石。加尼尔1989年加入，从此就一直在，明显是迪伦连续合作时间最长的乐手。迪伦在纽约晚餐俱乐部的出色演出（大多是原声演出）被拍摄了下来，但从未发行：又一个我们唯愿早见天日的记录。

1989—1997年，迪伦没有发行新的创作作品；《世界出了错》专辑后的四年，则没有发行任何新的音乐。但他的现场演出又一次焕发了活力。1997年那张一流专辑《被遗忘的时光》出现时，他已经常常在音乐会上达到高水准，而几年前这似乎是不可能的事情。新的歌曲充分吸收、转化了前两张专辑探索的布鲁斯，而且现场演唱的效果特别强。几乎像是，支撑这些演出的是迪伦的整个音乐生涯——他在新鲜曲目和经典曲目之间达到了完美的平衡，使老歌迷和新歌迷都满足，同时为他崇敬的历史和他需要的创新添加光彩。

世纪之交时乐队达到了巅峰：吉他手拉里·坎贝尔（Larry Campbell）和查理·塞克斯顿（Charlie Sexton）站在迪伦左右，高超地掌握了他的曲目。迪伦把鼓手从戴维·坎普（David Kemper）换成乔治·里塞尔（George Recile）后，舞台反倒更加火热。这个阵容（穿着配套的牛仔主题服装）值得用唱片来留存不朽的纪念，尽管能找到满意的零碎纪录：一系列在日本发行的单曲唱片收录了几乎达到一张专辑长度的额外现场录音[1]，迪伦的2003年疯狂电影《蒙面者和匿名者》的原声唱片里有5首歌来自这个乐队最盛期的现场演出。

迪伦在音乐会上更多地演奏键盘，到2003年，他开始整场演出都待在键盘位上。他没有对这个变化做出任何解释，但我们禁不住想是不是身体的原因。对于一个63岁的老人，一年当中三分之一的夜晚都抱着把吉他绝不是件轻松的事。塞克斯顿离开了乐队，然后是坎贝尔，种种变化使演出弱了一点。2006年专辑《摩登时代》里的歌曲没有达到《被遗忘的时光》的标准，也没有达到《被遗忘的时光》后几乎同样出色的2001年专辑《"爱与窃"》的标准。但在2007年，至少每场演出的头几首歌里，迪伦又开始拿起吉他。就算他和他现在的乐队未能完全达到几年前的表演强度，他仍然充满活力，夜复一夜。

他能永远走下去吗？他会活出1962年歌曲《死在我的脚步声中》（*Let Me Die in My Footsteps*）的精神，一直在路上直到时间完结吗？我们当然无法预测鲍勃·迪伦会做什么，尽管他大概会指出，B. B. 金、查克·贝瑞和乔治·琼斯（George Jones）全都还在路上。不过，更好的问题是：如果他停下，他还有什么别的可做？

"当我巡演时，"迪伦曾经说，"那就成了我的工作，出去唱那些歌。你必须以某种方式接受它。对此你没什么能做的。唯一能做的别的事就是不做它。"（Heylin，*Behind the Shades*，第642页）

1　单曲唱片通常会在B面放些"彩蛋"。

5. 鲍勃·迪伦与合作

马丁·雅各比

在这一章，我想拓宽“合作”的传统含义，来看看鲍勃·迪伦对音乐、历史和其他文化影响的运用如何帮助塑造了他这个表演者。这个拓宽有两个形式。第一个形式遵循文学理论中广为接受的一个论证，即艺术作品并非艺术家在隔离状态中工作的产物，而是艺术家与各种历史、文化和个人影响的合作的产物；第二个形式运用“表演研究”理论，认为艺术家通过自己的表演（包括现场表演、录制书写的表演）重造自己、创造现实（或现实感）。

对于自己得到的合作性帮助，至少在公开场合，迪伦从未坦然吐露，从未特别感激谁。但他得到的帮助有时是很关键的。琼·贝兹给予的最初协助总的来说未得到迪伦的承认，尽管她给了他开启音乐生涯所需的曝光度和听众。迪伦也不怎么承认哈里·史密斯的《美国民谣音乐选集》的影响，说许多人都既听那套唱片也听其他歌曲，还说当时不稳定的生活方式不允许他花大量时间听任何一张专辑，他和其他年轻音乐家更喜欢在格林尼治村听这些歌和其他歌的现场表演。还有，对于格莱美获奖专辑《被遗忘的时光》制作人丹尼尔·拉诺瓦给他的助益，迪伦说自己“并不特别喜欢沼泽音乐[1]”(这位制作人常常与沼泽音乐联系在一起),而且更一般性地,他对乔纳森·莱瑟姆(Jonathan Lethem)说:“我觉得反正我总是制作自己的唱片,只是正好那儿有个人。我觉得反正除了我自己,没人知道我该唱出什么样的声音,除了我自己没人知道要乐手怎么弹,没人能像我一样告诉乐手哪里弹错了,没人能像我一样能发现会弹却没机会弹的乐手。这些事我睡觉时也能做。”(Lethem,第 76 页)最后,据迪伦说,有两位艺术家对他 20 世纪 90 年代的回归十分重要,一位是朗尼·约翰逊(Lonnie Johnson),还有一位加州圣拉斐尔的无名“老爵士歌手”。约翰逊给予的帮助关乎迪伦在“20 世纪 60 年代初”学到的一种吉他风格(*Chronicles: Volume One*,第 157 页),但迪伦从未清楚地说明那种技巧。迪伦告诉我们,有次和“感恩的死者”排练时他走掉了,琢磨着退休的念头,然后就在圣拉斐尔听到了那位爵士歌手的演唱。他说,听那位歌手演唱时,“没有预兆,就像是那家伙打开了我灵魂的窗户。就像是他在说,‘你应该这么做’”(*Chronicles: Volume One*,第 150 页)——虽然我们不清楚“这么做”是什么意思。看起来,尽管迪伦又一次语焉不详,却正是这位老爵士歌手在瑞士洛迦诺救了迪伦。当时他正跟“汤姆·佩蒂和负心人”乐队演出,突然什么也唱不出来了,他说他“祭出了某种不同的技法来刺激其他不灵的技巧”(*Chronicles: Volume One*,第 153 页)。约翰逊 1970 年去世了,除了迪伦也无人知道那位老爵士歌手是谁,那么这么说似乎是公平的:迪伦的这些含糊之词并未敞开承认自己接受的合作性帮助,从而助长了“他是独一无二的”的感觉。

---

1 沼泽音乐(swamp sound),包括沼泽流行乐、沼泽摇滚、沼泽布鲁斯等,大致出现于 20 世纪 50 年代的美国南方。

1961 年，迪伦在纽约开始其职业生涯时，有时会跟其他音乐家一起表演，但实际上他是个单人艺术家。1965 年插了电之后，他是头牌，换掉伴奏乐队同样能吸引听众。而且他的音乐和歌词几乎全都是自己写的，如今他甚至制作自己的专辑。不过，假如迪伦完全是一个单人艺术家，或主要是一个单人艺术家，那么本书就不会有本章了。迪伦与人合写了许多歌曲。最重要的合作者是雅克·莱维，他和迪伦合写了《渴望》专辑中（除了《萨拉》和《再来杯咖啡》）的所有歌曲。其他合作者有“感恩的死者”乐队的词作者罗伯特·亨特（Robert Hunter），他和迪伦合写了《妙境深处》（*Down in the Groove*）专辑中的两首歌曲《西尔维奥》（*Silvio*）和《世上最丑的女孩》（*The Ugliest Girl in the World*）。在《烂醉如泥》专辑中，汤姆·佩蒂与迪伦合写了《下决心吧》（*Got My Mind Made Up*），卡罗尔·贝耶·赛格（Carole Bayer Sager）与他合写了《中了你的邪》（*Under Your Spell*），剧作家萨姆·谢泼德和他合写了《布朗斯维尔女孩》（*Brownsville Girl*）。《得救》（*Saved*）是与贝斯手蒂姆·德拉蒙德（Tim Drummond）合写的，《时时拥有你》（*I'd Have You Anytime*）是与乔治·哈里森合写的。在“大粉屋”[1]录制的许多歌曲是合写的，例如，与里克·丹科（Rick Danko）合写的《这轮子冒着火》（*This Wheel's on Fire*），与理查德·曼纽尔（Richard Manuel）合写的《愤怒的眼泪》（*Tears of Rage*）。

迪伦还与许多制作人合作制作专辑。重要制作人的名单里有丹尼尔·拉诺瓦，做《红色天空下》和《被遗忘的时光》专辑时与迪伦合作；有罗伯特·约翰斯顿（Robert Johnston），他制作了《重

1 大粉屋（Big Pink），纽约索格蒂斯的一处房宅，迪伦曾在此处的地下室录了不少歌。

访61号公路》《全部带回家》和《金发叠金发》专辑；有约翰·哈蒙德（John Hammond），他制作了迪伦的头两张专辑，还把三角洲布鲁斯音乐人罗伯特·约翰逊（Robert Johnson）的音乐介绍给了迪伦；还有迪伦的弟弟戴维·齐默尔曼，他基本上重新制作了《轨道上的血》专辑。

当然，在舞台上，在录音室里，迪伦和大量音乐家共同演奏。不过，倒不妨先列出未与他共同演奏过的音乐巨头。他没有和伍迪·格思里一起演奏过，因为他到纽约时那位民谣传奇身患的亨廷顿舞蹈病已到晚期，无法演奏。他从未与埃尔维斯·普雷斯利一起演奏过，因为“汤姆上校”帕克[1]拒绝了迪伦1970年的提议（Sounes，第240页）。他没和弗兰克·辛纳屈（Frank Sinatra）一起演奏或演唱过，尽管他在“老蓝眼睛”[2]的80岁生日庆典上唱过一曲《悸动的告别》（*Restless Farewell*）。他也没有和小理查德一起演奏过，尽管他曾在明尼苏达西宾的高中年鉴上写明，自己梦想成为小理查德乐队的成员。他没有和杰瑞·李·刘易斯一起演奏过，刘易斯很不客气地拒绝了迪伦的提议（Sounes，第240页）。他没有（至少没有公开地）和约翰·列侬一起演奏过，也没有和保罗·麦卡特尼一起公开演奏过，尽管他和披头士乐队互相影响了彼此的音乐。

不过，他和乔治·哈里森一起演奏过——在“旅行的差错”乐队（成员还有汤姆·佩蒂、杰夫·林恩和罗伊·奥比森）中，在孟加拉公益演唱会上。他也和林戈·斯塔尔在孟加拉公益演唱会及《红色天空下》专辑中一起演奏过。他和滚石乐队一起在舞台上表

1 “汤姆上校”帕克（Colonel Tom Parker），猫王的经纪人。

2 老蓝眼睛（Ol' Blue Eyes），辛纳屈的昵称。

演过，还和滚石乐队的数个成员一起在舞台上或专辑中演奏过。他合作过的还有“感恩的死者”乐队、“汤姆·佩蒂和负心人”乐队，还有如下明星音乐家：布鲁斯·斯普林斯汀、埃里克·克莱普顿（Eric Clapton）、卡洛斯·桑塔纳（Carlos Santana）、范·莫里森、保罗·西蒙、波诺（Bono），还有马克·诺弗勒（诺弗勒也制作了迪伦的部分作品）、莱昂·拉塞尔（Leon Russell）、琼尼·米切尔和约翰尼·卡什。他在新港民谣音乐节上首次插电时，与麦克·布卢姆菲尔德和阿尔·库帕两人共同演奏，而且在那首被《滚石》杂志称为摇滚乐史上最佳歌曲的《像一块滚石》中，他也与这两人共同演奏。当然了，他和琼·贝兹、“乐队”乐队都共同演奏过。

迪伦的民谣生涯开始于明尼阿波利斯 - 圣保罗双城区。1961 年夏天是他在格林尼治村的“学徒”时代，当时，在不同的场地他与以下诸位共同表演过：保罗·克莱顿、汤姆·帕克斯顿（Tom Paxton）、戴维·范·容克［迪伦未经允许借用了容克的《日出之屋》（*House of the Rising Sun*）的编曲］、杰克·艾略特、朱迪·柯林斯（Judy Collins）和菲尔·奥克斯。那一年的 7 月 29 日，他在河畔教堂与杰克·艾略特同台，在那儿遇见了苏西·罗托洛[1]，正是苏西使他了解了兰波、魏尔伦和布莱希特[2]，了解了民权运动的重要性。他又去波士顿，同卡罗琳·海斯特（Carolyn Hester）一起唱了几首歌，从埃里克·冯·施密特那里学会了《宝贝，让我跟着你吧》(这首歌将出现在他的首张专辑里)。随着迪伦的名气变大，他与许多重要的民谣歌手同台，比如：琼·贝兹，此时已走红的“彼得、保罗和玛丽”三重唱（新港民谣音乐节），皮特·西格尔、莱恩·钱

1 苏西·罗托洛（Suze Rotolo），美国艺术家，1961—1964 年是迪伦的女友。

2 兰波（Rimbaud）、魏尔伦（Verlaine），均为法国诗人；布莱希特（Brecht），德国戏剧家。

德勒（Len Chandler），学生非暴力合作委员会自由歌手乐团（密西西比格林伍德市），还有1963年华盛顿游行时的贝兹、欧蒂塔（Odetta）、哈里·贝拉方特（Harry Belafonte）及“彼得、保罗和玛丽”三重唱。

迪伦是在纽约的民谣俱乐部里演唱时遇见琼·贝兹的。他俩开始同台演出，贝兹向自己的广大歌迷介绍相对无名的迪伦。他们时不时共同演出，直到迪伦插了电。1965年迪伦去英格兰巡演时贝兹陪他去了，不过，尽管她以前曾请他上台，那次他却没有请她上台。她短暂地出现在1975年的“滚雷秀”巡演中，但他俩的合作其实在1965年的那次巡演时就结束了。许多60年代初期民谣世界的观察者认为两人的合作大大有助于迪伦，因为当时贝兹是个大明星，他则默默无闻。而且，尽管迪伦说自己的作品里几乎没有自传性的内容，迪伦研究者说他最初几张插电专辑中的许多歌曲或是受到贝兹启发，或是“关于”贝兹的。也就是说，他和贝兹的合作影响了他的歌曲创作，虽然这一合作似乎并未影响他的舞台表演。

随着与贝兹的私人及事业关系走向结束，迪伦与迈克·布鲁姆菲尔德和阿尔·库帕有了一段短暂却多产的合作。这段合作预示了未来迪伦的许多段类似的、不合拍的合作关系。1965年的新港民谣音乐节上，《重访61号公路》专辑中，两人都和迪伦一起演奏。两人也都断断续续地与迪伦合作了不少年。不过，迪伦与布鲁姆菲尔德、库帕的最初合作之后，另一段大概同样多产的合作开始了。即与群鹰乐队，也就是后来的“乐队”乐队的合作。乐队成员有罗比·罗伯逊、列文·赫尔姆、加思·哈德森（Garth Hudson）、里克·丹科和理查德·曼纽尔。如果说迪伦和库帕、布鲁姆菲尔德一起开启了自己的摇滚生涯，那么他是和“乐队”乐队一起淬炼自己的摇滚乐的。

《重访61号公路》专辑完成后，迪伦曾邀请布鲁姆菲尔德、库帕和约翰·塞巴斯蒂安一起组个巡演乐队，但布鲁姆菲尔德和塞布斯蒂安都没答应他。这几个人后来的成就都颇高，我们不禁要想象那乐队会是什么模样，也许是第一个超级组合，早于“盲目信仰”、“精华”或“克罗斯比、斯蒂尔斯、纳什和杨”[1]。不过，正如克里斯·罗雷（Chris Rowley）所言，他们都“风格强烈，有自己的名声，[而且]他们都很自我”（第84页），而且，至少布鲁姆菲尔德和库帕两人的创造性是丰富多样的，逐渐形成了自己的规划。布鲁姆菲尔德将继续与保罗·巴特菲尔德布鲁斯乐队合作，并成立“电子旗”(Electric Flag）乐团，塞巴斯蒂安将领衔“一勺爱”（The Lovin' Spoonful）乐队，并成为一位相对成功的个人歌手。库帕将成立“布鲁斯计划”（Blues Project）乐队和“血汗泪”(Blood, Sweat, and Tears）乐队，还与布鲁姆菲尔德和斯蒂文·斯蒂尔斯（Steven Stills）一起录制了专辑《超级录制》（*Super Session*）。

没有了库帕和布鲁姆菲尔德，迪伦转向了群鹰乐队。在纽约的森林小丘，在好莱坞露天剧场，他、库帕和群鹰乐队的两位成员（罗比·罗伯逊和列文·赫尔姆）共同演出。这几次演出后他雇用了整个乐队。迪伦和群鹰乐队一起搞了一次巡演，苏尼斯（Sounes）说这是“迪伦音乐生涯中最重要的巡演之一，也是流行音乐界的一次真正历史性的巡演”。这次巡演之所以重要，主要是因为世界由此认识了插上电的迪伦，但也是因为在巡演过程中迪伦大大提高了

1 这三个均为超级乐团，原文分别为Blind Faith、Cream和Crosby, Stills, Nash, and Young。

自己与伴奏乐队合作的能力。

1966 年 5 月，巡演仍在进行时，迪伦录制了《金发叠金发》专辑。起初是和阿尔·库帕、群鹰乐队录的，后面则多数是和纳什维尔的专业录音乐手们录的。但他继续与群鹰乐队一起巡演，直到 1966 年 7 月出了摩托车事故。后来，在群鹰乐队成了“乐队”乐队并自己取得了很大成功后，他们与迪伦在乐队的房子“大粉屋”的地下室里即兴录音。结出的果实是大量的私录录音和唱片《地下室录音带》。据列文·赫尔姆说，许多歌是理查德·曼纽尔和迪伦合作产生的（Smith，第 147 页）。他们还在 1974 年的一次巡演中同台表演，《洪水来临前》专辑就来自那次巡演，而且，这是摇滚巡演头一次主要用大型体育馆作为场地。

迪伦的下一个重要的合作冒险是“滚雷秀”。和萨拉·朗兹·迪伦离婚后，他召集起许多表演者，还有诗人艾伦·金斯堡和剧作家萨姆·谢泼德，在两年不到的时间里巡演了两次。迪伦的合作者中有刚刚录制了《渴望》专辑的乐手，还有琼尼·米歇尔、罗杰·麦吉恩、琼·贝兹等人。在许多方面，许多歌迷是在这一巡演里首次感觉到迪伦是个与众不同的表演者，感觉到迪伦想超出摇滚音乐会的标准模式。当时他也算是对着摄像机演出，因为他正把演出拍成一个纪录片，也就是后来的《雷纳尔多和克拉拉》。他还和谢泼德一起写剧本，在台下演了不少小滑稽剧，包括跟金斯堡演一对男女。在萨姆·佩金法的电影《加勒特和比利小子》里他就演过一个小角色，但就合作而言，他在“滚雷秀”的现场表演和他在《雷纳尔多和克拉拉》里的表演，似乎汲取了一种他后来很少再有过的舞台活力。

1987 年时，“滚雷秀”已过去了不少年，这一年迪伦与“感恩的死者”乐队做了巡演。他并未为“感恩的死者”乐队的演出增添多少光彩。苏尼斯认为，由于酗酒，他弹不出正确的调，甚至记不住自己的歌（Sounes，第 379 页）。那一时期迪伦还跟“汤姆·佩蒂和负心人”乐队一起演出，许多评论者感到迪伦进入了创作的休耕期。他的专辑反响确实前所未有的糟糕，也许他觉得与这支出色的乐队合作能够重新激活自己。两年后的 1989 年，迪伦提出加入“感恩的死者”乐队，但遭到了拒绝（Sounes，第 380 页）。除了意识到过去的舞台呈现方式已把自己耗尽，他的入队请求还意味着，他之所以想要这个合作机会，要么是因为他已经感觉到了好处，要么是因为他觉得会有好处。不过，正如苏尼斯所言（我认为是正确的看法），迪伦“是一个强大的音乐存在，会把任何乐队改变得面目全非，比如说，‘感恩的死者’乐队将成为他的伴奏乐队”（第 380 页）。（1995 年迪伦三次为“感恩的死者”乐队的演出开场，不久后杰瑞·加西亚就去世了。）那么，合作也许能重新激活迪伦，却也可能伤害乐队的流行度和创造性。

1988 年以来，迪伦几乎不间断地巡演（有时被称为“永不落幕的巡演”），演出乐队的组合各种各样。然而，那些乐手不像库帕、布鲁姆菲尔德或“乐队”乐队这样的合作者那么重要，只是伴奏者而已。当然，就我注意到的乐手的重复度而言，那些伴奏组合与迪伦有着很紧密的合作关系。

现在我想拓宽对合作的分析，把音乐世界内外对迪伦技艺的影响也包含进来。一个极为重要的音乐影响来自伍迪·格思里，迪伦在明尼苏达时就知道他了。迪伦谈到那时期，说：“伍迪的歌对我有很大影响，影响到我的每一个动作，我吃什么穿什么，我想认识谁，不想认识谁。”（*Chronicles: Volume One*，第 247 页）马库斯

（Marqusee）说："迪伦取自格思里的不只是一个意象和一种口音。迪伦在格思里的作品里找到了一种幽默和愤怒的创造性融合，一种同时是个人主义和平民主义的漫游癖，还有最重要的，一种唱出诚实和承诺的民谣模式。"（第 20 页）

迪伦提到过，罗伯特·约翰逊的醋酸酯唱片也影响了他（唱片是约翰·海默德租给他的），他也提到"［约翰逊］运用的自由联想、闪光的寓言、包在无意义抽象硬壳里的红屁股真相"（*Chronicles: Volume One*，第 285 页）。我已经提到，迪伦承认朗尼·约翰逊和圣拉斐尔的老爵士歌手对他的影响，而在《编年史：第一卷》里他说自己从"克兰西兄弟"组合身上"领悟到我想写哪种歌，只是还不知道怎么去写"（第 84 页）。戴维·范·容克也"大大影响了"他（第 262 页）。罗伯特·谢尔顿（Robert Shelton）则说，听到巴迪·霍里的歌曲后，迪伦"开始模仿霍里的甜甜的、幼稚的、几乎孩子般的嗓音。迪伦许多唱片中的声乐特质表明他受惠于霍里"（*No Direction Home*，第 53 页）。

另一个重要影响来自贝尔托·布莱希特。是罗托洛把布莱希特的歌曲介绍给了迪伦。迪伦说，听过《海盗珍妮》（*Pirate Jenny*）[1]这首歌后，他"把这歌拆散了"，看出了它的"形式、歌词的自由联想、结构、对旋律模式的既有确定性的无视"。他"想要搞清楚如何运用和控制这种结构和形式"，并且说，假如从没听过这首歌，"我可能不会想到去写"那几首重量级歌曲，像是《没事，妈（我只是流点血）》《手鼓先生》和《只是游戏的卒子》。（*Chronicles: Volume One*，第 275 页、第 276 页、第 287—288 页）贾森·泽诺曼

---

1 《海盗珍妮》是布莱希特的作品《三分钱歌剧》中的歌曲，由布莱希特作词。

（Jason Zinoman）说［这条思路是由艾瑟·哈考特（Esther Harcourt）提出来的］，布莱希特的影响是“一个争议问题的答案的缺失一角，那问题就是，为什么迪伦先生在60年代初离开了民谣和抗议歌曲”（Zinoman，AR7）。

泽诺曼没有指出答案的其他部分，但可能艾伦·金斯堡是其中之一。据罗雷说，这位诗人也影响了迪伦对美国诗歌的阅读；据理查德·哈西梅（Richard Hishmeh）说，金斯堡为迪伦从民谣歌手到“摇滚乐的桂冠诗人”的转换提供了掩护。毕竟，民谣纯粹主义者“不那么容易拒绝这么一位摇滚偶像：他受到诗人的青睐，并通过这种青睐自己也成了诗人”（第398页）。除了使迪伦了解到布莱希特的作品，罗托洛还鼓励他阅读法国印象派诗歌。在《编年史：第一卷》中，迪伦把英国浪漫派诗人拜伦、雪莱和柯勒律治放进自己的书单（那是在结识金斯堡之前），还有美国诗人朗费罗、坡和惠特曼。这一切似乎表明，迪伦仍在民谣舞台上时，他其实已在为当摇滚桂冠诗人做准备了。

他说自己在格林尼治村时的书单里有弥尔顿的《皮德蒙特大屠杀》（*Massacre in Piedmont*）和修昔底德。他说修昔底德“说出了人性如何总是更高之物的敌人。修昔底德写到了他的时代的语词如何变得异于其日常含义，行动和观点如何一眨眼间就改变了。就像从他的时代到我的时代一切都没变过”（*Chronicles: Volume One*，第36页）。那一时期迪伦还读卡尔·冯·克劳塞维茨，他说克劳塞维茨的书表明“不存在任何道德秩序”以及“道德与政治毫无关联”。（*Chronicles: Volume One*，第44页）迪伦早就喜欢读内战时期的报纸，而且很明显他自己写歌时与时事“进行了合作”，无论他的时事知识是源于时报还是哪里。例如，诺尔·斯徒基（Noel Stookey，后来改名为保罗，成为“彼得、保罗和玛丽”三重唱的一员）曾给了迪伦一张报纸，建议迪伦考虑为一则新闻写首歌，结果就是那首《大熊山野餐屠杀念白布鲁斯》（*Talking Bear Mountain Picnic Massacre Blues*，Sounes，第 94 页）。迪伦的歌曲写到各种当代人物，像是麦德加·艾弗斯、埃梅特·蒂尔（Emmett Till）、海蒂·卡罗尔和鲁宾·“飓风”·卡特。这也意味着他与当代时事的合作。

詹姆斯·邓拉普（James Dunlap）提到拉尔夫·沃尔多·爱默生和约翰·斯坦贝克影响了迪伦，艾伦·西蒙斯（Allan Simmons）则说迪伦的歌曲《黑钻石湾》（*Black Diamond Bay*）源自他对约瑟夫·康拉德《胜利》一书的阅读（第 106 页）。西蒙斯的证据很有力，但他也警告说，“一旦听者开始在迪伦的作品里听到康拉德的声音，就会到处听到康拉德的声音”，疑心听者其实是把自己搜寻的关联强加于物，“有些巧合明显不可信”。（第 107—108 页）许多迪伦研究者实在该听听西蒙斯的警告，像是迈克尔·卡沃斯基（Michael Karwowski）。在我看来，卡沃斯基谈论《金发叠金发》专辑的许多说法真的很怪异。例如，他说专辑名里的两个“金发女”代表《圣经·启示录》中的两匹马，“《低地的悲伤眼女士》这首歌的主题实际上是天主教教堂”（第 168 页）。戴维·亚夫也说，克里斯托弗·里克“把迪伦不一定知道的语言、迪伦不一定读过的书与迪伦联系到一起，还有一个系统的《圣经》模式，指涉七种致命的罪，可是，与那些罪更有关系的是但丁的三行体诗，而不是《低地的悲伤眼女士》的歌词”。

如许多评论者指出的，迪伦的影响来源中有一些他自己没有提到过，即便某些影响的证据显得无可辩驳。一方面，西蒙斯说：“迪伦明显不是重述康拉德的故事，而是以之为跳板实现自己的创作目的”（Simmons，第 106 页）。另一方面，有些批评家说，迪伦创作时可不是在重述某些故事，或是脑子里盘旋着某些歌曲，他就是在剽窃。

这些指控，尤其是近来的一些，是迪伦的歌迷所熟知的。苏尼斯说，《被遗忘的时光》专辑中的歌曲包含“某些段落，是迪伦如喜鹊般到处捡来的，来源是哈里·史密斯的音乐选集里的歌曲，还有胖子多米诺（Fats Domino）和吉米·罗杰斯（Jimmie Rogers）的唱片”（Sounes，第 416 页）。戴维·亚夫说《“爱与窃”》这个专辑名似乎来自“埃里克·洛特（Eric Lott）的那本研究黑脸游吟歌手的里程碑著作”，肖恩·威伦茨（Sean Wilentz）认为这个观点很合理，并进而指出专辑中歌曲的歌名和歌词也有来自他人的（像是罗伯特·约翰逊和查理·帕顿），说迪伦“随意地从 19 世纪的伟大美国歌曲中拿东西”。此外，如史密斯等人指出的，这张专辑的某些歌曲似乎还借用了佐贺纯《浅草博徒一代》一书的内容。至于《摩登时代》专辑，人们则指责迪伦剽窃了内战前的南方诗人亨利·蒂姆罗德——迪伦可能是在内战时期的报纸上读到蒂姆罗德的。

这些“剽窃”指控涉及的范围很大，他初到纽约的那段日子也在其中。《答案在风中飘》的旋律取自《再无拍卖台》（*No More Auction Block*）；《给伍迪的歌》（*Song for Woody*）的旋律取自格思里自己的歌《1913 年大屠杀》；《战争专家》的旋律取自琼·里奇（Jean Ritchie）的《诺特蒙镇好地方》（*Fair Nottamun Town*）编曲。实际上，在迪伦的早期歌曲中，“偷”旋律的名单很长：《埃梅特·蒂尔歌谣》（*Ballad of Emmett Till*）、《北国女孩》、《上帝在我们这边》和《海蒂·卡罗尔的孤独之死》等等。

为迪伦做的辩护也很多。例如，乔·帕拉利斯（Joe Pareles）说，在《“爱与窃”》专辑里“迪伦只是做他一贯做的事情：写出‘信息拼贴’的歌曲。指涉和记忆、对话片段和传统珠玑一向是迪伦歌曲的组成部分，他将其全部缝合起来，像是做一条百衲被（“Plagiarism in Dylan”,B7)。谈到迪伦借用格思里的旋律时，苏尼斯觉得，既然格思里自己也借用别人的旋律，迪伦就“没有伦理过失”了。（Sounes，第 82 页）苏珊娜·维加觉得迪伦不见得是“故意”把蒂姆罗德的诗句占为己有的，而更情愿想成，他对“内战的时代和文字”的沉迷导致了“完全无意识”的借用，并说我们热爱迪伦是因为他把自己塑造为“哦，窃贼、叛徒、逃犯、艺术家”。但看到苏尼斯的辩护时，我想起了父母告诉我的话：“错上加错并不得对。”对于维加的辩护，我有此怀疑：我们是不是应该赞同一个窃贼的行为，只是因为我们喜欢这个窃贼。我觉得维伦茨的辩护更有说服力。他说：“迪伦是个游吟歌手，随手牵走其他人的用词、手法、旋律和歌词，转化成自己的；这样一种偷窃是美国做派，正如苹果派是美国做派。”我更信服的是罗伯特·波利托（Robert Polito）的说法：光是看对迪伦歌曲创作伦理的争论，我们“可能想不到我们刚刚经历了 25 年的嘻哈采样时代，更不用说这一个世纪的现代主义”。

不过，我年纪够大了，记得乔治·哈里森曾输过一场官司。原告方闪光音乐公司指控他“偷窃”或“采样”了《他真帅》（*He's So Fine*）的旋律，用于自己的歌《我亲爱的主》（*My Sweet Lord*）。所以，至少在严格的意义上我会区分两种行为：取用有版权的内容和取用不再或从未受版权保护的内容。我还从理查德·波斯纳（Richard Posner）那里知道，“无意识”剽窃的法律术语是“隐秘记忆”(cryptomeria)。波斯纳说这种行为是“疏忽之过而非故意之过，因此罪过较轻”，但他并没说那是合法的。

就剽窃指控的事，我既不想谴责迪伦也不想为他开脱。我想最后给出一个论证。这论证可能既未谴责迪伦也未为他开脱，但至少有可能解释为什么迪伦做各种采样还能“逃脱”掉。这论证基于表演研究，述之如下：迪伦之使用他人的材料——书籍的书名、他人诗歌的意象，甚至措辞和句子——实际上是对那材料的重新概念化、重新诠释。表演研究理论家们注意到，表演不仅仅反映现实，毋宁说是创造现实。他们这个论点的基础是J. L. 奥斯丁对行为语言的观察。当陪审团对被告说“你有罪”时，或治安法官对一对男女说“我现在宣布你们成为丈夫和妻子”时，听者的现实变了。德怀特·康克古德（Dwight Conquergood）引用M. M. 巴赫金的话说：“不是经验组织表达，而是反过来——表达组织经验。是表达首先给予经验以形式和具体的方向。”（第58页）于是，吉尔摩（Gilmore）认为，每次迪伦表演一首歌，都是“一个新的时刻和创造，一种新的可能性……［并且］夜复一夜，他唱出我们曾以为自己无比熟悉的东西，使我们获得了新奇的、惊人的理解”（第58页）。

这论证进而还包括德拉·波拉克（Della Pollack）的一个观点：重复的一个效用是“猛烈地重复，使重复跌跌撞撞、结结巴巴……于是至少保证了重复不重样”（第92页）。波拉克注意到，在表演中“自我不只是呈现出来，而是……在表达中重新锻造”（第87页），在为了观众和源自观众的再创造过程中重新锻造。D. 索伊娜·麦迪逊（D. Soyinka Madison）和朱迪斯·哈玛拉（Judith Hamera）同意这种看法，说这样的重复引向一种对人和表演的理解，即将其理解为“由社会决定的，由此打开了别样表演和别样存在方式的可能性”（第xviii页）。于是我们可以说，通过舞台表演，也通过采访等媒体途径，迪伦创造出了“鲍勃·迪伦”这个人格，一个表演者的人格，而这个表演者事实上公开地构建了这个人格：他说他在马戏团里长大，很小就是孤儿，他说他没太注意史密斯的《美国民谣音乐选集》，反倒是一位老爵士歌手使他倾倒，刚好拯救了他的音乐生涯。在他讲的自己的故事里，其实没有说到底有没有合作。

此外，我们还可以考虑一下，迪伦表演时是如何与他过去的自我“合作”的。2007年9月末，我在南卡罗来纳州克莱姆森市看了一场迪伦的演出。我第一次去迪伦的音乐会，是20世纪60年代中期他插上电之后，我不记得那次他有没有唱《约翰·布朗》（*John Brown*）这首歌了，不过，要是他那次唱了，我很确定会跟克莱姆森市的演绎相当不同。2002年，我在亚特兰大听他唱《沿着瞭望塔》这首歌，完全不像《约翰·韦斯利·哈丁》专辑里的原声版，也完全不像克莱姆森市演出返场时唱的电声版。实实在在地，迪伦与某一个语境和某一群听众合作，其实也与他过去的自我合作。顺着波拉克的话讲，我们可以说这些歌曲的反复演绎实际上创造了一个新的现实——靠的是一个变化了的音乐家、许多变化了的歌曲。

这个论证并不是说，只要迪伦表演别人的东西，然后称之为自己的，他就逃脱了剽窃的指控——单单是因为法律不认可这论证，就得不出这结论。但这论证却提供了一个可能的理由，来解释为何迪伦并未吃到官司，因为根本上他表演的是不同的歌曲，已成了他自己的歌曲。无论如何，若把我的“合作”概念拉伸到极限，就可以说迪伦不仅与意识到这种合作的人合作，也跟没有意识到这种合作或早已故去的音乐家、艺术家等对象合作，而且还和过去的种种“鲍勃·迪伦”合作。从最后这个角度来讲，这么说大概是公平的：他不仅革命性地向摇滚乐添加了富于意义的歌词，而且还展示了一种革命性的合作方法。

6. 鲍勃·迪伦与性别政治

芭芭拉·奥戴尔

我 12 岁时听到了《来，姑娘，来》这首歌。当时，《鲍勃·迪伦金曲第二辑》（*Bob Dylan's Greatest Hits, Vol.2*）这张唱片刚刚发行，到处都能听到《来，姑娘，来》这首歌。我在邻居的地下室里一遍遍放这首歌，陷入了生来头一次真正的痴迷。"他的衣服很脏但他的手很干净 / 你是他见过的最好的人……"这个衣服肮脏双手干净的男人，在我的梦里，是鲍勃·迪伦。

我对浪漫小说无感，对浪漫小说里小鸟依人、需要强健男人肩膀的女人无感。我也对肥皂剧无感，那里头尽是坏女孩维罗妮卡和好女孩贝蒂竞争的故事。与女性主义和性解放的兴奋有力的许诺摆在一起，大众媒体对女性的这类描绘显得狭隘过时。可奇怪的是，《来，姑娘，来》里的传统性别模式却击中了我刚刚萌发的性意识。对我来说，迪伦是砸开门的那个人。

迷上之后，我就沉迷于研究这个头发蓬乱的敏感男人 / 男孩的过往。我贪婪地读着托尼·斯卡杜托（Tony Scaduto）1971 年出版的迪伦传记，读着里面的每一个俗丽故事。我反复听他的专辑《全部带回家》《重访 61 号公路》和《金发叠金发》，听到了一个更微妙的迪伦形象。在那些歌曲里，他的视角一会儿是受伤的爱人，一会儿是尖刻的评论者。最终，他的抗议歌曲和诗性的段落驱走了我的肉欲，我开始为了他的心灵而爱他。可是，每当我听到“不管你心里有什么颜色 / 我都拿给你看，你看它们在闪烁”，我知道迪伦给了我一把开启我的创造性的钥匙，还有一个许诺。他会把我引入艺术的世界和成人的世界，他会护送我进去，爱我之为我的样子，我本质的样子。

《来，姑娘，来》里的男人是发号施令的，也是体贴的，是一种好心肠的父权。这首来自 1969 年专辑《纳什维尔天际线》的歌同时召唤出了力量和脆弱。2006 年，评论家理查德·古德斯坦在《国家》杂志里写道，迪伦的“情歌……享受女性的臣服”。不完全是这样。“来我的大铜床上面躺着”里更多是温柔，而不是侵略性。真正有意思的事情是这些效果的组合怎么就产生了这首歌的迷人力量。

《纳什维尔天际线》发行了差不多 30 年之后，迪伦出了《被遗忘的时光》专辑。在一个昏暗的酒吧里，他用质朴颤抖的声音诉说对失去的爱的悔恨：“我为了你站在门口哭泣 / 痛苦得像傻瓜。”早期歌曲中的那种体贴自信不见了，那种睥睨一切不见了：他得了相思病。《被遗忘的时光》是一张沮丧、粗粝的专辑，因其中的真情和私人性而出挑。那么很自然地，这张专辑的歌迷就会琢磨：谁伤了他的心？他当时要死了吗？

事实上，迪伦当时被诊断出患有心包炎。那是一种心脏感染。他呼吸困难，暂停活动 6 个月左右。但他觉得身体不适时，《被遗忘的时光》的歌曲已经创作录制完毕。不过，有些听众仍坚持用他的病来解释这一作品，解释其中显现的对死亡的沉迷。另一方面，评论家罗伯特·克里斯戈（Robert Christgau）则不认为这张专辑的灵感源于迪伦的健康状况，也不认为死亡是其首要主题。当然，把时间联系到死亡，仍不失为一种丰富的感受方向。这个主题在萨缪尔·贝克特的凄凉幽默中回响，也在科马克·麦卡锡（Cormac McCarthy）的优雅和忧郁中回响。我们要用他们的个人生活解释他们作品中的绝望场景吗？《被遗忘的时光》蜿蜒在相似的地形之中。

可是，迪伦把一个女人放在了整张专辑的中心位置。是她把他推到了黑暗边缘？她本可以拯救他，但她没有：并无避风港。而且，她似乎曾是他唯一的希望。

迪伦写女人时，他的歌词散发出太强的力量，不过，我们知道他会将其消解。他也许丢出一个笑话，把事情整个反转，使歌词揭示的感情混乱全都改换方向，表示不知道自己的意图到底是什么。在《被遗忘的时光》专辑最后一首很长的歌里，他化身为一个无知的人，想要赢得一个他永远理解不了的姑娘的芳心："她说'你不读女作家对吗？' / 我说'远未说中' / 她说，'那你读过谁？' / 我说，'读埃丽卡·容……'"

埃丽卡·容（Erica Jong）。这就好玩了，凭空挑了这个名字押韵。也许迪伦还以为她是最前沿的女性主义作家呢。其实《怕飞》（*Fear of Flying*）一书是 1973 年出版的。我们永远不会知道。但迪伦不是喜欢"主义"的人。他也不会为我们分析自己的作品，思辨和自我分析不合他的口味。1985 年他曾对记者说："我从没读过弗洛伊德。他说的东西从没吸引过我，而且我觉得是他为精神病学那一类东西的许多胡言乱语开了头。"

迪伦的花招是用闪烁其词的幽默来掩盖自己的伤口。和大魔术师胡迪尼（Houdini）一样，他的创造行为依赖于逃脱任何束缚的能力。在马丁·斯科塞斯 2005 年的迪伦纪录片《没有家的方向》里，琼·贝兹讲了迪伦1963年到加州卡梅尔看她的故事：

> 他总是会说："读读这本书。"而我完全读不懂。但我很喜欢，于是我会想："好吧，我要把这一本弄懂。"于是我读完了，然后我说出我认为它讲的是什么，以及我的解释。他说："啊，真他妈的棒。你知道吗，再过20年，所有这些人，所有这些浑蛋，就会写文章解释我做的所有屁东西。我也不知道我的东西是在讲什么鬼……"

不过，若能听他讲讲，为什么他在2004年把《被遗忘的时光》里的一首歌卖给"维多利亚的秘密"，倒是很开心的事。迪伦不仅把《相思病》这首歌卖给这家内衣公司用在电视广告里，还同意在广告里出镜。场面是这样的：一个阴暗的陌生人，皱纹重重的脸上蓄着尖细的胡须，他走进一栋威尼斯宫殿，遇见了一位"天使"；他等着，她则站在一个雕像基座上顾盼，在他面前摆出暗示性的姿势。她踱着步，身上的衣服几乎违法：淡蓝色的内衣，一双超大的雪白翅膀从背后伸出，缓释着她的甘美嘴唇和发绺；男人丢掉帽子，斜睨着这位永恒生命的天使，她将在一个垂死的城市里永远年轻。这是对托马斯·曼的《魂断威尼斯》（*Death in Venice*）的戏仿。在这个两分钟的高温狗血剧中，我们年老的英雄面对着年轻的诱惑，思索着。在这个恶作剧里，迪伦戏弄了爱谈他的求死愿望的家伙，又一次告诉我们，我们才是笑料。

许多迪伦的歌里夹缠着权力、性别和性的场景。早期歌词常常展示这样的女性人物：她们凭借自己的传统角色行使权力。在《别犹豫，就这样吧》这首歌里，迪伦描画了一种陈腐的男性－女性关系。歌里的女人表面上是个缺爱的女友，其实就是想改变他："我曾爱过一个女人，她是个孩子他们讲 / 我给了她我的心但她要我的灵魂 / 但别犹豫，就这样吧……"

另一种类型是费解的、得不到的或捉摸不定的女人。她消失在门后时裙角扫过地板。"我曾等着你，在你恨我的时候…… / 在你知道我有别的去处的时候…… / 现在，今晚你在哪里，甜蜜的玛丽？"[《绝对甜蜜的玛丽》（*Absolutely Sweet Marie*），《金发叠金发》专辑，1966 年] 还有被宠坏的放浪女 [《豹皮药盒帽》（*Leopard-Skin Pill-Box Hat*）]，和得了报应的耍手腕的女人（《像一块滚石》）。《乔安娜的幻象》的核心有一个女神，离歌者更近的普通女人只是"不错"。"乔安娜"不在那儿，于是被觊觎。（当然，一旦他得到了她，他将走掉，她大概也知道。他只是为了追逐。）在《我其实只想要》（*All I Really Want to Do*）里，他向她保证他的意图是好的，坚称他不想占有她，哄她从藏身处出来。（这话的说服力就如警察劝罪犯一般。）10 年后，他出了名地让一个女人在歌中嬗变为一位照顾人的母亲形象（她大概是要为他提供自家煮的汤和她的床）："我从野外进来，浑身不成样子 / '进来，'她说，'我会给你避风港'。"（《避风港》，《轨道上的血》专辑，1975 年）

迪伦还有一大堆男性局外人角色，供他玩形象的游戏。一个很适合他的角色是那个独自表演的牛仔，斜着眼，有自己的一套伦理法则。玩着装游戏产生了丰富的材料，把歌词套到生活上的游戏则是另一回事，颇有可能耗尽歌曲中的能量。《乔安娜的幻象》也许是"关于"他的前恋人 - 合作者琼•贝兹，也许不是。据说她在纽约为他开门时他甩了她。但歌中他为乔安娜倾倒，或至少是为她留下的回忆而倾倒。听上去，伊迪•塞奇威克（Edie Sedgwick）像是

《豹皮药盒帽》《就像个女人》和《像一块滚石》里女人的原型。这几首歌里的女人受到主宰或轻视，手法是masterly的——这个词的两个意义在这里都适用[1]。

还有一系列跨度10年的唱爱和背叛的歌曲［《低地的伤心眼女士》（*Sad-Eyed Lady of the Lowlands*）、《萨拉》和《白痴的风》（*Idiot Wind*）］，讲述的是一个与他如今的前妻萨拉·朗兹有些相似的女人。这些歌曲共同叩出了万花筒般的种种意象。从玛利亚（“你的侧影，当阳光隐落 / 在你的眼睛里，你的眼里月光交错”，《低地的伤心眼女士》，《金发叠金发》专辑，1966年）；到斯芬克斯（“萨拉，哦萨拉 / 穿着棉布衣服的蝎子座斯芬克斯”，《萨拉》，《渴望》专辑，1976年）；到恶魔（“白痴的风，每次你一动牙齿它就吹 / 你是个白痴，宝贝 / 真是奇迹你还知道怎么呼吸”，《白痴的风》，《轨道上的血》专辑，1975年）。《白痴的风》发行时，其中赤裸裸的蔑视使人难堪，但现在我听见了歌曲末尾的话：“我们是白痴，宝贝 / 真是奇迹我们居然能吃上饭。”迪伦用这句话拓展了歌曲的范围，把歌曲的说话者包含了进来，也许还有我们每个人。

这些歌曲写浪漫的纠缠和苦痛，音符敲得很真确，也可能真实。我们不知道（我们为何要在乎）迪伦在私人生活中多大程度上是那样。传言中的婚外情也许破坏了他的第一次婚姻，也许没有——如果是的话，“白痴的风”就可耻地责怪受害者。这种对个人生活的侦破永远产生不出我们想要的意义。他最好歌曲里的粗粝能量、乖僻辛酸、戏谑幻想和感情渴求有着自己的生命力。

1985年，迪伦在《兜风》（*Spin*）杂志的访谈里对斯科特·科恩

---

1 masterly既有“技艺高超”之意，也有“像主人一般”之意。

（Scott Cohen）说得再清楚不过了：

> 有时候我歌里的“你”是我在对自己说话。其他时候我可以是对别人说话。如果我在歌里对自己说话，我不会什么都不管，去说……好吧，现在我在对你说话。要由你来搞清楚谁是谁。许多时候是“你”在对“你”说话。“我”，像是《我和我》这首歌里的“我”，也会变化。可能是我，也可能是创造了我的“我”。而且，也可能说“我”的是另一个人。当我现在说“我”，我不知道我谈的是谁。（Cohen，第 40 页）

就像做梦时那样，我们把各版本的自己投射到我们创作的艺术中去。“我想要某个真实的好女人，她就照我说的去做。”[《山雷》（*Thunder on the Mountain*），《摩登时代》专辑，2006 年)] 这里迪伦可不是像理查德·古德斯坦在《国家》杂志（2006 年 5 月 15 日）上说的那样：“对女人的敌意是迪伦歌曲中反复出现的主题……我不是说迪伦受到大男子主义的主宰……但我会说，正是在这种基础之上，他达到了各种年龄身份的男人阶段。”我老是听人说这是他那代人的一个局限，可他下一句唱的是“每个人都奇怪今天这残酷的世界怎么了”。

迪伦明显不是“开化大男子俱乐部”的最初成员——这俱乐部里有布鲁斯·斯普林斯汀、约翰·列侬、波诺和艾迪·维达（Eddie Vedder）。他更像是能跟尼尔·杨、莱昂纳德·科恩和娄·里德凑成一个牌局，他们是前女性主义的男人，周围的女人使他们困惑，但他们自己在这自由世界里的角色也使他们困惑。1995 年，西蒙·雷诺兹（Simon Reynolds）和乔伊·普雷斯（Joy Press）出了本书叫

《性反叛：性、反叛和摇滚乐》。他们写道，反性的朋克音乐向“超大男子、鄙视女性的60年代白人布鲁斯”学习，“［朋克］从拒斥女人的歌曲中学到了如何表达对社会的拒斥”。（第24页）在迪伦那里，情况大概是反过来的：民谣阶段之后，他的反体制声誉是由他贬斥女人的歌曲来巩固的。

1965年《像一块滚石》发行时，迪伦正式成了那个反文化的愤怒年轻人，第一个目标并不清晰的朋克，也许还是第一个这种反叛者。《瘦人歌谣》（*Ballad of a Thin Man*）唱的是一个体制内的人物飘荡在新世界里：“因为这里有事情发生 / 但你不知道是什么 / 对吗，琼斯先生？”《像一块滚石》里则是一个年轻人，大概是女人，像琼斯一样迷茫飘零：“现在你不大呼小叫了 / 现在你不满脸骄傲了 / 你就快要到处乞讨 / 明天的大米。”

《瘦人歌谣》瞄准的像是没听“懂”迪伦、身为体制代理人的流行乐评家，《像一块滚石》的靶子似乎是圈子里的优渥年轻女士，颇像富家嗣女和名媛伊迪·塞奇威克。不过，这首歌总给人性别中立的感受。完全可以把这个引起如此愤怒的迷失小女孩替换为某个迪伦的对手或前朋友。迪伦在音乐生涯里一直抨击骗子和装腔作势的人，即便他自己戴着假面时也是如此。某些最激动人心的音乐游走在一条边界上：一边是随手抨击有权势的人，一边是彻底地带来解放。事实上，辛辣的艺术家，像是埃尔维斯·科斯特洛（Elvis Costello）或埃米纳姆（Eminem），可以既在歌曲中拿女人当靶子，又同时打动男人和女人。

所谓贬斥女人的作品却能打动女人，这种奇怪的现象是怎么回事？批评家凯伦·德尔宾（Karen Durbin）试着理解这个悖论。她写到自己1975年跟着滚石乐队巡演的经历：“他们棒就棒在他们的复杂性，他们搞悖论的能力……我有种冲动想把他们收拾干净，使他们整洁、不惹麻烦。但只有惹麻烦的艺术家才是重要的，他们点燃我们的想象力，他们的艺术激发出我们自己的艺术。”（第9页）1970年，批评家罗伯特·克里斯戈在《村之声》上写了一篇题为《看那个蠢姑娘》的文章。他考察的是一个同样困难的想法：“即便摇滚乐的能量不过是升华了的（或没那么升华的）大男子主义，这种大男子主义也可以是走向出路的一步，一种对显见的压迫源的幼稚反应，这样的摇滚乐很美。”

这些具有挑衅性的想法是有用的、激励人的。照我对克里斯戈的理解，大男子主义可以具有反叛的活力，如果这是对的，那么姑娘们也可以用这种违逆的能量发出自己的宣言。有些姑娘，像是露辛达·威廉斯（Lucinda Williams）、凯特·鲍尔（Cat Power）和波莉·琼·哈维（Polly Jean Harvey），做出了灼人的音乐，常常超越性别。当凯特·布兰切特在托德·海恩斯的2007年电影《我不在那里》中扮演雌雄同体的迪伦时，她挑明了迪伦或许短暂有过的易装表演倾向，以此作为她艺术策略的一部分。同样地，迪伦为了好故事而使用老套的大男子人物。他的易容术给了他更大的美学自由（当然，也帮他抵挡烦人的私生活核查）。

现在很难回想起《就像个女人》这首歌里有什么冒犯人的地方（“……你疼痛就像个女人 / 但你崩溃就像个小女孩”），除非是其中力度和歧义的综合。在这儿我受到侮辱了吗，或者呢？那是一种抓人的感觉，或可能不过是又一次假冒明智的贬低。女人反对“你伪装就像个女人”这样的歌词，指控迪伦把所有女人丢进了狡猾操纵者的类别。但接下去的歌词却写出了羞耻和脆弱：“请别透露你曾认识我 / 那时我饿着肚子，你说了算。”

在许多情歌里，迪伦跳跃闪避，既躲开了解释，也准确地描绘出恋爱中人的反复无常。总体来说，别期望迪伦沿着明显的路走，如此他的作品才能保有其丰富性和意义。批评家艾伦·威利斯（Ellen Willis）在1967年写道，迪伦在1965年的新港民谣音乐节上挣脱了民谣音乐的束缚，后来以同样的方式凭借《约翰·韦斯利·哈丁》专辑的“反动”的直言不讳回归了民谣，再一次违背了人们的期待。

迪伦对女人的态度也可能是类似的反动：作为一个反叛者，他大概欣赏女人对权力的夺取；作为他那一代人中的男人，女人使他不知所措。她们伸张自己的权利，威胁到一个依赖“他者”保持自己固定角色的善变的艺术家。每一条变色龙都需要一块石头。

7. 鲍勃·迪伦与宗教

R.克利夫顿·斯帕戈和安妮·K.里姆

20 世纪 70 年代末，迪伦已转向了基督教，许多人过去总是称他为自由思考的抗议歌手和现代和平的先知，如今觉得受到了背叛。其中一人是乐评家迈克尔·古德伯格（Michael Goldberg）。古德伯格在《新音乐快递》杂志上撰文抨击迪伦的世界观的突然简单化，将其比拟为 70 年代大受关注的小宗教团体的信仰。他问："破除陈规的人在哪里，当我们需要他们的时候？"迪伦可没错过这其中的反讽：许多批他最凶的评论家以前都热爱他，在他音乐的俗世活力中听出一种宗教精神，把他奉为他们自己的社会先知。（见 Marcus，"Amazing"）1979 年，迪伦为自己的首张福音专辑《慢车开来》展开巡演。巡演期间迪伦回忆，他的批评者多年来说他是个先知，完全不顾他的反对，等到他听了进去宣布答案就是基督，他们立刻怼上了他，说"鲍勃·迪伦不是先知"。一大批崇拜者发现，迪伦在有信仰的人和无信仰的人之间划的线把他们划了出去，但事实上他一直在划线，许多他划的线基于他的松散嬗变的信仰观念。

迪伦的生活历程有时声名狼藉，更多时候是传奇，他之转向福音基督教是其中两件最具争议的事情之一。另一件事是所谓的对民谣运动的摈弃：1965 年 7 月的一天，他在新港民谣音乐节上插上了电，出格的举动遭遇了嘘声。把两件事情连到一起的是转变：第一次是音乐风格的转变，人们觉得那是意识形态的断裂；第二次是个人意识的革命，许多人觉得对他的音乐有害。如今，多数迪伦研究者仅仅把他的“基督阶段”看作迪伦的“绝妙古怪”的又一个例子。不过，正如迪伦的电声转变以及他之即兴发明“民谣摇滚”是把他坚称一直包含在他这个人及他的音乐中的影响因子明述了出来，他的基督阶段或公开的宗教阶段则是实现了他已经做了 20 年的音乐中的某个面向，无论我们对歌词支持的具体信条持什么看法。在这些歌曲里，他用歌词和旋律表达了一种摇滚遗产，这一遗产不仅依赖黑人布鲁斯，也依赖黑人布鲁斯的异端表亲福音布鲁斯，两者又都是一种民谣流派，虽然他主要挖掘的是白人民谣运动中的传统乡村歌谣——阿巴拉契亚歌谣，更早的苏格兰爱尔兰歌谣，还有宗教赞美诗。在本章里，我们假定迪伦的所有音乐里都有某种程度的宗教意识，尽管我们也考察迪伦对宗教的文化功能的各种不同的态度。要评估预言、传教、上帝、耶稣和信仰（犹太信仰和基督信仰）在迪伦歌曲中的地位，就意味着遭遇这样一位艺术家：他把多个宗教传统和态度用奇异综合的想象力整合到了一起。

几乎从一开始，迪伦对美国社会的批评就有先知的味道。他预见到一个以财富、特权和权力为特征的庸俗世界，于是把社会地位与腐败联系到一起，仿佛是当代的耶利米[1]在说话。他的第一张专辑（只有几首原创）的风格是民谣的，里头是对人之将死的病态的、嘲讽的悲叹曲，遇人不淑的恋人的歌谣，还有用伍迪·格思里

1 耶利米（Jeremiah），《圣经》中人物，希伯来先知 。

的风格唱出的流浪歌曲。特别是在讲人之将死的歌曲里，迪伦捕捉到一种民谣遗产，这种遗产反讽地归化了对死亡的宗教沉思。不过，除了缺乏迪伦即将发明的那种即兴、自由联想的歌词创作模式中的原创性，这张专辑还缺乏他声名崛起时的典型气质——控诉。

尽管对迪伦的民谣性有诸多争论，他在1962—1963年间写的歌曲用一种蛮可以出自犹太先知的不满态度对待几乎他想到的一切事物。即便在他的一首顶简单的早期创作《答案在风中飘》中，也明显有一种先知的、愤怒的味道。这首歌里有数个对弥赛亚和平时代的设想，但每个设想都预先被一种不变的当下永远延伸着的图景叫停，或者被某种不可能满足的物质条件叫停。歌曲的第三段具有最坚定的《圣经》态度，直接指向《圣经·诗篇》中跌落大海的大山，只不过迪伦把逆境中得到上帝保护的自负变成了预料之中的末世的自负："一座山能存在多少年 / 直到被冲刷进大海？"在这首歌的最后一句歌词里，他模糊地唤起对《出埃及记》故事的记忆（"是的，有些人能存在多少年，直到被允许得到自由？"），采用了马丁·路德·金为民权运动设定的一个标准《圣经》措辞。即便这首歌试图设想一个和平王国，其副歌——迪伦用低沉平淡的曲调唱出——也并未预言什么。

在音乐生涯的这个阶段，若说迪伦对《圣经》意象的使用有救世的味道，那只是在这个经典的先知意义上：说出有权势的人及其乖戾追随者所面临的威胁。这一点在《战争专家》里很明显。这是史上最好最愤怒的反战歌曲之一。这首歌暗指肯尼迪政府在越南的军事行动，但当时并未正式宣战，实际上也还没有针对美国政策的抗议运动。迪伦在此叱责一群官僚，他们坐在书桌前操纵战争，把枪塞进年轻人的手里令其杀人。"就像当年的犹大"，美国军事 -

工业复合体的无名首脑们撒了弥天大谎，宣传一场逐渐沾染了血肉的冷战。这些写当代社会政治问题的早期歌曲，其动机和后果的观念是俗世的，但在迪伦的简练词句中，或在他费解腔调的尖锐音符中，有着一种先知式的怨恨。《海蒂·卡罗尔的孤独之死》是1964年发行的《时代正在改变》专辑中的一首歌，写的是一位巴尔的摩女佣遭一个醉酒的社会名流杀害。迪伦嘲讽地写那位法官：他判这位社会名流“入狱6个月”，冷静地表示此人有能力交出“罚金和悔意”。在一句很美的歌词里，迪伦把海蒂·卡罗尔联系到以赛亚和耶利米常常挂念的古代穷人弃儿，把海蒂之死说成“一切斯文”的毁灭。“斯文”（gentle）这个词带来一种反讽，因为该词的拉丁词源指出身富贵。通过这聪明的翻转（迪伦直接从先知那里借来了这种技术），出身富贵的人已经毁掉了他们对“斯文”的主张，为自己下了判决，尽管那位腐败的法官不肯那么做。假如竟还有德性的斯文残存，那也传到了仆人阶层手里。

就像真正的先知，迪伦典型的举动是反对机构，常常是刻板僵化的机构。尽管策略性地采用了先知语言，早期的迪伦对宗教很不客气，尤其批评教堂和国家串通耍手段的那种勾连。反战歌曲《上帝在我们这边》毫不手软地奚落这样的美国基督教：它已经欣然担起了为“昭然天命”这种民族主义神话辩护的任务。起初，这首歌里的虔诚西部美国人不情愿质疑上帝和美国的天意联盟，但到了歌曲中段，不寻常的事情发生了：他开始怀疑自己和自己的历史。通行的20世纪历史告诉我们，第一次世界大战为现代主义对战争及民族国家——发动战争的名义——的幻灭播下了种子。说话者顺着这个历史，表达了自己的困惑：上帝为何看着两次大战发生，允许它们发生？随后他发现自己被灌输了冷战意识形态（“我学会了恨俄国人”)，而且为化学武器和核武器感到焦虑。等到他冷冷地压制自己的怀疑，唱着“而你永不要发问 / 当上帝在你那边”，怀疑已牢牢地攥住了我们。这首歌在根本上质疑为美国政策辩护的宗教之用，但也认为宗教的机构功能一直未变，一直鼓吹老一套的好战谎言，是驯化的工具，而不是对政治现状的缜密拷问。

人们对迪伦的化名经历已经讨论了很多。1960 年，原本的罗伯特·齐默尔曼自己改名为“鲍勃·迪龙”(Bob Dillon)，那年末又改为“鲍勃·迪伦”，因为Dylan的拼写看起来更酷。有了民谣歌手的趣向，他不仅改了名字，还不懈地重新发明自己，编织出一个波西米亚的传奇过去。实际上他的出身远比他透露过的更属于传统意义的布尔乔亚。尽管新民谣运动主张诚实和本真，在自己的个人历史上，迪伦对待这种价值观的态度相当随便。因此一些迪伦研究者觉得他的民谣姿态是一个机会主义的花招。正如戴维·哈吉杜（David Hajdu）所言，改名的事情最可能是出于一种厉害的实际盘算，可与埃利奥特·艾德诺佩兹改名为“漫游者”杰克·埃利奥特相比。这些犹太出身的歌手都直觉到用自己的出生名不太“可能被老美国接受”(Hajdu，第 74 页)。迪伦在唱片内页、歌曲或采访里都讲过自己的伪传记故事，比如《纽约时报》罗伯特·谢尔顿（Robert Shelton）采访他的那次。这些故事从未提到他的犹太血统。1964 年，《新闻周刊》发表了一篇曝光迪伦的文章，对美国公众宣布，那个拥有传奇过去的自我塑造的抗议歌手其实是一个来自明尼苏达州希宾市的中产阶级犹太小子。理查德·法里纳（Richard Fariña）是个崭露头角的民谣明星、小说家，后来娶了贝兹姐妹中的另一位姑娘咪咪（Mimi），当时是迪伦的对手和密友。他曾为

《小姐》（*Mademoiselle*）杂志写文章谈琼·贝兹和迪伦，在文中提到了这个争议，但只是为了说那无关紧要。谈到“改名和正直”之间的明显矛盾时，法里纳觉得，迪伦已经“完全摆脱了祖先，走进了创造性行为的欢乐世界，于是早期生活的精确性就显得不重要了”（第87页）。

在迪伦的音乐生涯里，批评家、记者和乐迷老是想把他的过去当回事。迪伦自己常常轻视个人的过去，有一次特别将这种无足轻重与他的姓名争议联系了起来：“我们允许自己的过去存在。但在灵魂深处我们没有过去。我认为我们没有一个过去，就像我们没有一个名字。”（Cott，第193页）他不承认犹太性对他的世界观有影响：“我从未感觉自己是犹太人。我并不认真地把自己当犹太人或非犹太人。我并没有多少犹太背景。我不是任何信条的爱国者。我相信所有的信条，又哪个信条也不信。一个虔诚的基督徒或穆斯林可以像一个虔诚的犹太教徒一样能起作用。”（Rosenbaum，第234页）迪伦限制自己对犹太性的认同，向一种无偏好的多元主义打开自己（矛盾的是，说过那话不到一年，他就突然转向了福音主义），于是，他就通过拒绝当任何信条的“爱国者”，重申了他对宗教长期存有的怀疑：宗教是民族主义的一种模式。

迪伦打量20世纪60年代的社会政治图景时，用一种嘲讽的心态看待普通美国人的宗教性情。这种心态不可谓不像纳撒尼尔·韦斯特（Nathanael West）1933年写小说《寂寞芳心小姐》（*Miss Lonely Hearts*）时的心态。[迪伦很熟悉韦斯特的作品，他的一个歌名就取自韦斯特的小说《蝗虫之日》（*The Day of the Locust*）。]《全部带回家》专辑中的《再次上路》（*On the Road Again*）一歌里，歌手的女友恳求他在她家乡定居，他拒绝了，理由是她家里人的奇怪行为。他到她家做客，醒来发现自己袜子里有青蛙，女孩的妈妈在冰箱里，爸爸戴着拿破仑的面具。事情越来越古怪。在这种种事情之中，歌手还有空注意到她家的老一辈，爷爷的手杖变成了剑，奶奶"向图画祈祷 / 粘在板子上的画"。墙上的图画很可能是画着圣徒的祈祷卡，迪伦把天主教克里奥尔人[1]刻画为怪物教的成员。着眼于美国文化的奇异特质（其强度常常有宗教性），迪伦的幽默讥讽在这时期的歌曲里达到了至臻境界。

《全部带回家》专辑发行于1965年初。他稍后又发行了《重访61号公路》和《金发叠金发》。后来回想起来，迪伦觉得这三张专辑最接近写歌灵感到来时自己脑子里听到的声音。在这几张唱片里，迪伦将两样东西结合了起来：某种松散却坚实的音乐形式，以及从放松而强劲的布鲁斯－摇滚节奏中自发生出的歌词。那种音乐风格契合歌词中随性的不敬。迪伦不仅讥讽"昭然天命"的宗教基础，还感受到救赎的宗教拓扑的崩塌。一种疏离感主宰了这些歌曲，既是对美国习俗的疏离，也是对颁定此习俗的上帝的疏离："上帝对亚伯拉罕说，'为我杀个儿子' / 亚伯说，'老兄，你耍我呢吧'。"《重访61号公路》中的亚伯抗议上帝的残暴命令，而《圣经》中的亚伯拉罕从未那样抗议过。不过，一旦在威吓之下屈服后，他就打算去谋杀个儿子了，地点是那条美国布鲁斯音乐的传奇公路。

是什么使61号公路成为《圣经》祭献的合适场所？无疑迪伦意在唤起乡野大道和传奇死亡事件的传说，包括最著名的、迪伦的儿时英雄詹姆斯·迪恩（James Dean）的传说。有了这样的背

---

1 克里奥尔人，指加勒比海一带欧洲后裔或欧洲人与黑人的混血裔。

景，这条美国公路确实适宜那些《圣经》场景：人被强加以荒诞主义的任务，被迫把困苦、悲惨或自己的混乱暴力行为圆为天意。一旦上帝给予暴力和契约的混合以祝福，各种普通美国人就发现自己的勾当也在公路上获得了类似的批准。这是个完美的场所，让乔治亚·萨姆（Georgia Sam）发泄对福利国家的不满；或让手指麦克（Mack the Finger）从卡车上卸下红的、白的、蓝的鞋带以及不响的电话（这主意是一个国王出的）；或让一个多妻的父亲忧虑漂亮的五女儿的肤色，他的次妻大概正在跟他的某个儿子乱伦；也正该是在这个地方，一个流浪赌徒和一个营销员谋划发动下一次世界大战好让美国观众观赏。简而言之，迪伦的《重访61号公路》就像赫尔曼·梅尔维尔和马克·吐温的密西西比河，充斥着骗取信任的骗子及其伎俩，里面有诡计、罪恶和权力的扭曲运行。一种阴郁的犬儒主义笼罩着迪伦眼里的美国。

迪伦能把《圣经》人物放进自己的许许多多歌曲中，正是因为他领会到了格雷尔·马库斯称之为“奇异的老美国”的那个美国。那里有传说故事和传奇历史的民间遗产，仿佛与《圣经》宗教的奇异维度连为一体。迪伦曾说：“传统音乐的基础是六角星。它出自传奇、《圣经》、瘟疫，围绕植物和死亡旋转。”（见Hentoff，“Crackin，Shakin’”）在这样一个世界里，迪伦能在《圣经》人物和文学人物之间来回穿行而丝毫不爽。在《荒芜街》一歌里，该隐和亚伯与巴黎圣母院的驼子分享凄凉的命运，一个好撒玛利亚人正为狂欢节装扮自己，22岁的奥菲利亚估摸自己会成为老处女，埃兹拉·庞德和T. S. 艾略特在“泰坦尼克号”的船长塔里对峙。在《墓石布鲁斯》（*Tombstone Blues*）里，耶洗别成了个修女，为开膛手杰克织假发，施洗约翰按军令拷打一个人，却发现自己没有胃口干这种事（他确实吐了）。[1] 迪伦浸透在犹太预言和放逐的习语里，却总是感到自己与那些场景有点儿距离，意识到他和一个世界之间的裂痕。他参与这个世界但有严重的保留，仿佛他还能想象出一个异于当代美国的地方让自己立足。他的《圣经》人物像是他自己的疏离感的神话替代品，同样也是局外人。一位能如此无情地要求血溅美国公路的神祇使得亚伯迷惑不解，亚伯发现，自己要对之负责的（我们推断）与其说是犹太教的《圣经》上帝，不如说是新近被美国化的上帝，这位新上帝契合这片奇怪土地上的人的需求。

不过，迪伦对待宗教的态度还有另一面。虽然抱定他是“自由人文主义者”的人觉得他之公开转向福音基督教是太激烈的变化，但在迪伦宣布自己重获新生之前，很久之前，福音音乐就回响在他的音乐里了。早期迪伦作品里散布着对圣徒、罪人、弄人、窃贼和信仰疗法术士的指涉，有时他甚至反讽地让自己化身为弥赛亚。他就是这样在《鲍勃·迪伦的第 115 个梦》（*Bob Dylan's 115th Dream*）里求别人友好地招待他，提醒某个粗鲁的美国人：“你知道他们也拒绝了耶稣。”尽管那人自信地宣布“你不是他”，歌曲本身对此却不那么确定。迪伦作品里满是貌似基督的人物，比如《瘦人歌谣》里那个画十字的吞剑者。有时，像是在著名的 1967 年地下室录音带中的《十字的迹象》（*Sign on the Cross*）里，整个世界缺少，大概也需要福音式的拯救。还有几个马利亚——有的包裹在启示性的诚挚里，比如《乔安娜的幻象》；有的包裹在金属感的反讽里，比如

1　以上人物皆有所指，该隐、亚伯、撒玛利亚人（指耶稣）、耶洗别、施洗约翰为《圣经》人物，巴黎圣母院的驼背为雨果小说中人物，奥菲利亚是莎剧《哈姆雷特》中人物，埃兹拉·庞德和T. S. 艾略特是美国诗人。

《伊甸之门》(*Gates of Eden*)里的摩托车妈妈；还有的浸透在舒适之道中，比如《避风港》里的神秘女人，她接待一个像基督的陌生人，解除他的“荆棘王冠”之苦。许多隐喻被俗世化了，迪伦将基督的苦难注入色欲之爱。但这种歌曲的能量借自福音音乐的动感和流动，多少年来，福音音乐一直从美国为信仰笼罩的山峦及其受苦的山谷中喷流而出。

精神上影响迪伦很深的是“卡特家族”乐团、“灵魂搅动者”(Soul Stirrers)乐团和“主食歌手”(Staples Singers)乐团。听他们的歌曲就是经历一场超俗世能量的洗礼，就是见证一个场面：凡人寻求、伸手去抓并抓到了神圣，即便他们所知的世界在底下变迁。哈里·史密斯的《美国民谣音乐选集》一直被视作民谣运动的“圣经”，其中“社会音乐”栏下的许多歌曲是基督教灵歌。迪伦早期音乐会的经典曲目当中，有一首《福音之犁》(*Gospel Plow*)，1961年整年他经常唱；还有一首《恒苦之人》(*Man of Constant Sorrow*)，他在自己的首张唱片里录制了这首歌。1963年7月的新港民谣音乐节上，他的最后一首歌《答案在风中飘》经过了改编，味道浓郁，像唱诗班的唱法，一起合唱的有琼·贝兹、皮特·西格尔、“自由歌手”乐团和其他七八位歌手。他们返场，所有人手牵手，如福音唱诗班般摇摆，唱起了民权运动的主题歌《我们终将战胜》(*We Shall Overcome*)。这首歌改编自查尔斯·廷德利(Charles Tindley)1903年的圣歌《我终将战胜》(*I'll Overcome Some Day*)。下一个月，迪伦参加了从华盛顿纪念碑到林肯纪念堂的自由游行，与马丁·路德·金同台。迪伦不只唱了《答案在风中飘》，还和莱恩·钱德勒(Len Chandler)合唱了黑人圣歌《挺住》(*Hold On*)。

借用歌曲时，迪伦或是翻唱，或只是拿来当他自己的音乐和歌词创作的平台。他对借来歌曲的掌握十分彻底，乃至影响到了几个原本启发他想象力的艺术家。早期的迪伦广为改编和重新琢磨前辈的音乐。他“拿来”时常常自信而富于创造力，但有时只是略加演绎。他并不很积极地透露直接影响他的人，牧师加里·戴维斯（Reverend Gary Davis）就是个著名的例子。迪伦翻唱、再诠释了这位浸礼会牧师和福音歌手的圣歌，像是《耶稣见井中女人》（*Jesus Met the Woman at the Well*）、《死亡无慈悲》（*Death Don't Have No Mercy*）和《盲人艰辛》（*It's Hard To Be Blind*）。很长一段时间迪伦都没有说明这些借用，尽管70年代末他做了弥补。有时候，影响之流回旋曲折，交错互惠。

来看看萨姆·库克（Sam Cooke）这个例子。萨姆的父亲是浸礼会牧师、“灵魂搅动者”乐团的主唱。萨姆放弃了自己成功的福音音乐生涯，成为20世纪50年代末60年代初最受欢迎的歌手之一。1963年5月，他回应迪伦的《答案在风中飘》，开始创作民权圣歌《改变即将到来》（*A Change is Gonna Come*）。库克的单曲直到1964年末才发行。1965年初他被谋杀，随后几周这首歌小红了一阵。几年后迪伦翻唱了这首歌。但库克对迪伦的影响可在人声风格、钢琴渲染的福音曲调乃至歌词中看出来。比如库克1956年的福音经典《触摸他的衣角》（*Touch the Hem of His Garment*）。这首歌本于《马可福音》中的故事。库克在歌曲的开头先低吼了一声“哇哦”，仿佛不太在乎唱准音。这声叫喊是一个宣示，很抓人。它命令我们来听一个故事，故事的主角是“圣经时代的一个女人”，她“病了，病了太久”。很快库克嗓音的圆润律动进来了，盘旋在轻轻流动的钢琴和温柔的吉他之上，他讲述着那个时刻，女人对自己说：“只要我能摸一摸他的衣角 / 我知道我就完整了。”但在歌曲的若干处，他绷紧自己的嗓音，发出振动灵魂的叫喊，音符变得尖锐，仿佛歌手处于身体或至少精神的苦痛之中。

迪伦自己对言说节奏和叫喊般顿挫的实验大概受惠于各种启发，但其中一个肯定是我们在库克的福音唱法里听到的宣示般的急迫。库克去世仅仅一个月后，迪伦发行了《现在都结束了，蓝宝贝》。在这首歌中，阴沉、萦绕不去的人声旋律流动在键琴般的钢琴音符之上。就像库克那首流行 - 福音歌曲中的女人，迪伦的“蓝宝贝”发现，长久地寻找自我救治的措施后，所有自保资源都耗尽了，如今她裹着床单在地板上打滚。迪伦劝告她的语气颇像那位最早的流浪传道者耶稣——福音书里的耶稣自始至终都在鼓励门徒、群众和偶然碰到的个人放弃财物和过去的生活。这是福音的歌唱，如布道般，搅动对许诺和新生活的情绪，要想找到新生活，必须丢掉迄今误植于心的几乎一切。《圣经》的回声在歌曲的最后一段里最满。这段的开头是：“丢开你的垫脚石，有东西在召唤你 / 忘记你离开的死者 / 他们不会跟随你。”迪伦让我们想起了《路加福音》里的一段：一个人请求在追随耶稣前先埋葬自己的父亲，耶稣指责他，说“让死者自己埋葬自己”（9：60），紧接着耶稣又要另一人别费事回家道别。上帝王国的讯息是如此紧急，乃至路加要我们连最基本的社会礼节、宗教规则和家庭体贴都抛弃掉。同样，在《现在都结束了，蓝宝贝》里，迪伦召唤“蓝宝贝”严苛弃绝自己的俗世过去，用柔和的悲悼之声劝告她放弃过去的爱情，彻底放弃看待世界的方式，以便勇敢地奔向歌曲许诺之物。

整个 60 年代后期，迪伦继续探索信仰的语言，最突出的也许是 1967 年专辑《约翰·韦斯利·哈丁》。照一位评论家的估计，这张专辑里包含了 61 处《圣经》典故。在《我梦见了圣奥古斯丁》

这样的歌曲里，迪伦讲述《圣经》传奇或宗教传奇，仿佛其含义对今天仍有影响。70 年代初期，《我将被释放》（最早出现在《鲍勃·迪伦金曲第二辑》里）和《敲打天堂之门》（为电影《帕特·加勒特和比利小子》做的插曲）这样的歌曲，在犯罪或西式正义方面发现了有力的宗教内容。在《我将被释放》里，罪犯的顺从气息生出并如赞美诗般袒露了一个信念：他很快将被释放出狱。但这种释放并非指将获得的俗世自由。这释放的基石是一种从西方照耀到东方的光，是那人瞥见了自己的思索飘浮在“远高于围墙”的空荡天际。在《敲打天堂之门》里，一种模糊的精神态度体现在翻滚却慵懒的旋律里，又在一位受伤警官的临死之言中获得了有效补充。这位警官敲打着天堂之门，最终得以丢掉俗世正义的工具（警徽和枪）。

1978 年迪伦发行了唱片《合法上路》。尽管很难说它是一张基督教专辑，但它是后来事情的先兆。这张专辑里包含了一些已经散布在《重访 61 号公路》或《约翰·韦斯利·哈丁》里的复杂《圣经》意象。三位女伴唱就像一个迷你福音唱诗班，唱出的和声令人想起迪伦从未完全丢掉的影响他的东西，为他的音乐注入了一种从未有过的精神能量。也许在《护卫的更替》（*Changing of the Guards*）这首歌里，这个小小的准唱诗班最明确地回应着迪伦，探测着他的失望。歌曲反复强调主和弦却解决在小调和弦上。第一人称的叙述者丢下悲伤的“好牧羊人”，跟随一个剃了头的女人，见证了许多毁灭场景。场景里有变节的牧师和背叛的年轻巫师撒下的花朵。他跟随的女人最终在哭嚎的钟声中迈开大步（我们对她的想象镶着“向过去时代的灵魂吐出轻语”的天使），她的异教过往的种种迹象意味着我们走进的大概是一个错误的神庙。

细看之下，这一切细节是对参孙[1]故事的惊人改写。尽管最初的指涉中被剪掉头发的人不太对，在忧郁的结局里，经迪伦改写的典故非常清楚：

她求着想知道他现在要怎么干
他拖倒了她，她拽着他长长的金发

迪伦整体引用了这个《圣经》故事，把《士师记》的开头和结尾合二为一，既提到黛莉拉发现参孙秘密的方法，也提到非利士人剪掉参孙的头发、弄瞎他、奴役他之后的一段。但迪伦的英雄已经走出了道德弱者的阶段，头发长了回来，“挣断的锁链”是重生力量的证据。于是他对某个“组织”的先生们宣布（非利士人实际上映射某个现代组织），他“移动大山和为纸牌做记号”的苦力已经结束。他宣布：“伊甸园在燃烧，要么振作起来面对驱逐 / 要么你们的心必须有勇气迎接护卫的更替。”以一种《士师记》里的残暴英雄全然缺乏的雄辩，迪伦的英雄把毁灭转换为末日——眼前的暴力为救赎提供了一次机会。

《合法上路》专辑的音乐标示着迪伦生命中的一个重大时刻，也标示着美国的一个重大时刻。水门事件后对救赎和机构重生的渴望导致了吉米 · 卡特——第一位公开说要“重生”的美国总统——的当选。那种渴望也暗藏在迪伦的不安之中。他超越了自己惯用的女人和救赎之间的隐喻联系，要求一种新的关系模式。他的

1　参孙，《圣经 · 士师记》中的大力士，爱上了黛莉拉，告诉她自己的力量在于头发，黛莉拉背叛了参孙，泄露了这个秘密，非利士人剪了参孙的头发并弄瞎了他，但他的头发又长了出来，他扯断房柱压死了自己和一大群非利士人。

下一张专辑《慢车开来》是对一个有权自称美国音乐灵魂的音乐流派的勇敢实验。专辑制作人杰瑞·维克斯勒（Jerry Wexler）后来回忆说："当你听《慢火车》时，你肯定觉得它和他做过的（其他）东西都不同。"（Buskin，第 27 页）实际上，就如罗伯特·谢尔顿坚持认为的那样，《慢火车》这首歌被低估，主要是因为迪伦决定成为"耶稣追随者"后引起的争议。（"Trust Yourself"，第 294 页）。这首歌好多处在个人和政治之间自如转换，迪伦一边评论美国的状态，一边介入现代美国人的错误行为：

在勇敢者的家里，
杰斐逊从坟墓里跳了出来
傻瓜们给自己添光加彩，想操纵撒旦
拐角处有一辆慢火车到来

这首专辑同名歌曲具有经典迪伦式叙事的特质。他控诉把国家卖给外国石油力量的腐败当权者，控诉头面的谈判者，控诉一群新官僚。他把这些新官僚描述为"说大话的专家和计谋的专家"，呼应了他在 1963 年谴责的战争专家。转向宗教安慰的迪伦无保留地接纳马克思称之为类鸦片的东西，愉快地列举出所有希望免除奴役的人。最后审判的威胁、两选一的简化场景（"可能是魔鬼可能是主 / 但你总要侍奉谁"）使他重新焕发了力量；尽管很难说这位歌手本人免除了审判或奴役，他却对终极事物很热忱。迪伦当然知道，很久以来基督教的皈依者都更改名字以表示精神的转变，他们追随的榜样是那位被强光击中一时变瞎后改名为保罗的犹太人索尔。活了那么多年的迪伦宣布，一切改变都是允许的，只要是为某种终极探寻服务。不管你对《慢车开来》专辑或随后的基督教专辑《得救》和《来一针爱》里的“非此即彼”真理做何评论，那音乐却体现了一个相信真理或上帝在他那一边（或两者都在他那一边）的人的能量。

就算只考虑爱默生著名的辩护“傻傻的一致性是小心智的精灵作祟”，作为艺术家的迪伦也该被允许显露自己的不一致。在他的音乐生涯里，许多时候他探索被大大俗世化了的先知式怨恨的可能性，而他自己的流放（或就是疏离）感受又充实了这种怨恨。在1978年的《我们最好谈一谈》（*We Better Talk This Over*）这首歌里，他吟唱着自己感到“背井离乡”，然后先发制人地为自己辩护，奚落对话者：“我被流放了，你不能使我皈依。”当然第二年他皈依了，违逆了作祟的小精灵和他俗世歌迷中的一大部分。但即便没有1979年的“重生”，犹太教和基督教的语言在他作品中的分量也如此之大，乃至迪伦得被算作整个美国流行文化中最有力的宗教语言诠释者之一。在“重生”期间（1979—1981年），迪伦的歌曲创作处于最佳状态时，往往是在他臣服于基督教的启迪如同臣服于某个原发性的缪斯之时。对于揭示出的真理的热情颇有助于他的音乐，即便这真理以末日的形式出现，即便有时候他的歌词成了油滑的传教，音乐的精神质地变得程式化。后来他的观点逐渐松弛了，比如在《新闻周刊》1997年的一次采访中他说：“我不依附于拉比、牧师、福音传道士，所有那些人。”我们很有理由说，这种自得的情绪（或只是镇静的情绪）是80年代中期到来的，使许多批评家不知如何理解迪伦的宗教性。

20世纪80年代迪伦做了一串专辑，许多人认为可以忽略。但随后他凭借1989年的《哦，仁慈》专辑再次横空出世。这张专辑是一个怪异的歌曲合集，揭示的是迪伦式虔诚的沉郁而非热忱。在音乐上，专辑沉入俗世疲惫的情绪，在老黑人圣歌的缓慢稳定摇摆中反复演奏。不过它始终萃取出足够的能量和希望，使我们一再回首，原因不是原旨主义的狂热，而是历史悠久的福音复兴精神——福音复兴时代的传道者常常悲叹人生活中罪的不可避免。虽然抛弃了传教的倾向，迪伦仍然申明他对“改变”的信念。整张专辑里，迪伦直觉到现代忧郁的强烈不安，仿佛在说自己象征了 20 世纪美国对自己的神话概念的钟爱。迪伦在 1997 年的一次采访中动人地说：“我们使劲、使劲、使劲地成为以前的我们。”但这话的含义是，这种伊甸园意识是徒劳的，甚至是幻觉。改变是有死之物的节奏，于是这位歌手始终流浪，仿佛奔向一个阴沉的终点；他的想象始终是先知式的，常常是末日般的，这里他摆出了这种想象的一个更平静版本：

这是最后的诱惑
最后的说明
最后一次你听到山中布道
最后的广播在播放

在这首歌里，我们对最后事物的感觉是悲悼的，充满了失落和许诺。好人祈祷，心态与其说是自我满足，不如说是沉郁的反思，仿佛厌倦了总是显露自身大限的世界。在《哦，仁慈》专辑里，迪伦的宗教图景柔和了，唱出歌曲的是一个稳定的安静声音，仿佛教堂钟声的凝固回声，或是广播的可靠背景噪声，这广播在审判日那天仍然可能播放福音音乐或布鲁斯或鲍勃·迪伦，尽管（我们希望）很难说是最后一次。

8. 鲍勃·迪伦与学院

李·马歇尔

1970 年 6 月 9 日，鲍勃·迪伦再次登台了。但这一次不是唱歌，而是接受普林斯顿大学的荣誉博士学位。四个月后，迪伦发行了一首记录那一天的歌，名为“蝗虫之日”。他唱着，“到处都是黑暗，气味像是坟墓”，结尾则是“当然很高兴活着离开那里”。30 多年后，迪伦在自传里重温那时的体验。尽管那件事的不适仍然在迪伦的文字里活灵活现，他却也暗示，他接受博士学位是为了削弱他的反文化名声：“［学位］的一切模样、触感和味道都意味着尊重。”（*Chronicles: Volume One*，第 134 页）

这种兴趣和反感的模棱混合体现了迪伦对待 20 世纪 60 年代以来研究他的人的典型态度。他一再蔑视那些试图研究他归类他的人，最刺耳的一次是《瘦人歌谣》里对琼斯先生的尖刻贬低。不过，他似乎也为自己是摇滚乐里被分析最多的写歌人而自豪。事实上，迪伦的经理团队相当慷慨地把版权许可发给有抱负的作者，但总是要求任何写好的书籍都要送一本到迪伦办公室，并将其置于已有的论述他的大量文献之中。看起来迪伦对人们如何谈论他相当感兴趣。

这种模棱两可是双向的。并不能说学院全心全意地认可迪伦。

我自己写过一本论迪伦的书，写作的经验印证了：即便在今天，他的创作媒介仍引起疑虑。他在万神殿里的位置不如詹姆斯·乔伊斯或阿诺尔德·勋伯格稳固。事实上，“迪伦和学院”这样的题目只涵盖一部分评论迪伦的文字，因为大多数评论出现在学院之外。学院外的评论总有站立场的态度，缺乏批评的严格性，有时挺烦人的，但其中的佳作——例如保罗·威廉斯的批评作品——常常比学院学者的作品更有洞见。在这一章里，我想要思索为什么会这样。

已出版的论迪伦的学院著作中，大多数来自英语文学系。浏览一下迪伦书籍的书架，重量级的学院著作有：里克斯的《迪伦所见的罪》（*Dylan's Visions of Sin*，2003）、斯科比（Scobie）的《重访名为“鲍勃·迪伦”的人》（*Alias Bob Dylan Revisited*，2003）、戴伊的《弄人：读鲍勃·迪伦的歌词》（*Jokerman: Reading the Lyrics Of Bob Dylan*，1988）和科克伦（Corcoran）的编选文集《对吗，琼斯先生？：诗人和教授谈鲍勃·迪伦》（*Do You Mr. Jones?: Bob Dylan with the Poets and Professors*，2002）。这些作者都是文学教授。还有，尽管迈克尔·格雷（Michael Gray）不是正式的学院中人，他的《唱歌跳舞的男人三：鲍勃·迪伦的艺术》（*Song and Dance Man III: The Art of Bob Dylan*，2000）却具备出色的文学学者素养，颇可放进这个书单。在这样的书籍里，作者常常把迪伦称为“诗人”（尽管不只是论迪伦的学院作品这么讲）。不过，把迪伦当诗人是有个问题的，即事实上他写的是歌不是诗。在书的开头，几乎所有文学批评家都以某种方式短暂地承认迪伦的词句是唱出来的而非读出来的，但这一点很少得到贯彻，结果就是对迪伦歌词的过度重视。这种文学性的设定生出了这样的分析：“迪伦的歌词构建了一种作者—读者关系，这种关系基于一种无解之谜的模式，这样的谜既是对读者欲望的刺激，也永远使读者欲望沮丧。”（Day，引自Brown，第 193 页）这分析离听迪伦音乐的体验远得不能再远了。我们听者如何感应向我们唱出那些词句的声音？这种分析没有给出任何洞见。它讨论的想法是有意思的，但听着像是作者从未听过一首迪伦歌曲。歌曲是如何发生效力的？它没有给我们任何线索。歌曲的情感力量和艺术力量不仅来自歌词的语义，而是来自声音的汇聚。迪伦的词句是表演出来的：音乐、人声和词句汇聚在一起，创造出一件独特的文化作品，而不是一首读出来的诗。要想有效地分析歌曲，需要考虑音乐和人声演唱。迪伦自己在自传里提出了这一点：

> 我的歌词肯定击中了从未被击中过的神经，但如果我的歌的意义只在于歌词，那么杰出的摇滚吉他手杜安·艾迪（Duane Eddy）录制一张满是我歌曲旋律的专辑时，他是干什么呢？音乐家一直知道我的歌可不只是歌词，但多数人不是音乐家……我讨厌那种对我的歌词的推衍……（*Chronicles: Volume One*，第 119—120 页）

上面那句布朗（Brown）引用的评论并非不典型。例如，格雷最近出了一本《鲍勃·迪伦百科全书》（*The Bob Dylan Encyclopedia*）。一位书评人指责他持“一种断然文学的、根本上非音乐性的偏见——总是把歌词的地位排在声音前面……1965 年的［热门曲］《爬出你的窗户好吗？》（*Can You Please Crawl Out Your Window* ？）是很棒的录音，在水银泻地般的击打中，精准、艳丽的意象从一种疯狂刺激的表演旋涡中浮现：声音使之飞起来。但格雷只是说‘这首歌的语言至少与其音乐同样有趣’，然后整个条目都写前者而忽略掉后者”(McKinney)。

考虑到他创作的是歌曲，对迪伦音乐家身份或作曲家技巧的注意之缺乏真是引人注目。只有维尔弗雷德·梅勒斯的较早著作（1984年）和基思·尼格斯（Keith Negus）最近的书（2008年）明确注意了迪伦作品中具体的音乐层面。对迪伦音乐的不加注意，部分源于这个流行的陈词滥调：迪伦使用“简单的”和弦和旋律，用来做他的“复杂”歌词的背景。可是，据艾伦·摩尔（Allan Moore）说，迪伦不是唯一音乐性遭到忽视的人。摩尔认为，在绝大多数论摇滚乐的书籍文章中，音乐在创造意义上的作用都被低估了。他说，音乐经常被降级为词句的宜人背景。反过来，摩尔认为，考虑音乐如何在歌曲中建立某种态度，是绝对必要的。（第186页）

有趣的是，迪伦说过一段话，也许是被引用最多的迪伦言论之一，谈及的恰恰是他评价极高的一张专辑的音乐品质。我把这段话连同最初的语境抄在这里，它来自1978年的一次采访：

迪伦：我无法继续当那个孤单的民谣歌手，你知道，每晚三小时弹奏《答案在风中飘》。我听见我的歌曲时，它是音乐的一部分，音乐背景的一部分。

《花花公子》：你是说，当你心里听见你的歌曲时，那不只是你一个人在扫弦？

迪伦：嗯，不是，那只是开始。但我接着总是听见其他乐器，它们应该发出什么声音。我离我心里听见的声音最接近的一次是跟乐队录制《金发叠金发》专辑的时候。那个纤细、野水银般的声音。那是金属的、亮金色的，还有它唤出的一切。那是我的特殊声音。我并不能总是达到它。多

> 数时候，我想捕捉的是一种吉他、口琴和键盘的组合，但现在我发现自己正走向这样的地方：更多的打击乐和［停顿］灵歌的节奏。（Cott，第 208 页）

将音乐描述为“金属的、亮金色的”也许是个有点儿模糊的隐喻，但比起对此作品的大多数学院分析，它提供了对迪伦作品音乐品质的更多直觉感受。我们也该因此而思考：为什么《金发叠金发》是这么好的一张专辑。歌词，当然，但抓住我们的最最重要的是声音。《低地的悲伤眼女士》的歌词模糊不精准，包含一些迪伦最糟糕的自命象征主义的滥用，颇有可能使整首歌遭到轻视。然而，这首歌的音乐把词句包裹了起来，为之提供了语境和意义，使之既优雅又温暖。那歌词没能成为纸上的诗，因为不需要。与之形成对照，《乔安娜的幻象》的歌词也许是迪伦创作中最“诗性”的，人们认为，印出的歌词经得起学术的细察。但那歌比那诗精彩得太多了！由于那音乐，歌词的感性和亲密增加了多少！注意，那鼓声是如何带动词句的，词句被轻柔地说出时却有一种军人般的坚持，同时，尖突的吉他形成词句的间隔，把歌曲生出的渴望的情感扔进尖锐的如释重负。

不过，《乔安娜的幻象》中的亲密感和渴望感不只是乐器带来的，也是迪伦的演唱带来的。用文学方法研究迪伦作品的人常常忽略了这个事实：歌曲的歌词以表演为中介。当我们读一首诗，我们用自己的声音、用自己的速度读。对于歌曲我们没有这种控制。歌手控制着我们听歌的步调，控制着我们听歌时听到的声音。与音乐携手，歌手给予我们种种线索，例如，创作者的声音是男是女，词句是真诚的还是反讽的，这些线索是文字诗歌里阙如的。正如西蒙·弗里思（Simon Frith）所言：

> 在歌曲里，词句是声音的符号。一首歌总是一次表演，歌词总是唱出来的，我们听得见某个人的口音。歌曲更像剧作而非诗歌；歌词如同言语及言语行为，其意义不只是语义的，还是声音的结构，那声音是情感的直接符号，是个性的直接标记。（*Music for Pleasure*，第 120 页）

还值得注意的一点是，嗓音对我们来说不是中性的，而是包裹在流行音乐的明星地位产生的更宽广含义里。这一点对于迪伦这样有如此独特嗓音的歌手来说尤为重要。当你听到那个嗓音，你就知道是谁在歌唱，我们对迪伦的所知影响着我们对歌曲的反应。

如果我们要理解迪伦歌曲里的情绪感受和艺术内容，支撑研究迪伦的文学方法的种种假定可能会把我们领向错误的方向：过度强调语义而非听觉的体验。照弗里思的想法，要理解歌曲如何产生意义，我们应该把歌曲当作“言语行为”，而非诗歌（Frith，*Performing Rites*，第 158—159 页）。我们不可同样地对待歌词和诗歌，而要把歌词当作一种辞令：“我们必须从歌者和听者之间建立的有力关系的角度来看待歌词。从这个角度看，一首歌存在不是为了传达歌词的意义；相反，歌词存在是为了传达歌曲的意义。”（Frith，*Performing Rites*，第 166 页）这一点也是迪伦曾在采访中说过的：“每当我创作的时候，如果哪里涉及节奏和乐句，那么那就是歌曲获得平衡的地方——在节奏中在乐句中。不是在歌词中。”（Cott，第 323 页）

既然把迪伦的歌词当作诗未能说出迪伦作品中某些最重要的方

面，既然迪伦自己反复说分析他作品的人过多地强调了歌词，那就颇值得问一问，为什么事情变成了这样。照凯文·德特马的看法，一个原因是历史巧合：20世纪60年代是英语文学系诗歌研究的盛期。60年代初期盛行的方法是新批评，这种文学研究方法回避对作者意图和读者感受的考虑，中意对文字本身的鉴证分析。新批评适合对诗歌的复杂性进行研究。如果60年代的大学要研究迪伦，他的作品总要落入这种文学方法的手中。没有别的地方可去。

考虑学院对迪伦作品的研究时，我们必须要指出，我们谈论的不是一个撞开象牙塔之门、照亮文学学院中人灵魂的弥赛亚。学院体系并未立即普遍承认迪伦是个出色的新诗人。把迪伦带进教室的举动肯定是机会主义的。教师们希望自己在学生的眼里像个嬉皮士，“用他们的语言”吸引他们。尽管如此，很快迪伦就出现在某些文学文集和教科书里了。德特马列举了几个早期例子，即里德（Lid）的《跳动的符号》（*Grooving the Symbol*，1970）、霍根（Hogan）的《时宜的诗》（*Poetry of Relevance*，1970）和皮切斯克（Pichaske）的《从贝奥武夫到披头士》（*From Beowulf to the Beatles*，1972）。迪伦的确在某种程度上侵入了文学学院的领地，这件事很值得问问为什么。毕竟，60年代的大学完全没必要研究迪伦，他得到了研究是件出乎意料的事。大学应该是高级文化的守护人，严密地守卫智性的、精美的、古典的和不流行的事物，使其免遭日常生活中琐细、粗俗和商业的产品的毒手。一个流行歌曲作者怎么就被（部分）接纳到文学正统里去了呢？

这么说当然很客气：迪伦出现在学术圈是他作品力量的结果，他的歌曲品质太好无法被忽略。不过，还能够更深层地解释为何文学领域接受了一位摇滚写歌人。有些解释指向60年代发生的更宽广的社会变化，特别是对智性权威越来越大的挑战，以及随着高等教育变得更为普及大学角色发生的变化。不过，这些话题超出了本章的范围。我想加以考虑的是，当时对迪伦创作媒介——流行音乐——的看法发生了改变，这种改变对他被认作严肃艺术家这件事有什么影响。

当然，迪伦最初走红时是一个民谣艺术家，这样的崭露头角对他的艺术家地位至关重要。民谣音乐已经得到了布尔乔亚的尊重，并与艾伦·洛马克斯（Alan Lomax）这样的民俗学家的人类音乐学（ethnomusicology）研究紧密联系在一起（洛马克斯在国会图书馆任职）。对于商业制作的流行音乐在政治和音乐上的缺陷，60 年代初期的民谣复兴运动持有一套观点。事实上，看待民谣复兴时，必须将其放在对 50 年代盛行的大众文化的批判中来考虑。那种批判说，流行音乐是肤浅的、转瞬即逝的、商业驱动的，而民谣音乐有深度和纯度，是本真地制作出来的（这种观点至少部分是幻觉，因为民谣复兴本身也属于大众文化）。迪伦 1965 年转向电声“流行”音乐的举动被民谣圈批为背叛了民谣的纯洁和诚实，但实际上，当民谣音乐家时获得的智性权威很大程度上被迪伦带进了一个新的音乐流派。

人们常常把摇滚乐说成是反智的，说摇滚乐关心的是音乐的感官效果，而不是理性的思想。摇滚乐的这个固有印象很好地适配了大众文化批判产生的商业音乐形象：摇滚乐催生了一代顺从节奏的年轻人，他们没头脑地趋向身体的刺激。摇滚乐是商业流行音乐，唯一的目的是迅即的激荡。可是，如此描绘摇滚乐（无论是褒是贬）是一种误导。事实上，不能说摇滚乐仅仅是另一种主流音乐。60 年代中期摇滚乐兴起时，是一种分化主流音乐消费的手段，是一种造出高等级和低等级流行音乐的手段。摇滚的基础是这一断言：并非所有流行音乐的形式都是没头脑的、听过即丢的，流行音乐的某些元素本身值得严肃对待。不只是在严肃 / 古典的音乐和轻松 / 流行的音乐之间有一条线，摇滚乐的兴起区分了严肃、有价值的流行音乐（摇滚）和琐细、无足轻重的流行音乐（流行）。迪伦当“严肃”民谣艺术家时获得的“庄重”感对于摇滚乐的观念体系很重要。迪伦从原声到电声的转向并非就是把自己“出卖”给了摇滚乐，而是猛地推动了正在摇滚乐主流内部发展的相同观念。《剑桥指南：流行乐和摇滚乐》一书（Frith等，第 81 页）谈到，“民谣界在 50 年代划清自身与流行乐的某些元素的界限，而［迪伦］用了那些元素，不仅用了扩音器材，还利用了明星地位、包装和推广这些外部特征”，以展示流行音乐提供的可能性。于是，摇滚乐的观念体系出现时是一种分化流行音乐的手段，在流行音乐中分出一层表现个人感性和群体经验的严肃音乐（摇滚），与之相对的是民谣界很鄙视的、屈从一切商业操纵和琐细意义的较低一层（流行）。摇滚乐不是针对流行音乐进行论战，而是在流行音乐内部论战（Keightley，第 127 页）。而且，正如凯尔·凯特利（Kcir Kcightlcy）指出的，给予摇滚乐艺术品质的不是所谓的鲁莽和反理性，而正是这设定的严肃性（第 129 页）。

因为摇滚乐声称自己是一种“更高的”文化形式，摇滚观念家的一个核心信念是，摇滚乐的从业者是严肃的艺术家。摇滚乐若要申言其作品的品质和产生此品质的美学动机，这个信念是必要的辩护。例如，保罗·尼尔森在 1966 年 2 月的《唱出来！》杂志上撰文，为迪伦的新音乐辩护：

> 它是一种高度个人化的风格 - 视野：迪伦的不屈且诗性的视角体现了一种对主观而非客观的信奉，对微观而非宏观的信奉，对人而非大写的人的信奉，对问题而非大写的问题的信奉。最最简单地说，迪伦体现的传统是所有大艺术家的传统：用最最高的诚实和技艺，投射出独特的个人视野。（引自McGregor，第 74 页）

随着人们越发关注原创性（摇滚本真性之先决条件），人们就越发强调对艺术的自我意识；正是在这一背景中，人们开始强调摇滚乐歌词作者是诗人，迪伦则被认为是这一现象的最清晰例证。由于迪伦对语词的娴熟使用，他在音乐生涯初期就被称为诗人。例如，1964 年迪伦出现在“斯蒂夫·艾伦电视秀”节目中，主持人介绍迪伦时说“他主要是个诗人。他现在是个很红的艺人了，但我认为他走红的一个原因是他有诗人的心灵”；巴里·吉特斯顿（Barry Kittleston）在《公告牌》杂志上写道：“迪伦的诗歌诞生于一种对当代人类处境底下的悲剧的痛苦意识。”

于是，把迪伦引入大学研究，也就引入了摇滚乐本身的某些基础原则。而且，既然把迪伦带进课堂的教授们严肃地对待摇滚乐之为流行艺术的申言，他们自然也就强化了摇滚乐的申言。问题在于，把迪伦当作“文学”带进课堂，只不过强化了高等 / 低等的文化两分最初引发的问题，即导致人们用陌异的概念分析迪伦。高等文化和低等文化有着不同品质，成就的是不同的事物。镶嵌在高等和低等文化领域的是非常不同的对待批评、参与和时宜性的态度，使得高低文化成为不同性质的东西。用一个领域的语言研究另一个领域总是会损害所研究的作品。这不仅剥除了作品的语境，而且根本上曲解了作品。

以上的观点源于研究文化时的态度变化，这种变化与后现代主义的出现有内在关系（后现代主义最主要说的是“文化”和“日常生活”之间的关系），而且已汇聚到了“文化研究”这个学科里。这种方法承认，高等的和低等的文化品有着不同的目标，达到效果的方法也不同。这方法还削弱了“高等文化”的地位，解构文化观念，使我们意识到文化观念中的白人的、基于阶级的、西方中心的和性别偏见的元素。文化研究的方法使得“文化”成为一个复数概念，削弱了这个观念：艺术价值只能在一个特殊的领域里找到。这种对待文化的新智性态度导致了过去 30 年左右大学中流行文化研究的大扩军。那么，也许人们会设想，自从迪伦初次进入课堂以来，对他的研究已有了更恰当的发展。然而，文化研究总体上对迪伦很少注意，我认为原因有若干。首先，还存在另一个历史巧合：20 世纪 80 年代文化研究成为正式学科时，就其录音作品和评论地位而言，迪伦恰好处于最低潮期。他当时显得是个不那么重要的文化人物。不过，更重要的原因是观念体系。80 年代的迪伦已不是原装货，早期把他抬进高等文化万神殿的努力玷污了他。摇滚乐按照高等文化的规则刻画了自己，等到那些规则在 80 年代遭到挑战时，摇滚乐发现自己遭到了攻击。人们揭露摇滚乐，说它不是一种普世的观念体系，而是具体的、历史性的，是特别白人的、特别男性的、特别中产阶级的。如果文化研究是一种将文化地位从欧洲死白男身上剥除的努力，那么它的一个影响是人们倾向于研究较边缘的文化生产形式。因此，人们倾向于忽略主流摇滚乐，而去讨论更分散、本地、亚文化和少数族群的流派。还有，美感品质的问题成了边缘问题，时宜性和“用”的问题变得更显眼。消费问题胜过了生产问题，正统经典被揭穿为具体历史的社会建构，其基础是文化优先权而不是内在的美感价值。很显眼的一点是，没人提迪伦值得研究是因为他优秀。因此，在 80 年代和 90 年代，尽管对流行文化研究的关注越来越多，迪伦却成了学院的外围人物。

21 世纪以来，在这一方面已经有了一些进步，但某些老问题也在纠缠着迪伦研究。首先说说积极的发展：近年来在文化研究中迪伦成了一个更显赫的人物。对“传统”音乐（民谣、布鲁斯、乡村音乐）的兴趣越来越大，尤其在美国。这恰逢迪伦的商业和评论地位的复兴，他被明确地视为较旧传统的使者。于是出现了许多这样的研究：迪伦是一个更大故事的关键人物，而不是中心人物。而且，这种对传统的兴趣也是学院外的迪伦评论的一个根本特征，比如在歌迷杂志上、音乐杂志上和网络上。其次，文化研究内部对美感品质的问题出现了一些低声议论，尽管远未充分发展起来。例如，西蒙·弗里思（1998）认为，我们不能忽略美感价值的问题，仅仅关注流行文化中的平民主义的、民主的、揭露真相的元素。有好的流行文化，有糟糕的流行文化：忽略这个事实会损害我们研究的文化，未尽到我们作为文化批评家的责任（Geraghty）。美感品质辩论的重新浮现虽力量微薄，却也为近来涌现的不少流行音乐的单体艺术家研究提供了助力（本书正是一个例子）。

所以，对于学术圈未来的鲍勃·迪伦研究，有理由保持谨慎乐观。不过，也有担忧的理由。尽管人们已经朝着在文化研究中考虑品质问题的方向走了试探性的几步，美感卓越仍然是一个不敢在文化研究中露面的概念。学者们的主要想法仍然是，某个东西的研究价值源于其多义或“反抗”的可能性，而不是因为它是好东西。文化研究，尤其是这里谈的流行音乐研究，尚待充分地去谈论品质。

音乐学、表演研究或戏剧评论可能有助于我们发展出一种适用于所研究文化品种的批评词汇表，但这些著作在哪里呢？某种程度上，文化研究的力量也是其弱点：它对传统等级结构的颠覆性削弱已经带来一种对文化价值讨论的反胃，只在最具体最个别的情况下才幸免；它运用来源各异的洞见的能力（它的交叉学科性）生出了一个如喜鹊般爱收集各种零碎的学科，这个学科提供了一系列有洞察力的浮光掠影，但未能发展出一个融洽共享的理论框架。结果是文化研究中出现了某种程度的真空，即一种不适用于迪伦创作的文学研究方法仍然主宰着论述迪伦的学术产品（例如科克伦编辑的文集）。流行音乐研究急需考虑如何最好地处理流行音乐文本——不仅仅在它们的社会语境里处理（尽管这显然很重要），而且探讨它们的美感体验如何通过音乐、表演和演唱（而不只是歌词）产生出来。

9. 文化符号鲍勃·迪伦

戴维·R. 沙姆韦

20 世纪 60 年代初，流行音乐家经常被称为“录音艺术家”，但媒体或公众总体上并不认为他们做的是“艺术”。自 19 世纪中叶以来，“艺术家”这个词多数时候专指画家、雕塑家、作家和作曲家，而“艺人”(artiste) 这个词有时用来谈演员和歌手。(Williams, “Keyword”, 第 41 页) 在美国，“artiste” 的词义经过演化有了类似“装腔作势的人”(poser) 的意思，但我们继续区分两种艺术 (art)，一种是指任何技艺的艺术，例如酿酒的艺术；另一种指视觉艺术家、作家、作曲家的作品或最好的作品，当然还有电影拍摄者等等逐渐得到艺术家头衔的人的作品。

艺术在 20 世纪 60 年代初是个有争议的领域，这种争议是战后发展起来的。精英拥抱了现代艺术，但现代艺术并未因此立刻获得广泛的接受。不过，更多的美国人开始熟悉以前只属于很少数人的鉴赏品位。50 年代快速壮大的高等教育是一个因素。另一个因素是媒体的壮大，结果更多人知道了艺术和艺术家，无论是公认的还是边缘的艺术家。例如，对于垮掉派，每个人都知道一点儿，即便多数人从未读过其作品。公众仍然疑心，艺术家（比如“垮掉青年”）不过是懒惰邋遢的极端分子，拒绝“正常”的工作和家庭生活。但这些特征似乎自身就意味着自由，公众对那种自由有些着迷，并且日益对那种艺术家的奇怪作品着迷。

也许大众文化和精英文化之间的藩篱在 60 年代开始崩塌，但人们仍普遍认为流行音乐特别是摇滚乐是艺术的反面。民谣音乐得到了某种特别豁免，人们认为它是真诚的、纯朴的，不那么轻视它——真诚、纯朴在高级现代艺术中是很受珍视的品质。当时的文化虽对民谣音乐屈尊示意，却拒绝给予其从业者艺术家身份。不过，民谣界和艺术界之间有着联系，特别在纽约。鲍勃 · 迪伦体验过这种联系，并由此获得了两种教育：一种是部分自由派教育，他在读明尼苏达大学的短暂时光中并未注意这种教育；另一种则是很难在其他任何地方得到的教育。

迪伦参加先锋艺术的活动，看勒罗伊 · 琼斯（LeRoi Jones）和生活剧场（Living Theater）的戏，也观看费里尼等欧洲导演的电影。在视觉艺术家中，他表示自己最喜欢雷德 · 格鲁姆斯（Red Grooms）和正在兴起的波普艺术运动的一部分。（*Chronicles: Volume One*，第 269 页）波普艺术打破了高级文化和低级文化的区隔，手法是把某些大众文化和日常生活消费品放进绘画中，挂到精英画廊里，并很快挂进了美术馆。迪伦将从另一端来冲击这个区隔，做出具备高级现代主义的严肃性和复杂性的摇滚乐。

20 世纪 60 年代时，流行音乐家的外表可是件大事。在美国，披头士们的发型（他们的着装则略逊一筹）得到的评论比他们的音乐更多。这种对性别准则的（相对小的）违背显然吓到了成年人，但那四个人倒因此在年轻听众的眼里更妙了。披头士乐队打开发型战线的缺口后，滚石乐队穿得邋遢透顶，冲击公认的表演服装观念。迪伦早期的视觉形象是精心选择的，但与民谣界的期待并不龃龉。首张专辑的封面上，他戴着帽子，穿着羊毛夹克，有点儿像个民谣歌手。那套衣服散发着工作的印象，但并非当代美国工人，而是来自另一个时空——民谣音乐大概是那个时空的产物。第三张专辑《时代正在改变》的封面上，迪伦出现在一张黑皮照片里，皱着眉，穿着件开领的工装衬衫，头发相对短。那身装扮体现出更明显的对当代美国工人和政治左翼的认同。

但迪伦的第三张专辑还指向一个不同的方向。与前两张专辑的传统唱片内页不同，《时代正在改变》的内页印了迪伦的诗。这些诗题为“十一条墓志铭勾画”(11 Outlined Epitaphs)，大体上描绘了一个与歌词和封面形象相宜的世界，但像是自传性的，政治性不明显。诗中体现了现代主义诗歌的影响，尽管本身大概不算很成功的现代诗。伍迪·格思里在诗中占了显著的位置，另一些出现的名字则与迪伦当时的公众人格（persona）并无直接的联系，比如弗朗索瓦·维庸（François Villon)、贝尔托·布莱希特、伊迪丝·皮亚夫（Edith Piaf)、莫迪利亚尼（Modigliani）和威廉·布莱克[1]。这些诗是自由体的，只偶尔押韵；尽管每一段的意思都相当清楚，但若要把整体理解为议论或叙事，读者需要对不明显的联系加以补充。大多数当时买了专辑的人大概都搞不懂这些诗，由此迪伦显得更像个艺术家了。

在下一张专辑《鲍勃·迪伦的另一面》里，这个新方向尤为明显了。封面照片上，迪伦一身黑色，头发长了点儿，在一片起伏的房子中间站起身。他这回也皱着眉，但与《时代正在改变》的封面照相比，他的表情显得更若有所思，不那么愤怒了。迪伦似乎已经

1 维庸，法国诗人；皮亚夫，法国女歌手；莫迪利亚尼，意大利画家。

从邋遢的民谣歌手变成了一个城区艺术家。有人在数月后的交响音乐会上见过他，说他是“嬉皮的焦点人物，当时嬉皮士仍然穿着免烫裤和淡棕色绒面革靴子”（Wilentz）。这种装扮传达出一种感性，当然也表示迪伦是个有品位的人，这两方面都契合迪伦在《鲍勃·迪伦的另一面》专辑里的创作。专辑的内页文字题为“某些别样歌曲”（Some Other Kinds of Songs），其中的诗与上一张专辑内页里的诗风格相似，但不像是自传性的，也隐晦得多。

更重要的是，《鲍勃·迪伦的另一面》专辑的歌词在若干方面背离了迪伦过去的歌词。专辑里没有话题歌曲，大部分歌讲的事情更像是个人性的而不是政治性的。毫无疑问，迪伦认为这张专辑标志了自己音乐生涯的一个转向。奈特·亨托夫曾去旁观专辑的录制，迪伦对他说：“这里面不再有指指戳戳的歌了……我，我不想再为人们创作了。你知道，当个发言人。就像，我曾用第一人称写埃梅特·蒂尔，假装我是他。从现在起，我要从我的内心创作……”（Hentoff，“Crackin', Shakin'”，第16页）迪伦的有些歌直接评论时事，有些歌具有明确的政治立场（特别是可归入某个团体或运动的歌曲），这样的歌曲与主流的艺术概念有冲突。艺术家为自己说话，表达自己。民谣社群看出了迪伦的变化。专辑发行前一个月，迪伦在新港民谣音乐节上表演了几首专辑里的歌，随后《唱出来！》杂志登了一封写给迪伦的公开信，抱怨他的“新歌似乎都是向内的、探测内部的、自我意识的”（Marqusee，第104页）。许多圈内人觉得《我的旧篇章》这首歌是“公开弃教”，迪伦的许多民权运动朋友为此难过。（Marqusee，第113页）

迪伦几乎一直反抗别人对自己的僵化归类，拒绝“只是有限地再创某个单一传统”的角色。如迪伦所言，“民谣音乐是严格的建制。如果你唱南部山区布鲁斯，你就不能唱南部山区歌谣，也不能唱城市布鲁斯。如果你唱得克萨斯牛仔歌，你就不能弹奏英格兰歌谣……每个人都做自己的那点儿事。我对此不太在意。如果我喜欢一首歌，我就学会它，找到我处理它的那个唯一的手法，去弹奏去唱”（引自Crowe）。迪伦很快就自己写歌了，这也表明他很早就不太有保全主义的冲动。皮特·西格尔这样的民谣音乐家也写过一些自己的歌曲，但他们的公众人格依赖这一点：那些歌像是属于某个传统。人们也许会在新的语境中对那类民谣原创歌曲进行改编，但那些歌曲的有效性强烈依赖其与传统的联系。从一开始，迪伦就为了自己的艺术计划而随性地运用那种联系。

迪伦的公众人格异于大多数民谣歌手，正是迪伦的歌曲创作使得这一公众人格成为可能。在《自由不羁的鲍勃·迪伦》专辑里，他已然通过歌曲建立了一种独特的人格，歌曲则是这种人格的表达。许多歌是借他人之声唱出，或是为受压迫的他人而写，但也有《别犹豫，就这样吧》和《鲍勃·迪伦的梦》这样的个人化歌曲。而且，在艺术家角色的公众观念里，固然有“艺术家不肯碰政治”这一项，却也认为“艺术家”意味着某种极端主义。“抒情左翼”的传统可追溯到“一战”前的时代，当时极端政治和艺术实验携起了手。如果说共产党在30年代试图压制这传统，那么它在别处存活了下来——在托洛茨基主义者那里，在无政府主义者那里，在其他离经叛道者那里。为什么一个小小的歌手兼写歌人对于老左派能这么重要？（迪伦很快就让他们失望了。）因为这种艺术大概是刚刚遭到麦卡锡主义重创的那个运动中唯一生机勃勃的元素，还有，也因为这种艺术自身就被理解为一种政治，一种对主流资本主义文化的拒斥。

以此来看，迪伦宣布自己是艺术家就不见得是与自己过去的断绝了。但仍是一种断裂，因为艾略特或毕加索那样的艺术家迥异于民谣歌手。后者努力存续旧的形式，而前者——如埃兹拉·庞德所言——担负着创新的使命。如果说迪伦过去唱过新闻，那么如今他要制造新闻。

《鲍勃·迪伦的另一面》专辑里的《自由的钟声》和《我的旧篇章》预报了新方向，下一张专辑则充分体现了这个方向。《全部带回家》专辑是他首次运用电声乐器的专辑。唱片的一面是摇滚歌曲，另一面是单人的原声表演。通常认为，专辑中的摇滚元素是其主要创新，但原声那一面里的新东西同样值得注意。那一面的第一首歌《手鼓先生》鲜明地说到了艺术和艺术家把人带离日常和自我的能力。尽管歌中唱的是向手鼓先生提出的请求，但我们蛮可以猜测，迪伦是在想象自己为听众扮演那个角色，他就是手鼓先生。与《全部带回家》专辑的发行几乎同时，飞鸟乐队的单曲《手鼓先生》成为第一首登上流行排行榜冠军的迪伦歌曲。飞鸟乐队版本的核心元素是罗杰·麦吉恩手中鸣响的十二弦吉他，这个版本也比迪伦的柔和、音色更甜。还有，飞鸟乐队的翻唱略去了原歌的几段歌词，把重点放在副歌上，使迪伦的原意（不管那是什么）变得更不可辨。或许是因为这一点——当然也因为迪伦确实写下的歌词——许许多多人认为这首歌写的是毒品。1965 年初的时候，“带我走一程”（take me on a trip）这话还没有服用LSD（麦角酸二乙基酰胺，一种毒品）的意思，那还要再过一小段时间。其实这首歌唱的是一种更一般意义上的心智变异，只是有可能联系到大麻或海洛因。吸食毒品长期与先锋艺术家连在一起，迪伦与之的可能联系帮着进一步重新定义了他。

《全部带回家》原声一面的下一首歌《没事，妈（我只是流点血）》揭示了艺术家迪伦的另一副面孔。如马库斯所言，这首歌的“抗议性不逊于迪伦写过的其他任何抗议歌曲：总体描绘了一个腐败、非人的社会，以及该社会中敏感自主个人的命运”（Marqusee，第 127 页）。但这里的新东西是马库斯说的最后一点，或者更确切地说，是那种个人的视角。按照尼克·布罗梅尔（Nick Bromell）的说法，迪伦较早的抗议歌曲是“自由派的”，因为那是代表他人唱的，但在《全部带回家》专辑里，有一种源于“自己不自由、受压迫的感受”的极端主义。（第 131 页）这位歌手现在认为，他曾经描画的那种只有社会的“他者”得不到的自由，其实他自己也得不到。这首歌的社会批判把超现实主义和更明确的指控结合到一起：

广告标语忽悠你
你觉得就是你了
从没人做过的事你能做了
从没人赢过的东西你能赢了

这不是《谁杀了戴维·摩尔》或《海蒂·卡罗尔的孤独之死》那样的话题歌曲创作。这个控诉的总体性要强得多，但又暗示斗争是无用的：“太早就想弄明白 / 你知道，没有意义。”电影《逍遥骑士》（*Easy Rider*）用了这首歌，就是为了强调这一点。既然社会行动主义必然失败，这位艺术家如今不再受其要求的束缚。

那么，这首歌就有理由进而宣布一个信条，可称为艺术家自己的信条：“不忙着出生的人 / 忙着死掉。”迪伦在纪录片《没有家的方向》里道出了这一信条，说：“一个艺术家必须小心，永远不要停在自以为是的某处。你必须总是明白，你时时处于‘成为’的状态中。”《没事，妈》还宣布了艺术家的自由：“他或她或他们或它都不是/你的归属。”这几行歌词像是在直接回应老左派和民谣纯粹主义者对迪伦的要求。他在《编年史：第一卷》里回忆：

> 罗尼·吉尔伯特（Ronnie Gilbert）是织工（the Weavers）乐队的一员，他在一次新港民谣音乐节上介绍我时说：“他就在这里……带走他，你们知道，他是你们的。”我以前没有觉出这话里的不祥之感。埃尔维斯从没这样被介绍过。“带走他，他是你们的！”真是一句疯话！滚它的。就我所知，当时和现在，我都不属于任何人。（第115页）

专辑另一面的摇滚乐用风格申明了以上这一点，表明了迪伦对形式实验的兴趣。迪伦在这里继续运用民谣资源，特别是布鲁斯，只是转化成了摇滚乐。这么做并没有发明一种新流派，所谓“民谣摇滚”。迪伦一直拒绝这个词。这么做发明的是一种独特的声音，当时只属于他一个人。歌词则重新定义了歌手的斗争。《地下乡愁布鲁斯》是迪伦第一首登上流行排行榜的歌曲。这首歌主要唱的是个人自由和年轻人志向遇到的障碍。《玛姬的农场》把《佩妮农场上》的佃农悲痛变化为个人独立的宣言。

《全部带回家》专辑里的摇滚歌曲并不像1965年流行的音乐。那时流行的是可称作二线英国入侵乐队及其美国模仿者的前泡泡糖歌曲。不用说，迪伦的声音没有丝毫甜蜜之处。尽管《全部带回家》中的摇滚歌曲借鉴了查克·贝瑞这样的摇滚艺术家，但对其影响更大的是摇滚乐的先驱者，像是吉米·罗杰斯和罗伯特·约翰逊，当然还有伍迪·格思里。也许是为了吸引听众，封面照上那个貌似嬉皮士实为布尔乔亚的房间里有一张约翰逊唱片《三角洲布鲁斯歌手之王》(*The King of the Delta Blues Singers*）的封套，还有唱片《埃里克·冯·施密特的民谣布鲁斯》（*The Folk Blues of Eric Von Schmidt*）的封套（施密特是迪伦在格林尼治村民谣圈的同辈人）。迪伦在专辑里做着摇滚乐创新者总是做的事：融合各种音乐元素创造新的形式。

《地下乡愁布鲁斯》在排行榜上只升到 39 名，但迪伦的下一首单曲《像一块滚石》是一首真正的热门曲，最高排到第 2 名。格雷尔·马库斯为这首歌写了整整一本书，认为几乎所有摇滚乐都总结在这六分多钟里了。他还主张，这首歌立刻被认为是全新的东西。这首歌的录音版惊人有力，而且比迪伦以前的任何录音都更明白地是摇滚乐。迈克·布卢姆菲尔德的电吉他、阿尔·库珀的“哈默德 B3”键盘、迪伦的民谣吉他和口琴竞相争鸣，当然最后是电吉他和键盘统治了混音室。这个版本听上去正适合收音机。

如马库斯所言，这首歌的成功使迪伦跻身披头士乐队和滚石乐队之侧，成为高高在上的明星。他获得了最大规模的听众，而且走红的歌曲藐视对流行音乐琐细性的定见。这首歌里的什么东西如此吸引听众？一个答案是，歌中“遍布一种幸灾乐祸的狂喜。合唱像苦涩的波浪时涨时落。吉他沾沾自喜。歌手奚落道：‘滋味怎么样？’”（Marqusee，第 163 页）女人这个群体似乎使他失望，他在《别犹豫，就这样吧》里首次表达了对女人的怀恨心态，《像一块滚石》则把这种态度带到了新的高度。《别犹豫，就这样吧》打量着这种态度，反思着，情绪并不强烈；《像一块滚石》则听着和读着都像愤怒的长篇大论。迪伦这首单曲发行前，连续几周的排行榜榜首歌曲是滚石乐队的《（我得不到）满足》[（*I Can't Get No*）*Satisfaction*]，此后滚石乐队反复挖掘这个题材，《像一块滚石》把迪伦也带到了这块土壤上。我们还可以进一步认为，这首歌是多数高中学生的愿望之满足，无论男女，因为他们在最严格最压迫的社会秩序里受着苦。

但许多人感到，这首歌倒也是迪伦对自己唱的。他自然懂得"只有你自己 / 没有家的方向 / ……像一块滚石"的滋味。穆迪·沃特斯（Muddy Waters）和汉克·威廉斯（Hank Williams）都唱到过"滚石"这个词，杰克·凯鲁亚克和垮掉派就算没用过这个词，气质却正是如此。这些歌词似乎很适合迪伦，有两部讲他的作品取名为"没有家的方向"。这个无根的形象当时与迪伦联系得有多紧密，我说不好，但这个"摇滚明星不受处所、家庭或其他日常义务的牵绊"的设定，让所有摇滚明星都从中受益。

《重访 61 号公路》专辑里的许多歌都有同一个特征，也是多数现代诗歌的特征——晦涩，特别是《荒芜街》。几乎说不清楚歌曲的歌词讲的是什么，仿佛写这首歌是为了表明自己是"新批评"的异端。这首歌提到两位美国的现代诗歌之父："埃兹拉·庞德和 T. S. 艾略特 / 在船长塔里对峙。"正如我们在歌词里看到的，这首歌就像那两位诗人的诗一样充满了指涉。指涉的范围包括莎士比亚（罗密欧、奥菲利亚）、好莱坞（贝蒂·戴维斯）和《圣经》（该隐和亚伯，好撒玛利亚人）。每段歌词描述不同的场景，多多少少各自融洽，但各段之间的联系只是最后一个词"荒芜街"。这样的写作催生了一个行业——诠释。摇滚明星中只有迪伦有此待遇。至少出过四本专门解释迪伦歌词的书。最近的一本是波士顿大学教授克里斯托弗·里克斯的《迪伦所见的罪》。里克斯是研究艾略特的学者，右翼文化战士，此书长达517页。用高级现代主义来研究迪伦是合理的，因为人们觉得迪伦是艺术家，不仅仅是表演者。

对高级艺术的野心在60年代摇滚乐里并不少，但这种野心之所以出现，迪伦的贡献不亚于任何人。事实上，如凯尔·凯特利所言，摇滚乐第一次明确感到自身的“严肃性”，大概就是在他的歌词里。披头士乐队似乎是听了迪伦后才有了自己的严肃感的，然后。就向那方面努力了，此时迪伦还没有发行任何摇滚唱片。(Coleman)

迪伦对高级文化的借用和指涉更多是文学的，而不是音乐的。他的音乐包含了几乎每一种美国流行音乐的影响，但他觉得对他的目的来说这就足够了。披头士乐队在《昨天》（*Yesterday*）里用了小提琴伴奏，在《生命中的一天》（*A Day in the Life*）里用了交响乐，迪伦的作品里没有类似的东西。迪伦的现代主义把常常难懂的新颖歌词与无论哪种流派的纯朴音乐糅合起来。就像现代主义的诗人和小说家，迪伦的本真性来源于原始纯朴的艺术形式。

与大多数摇滚明星不同，迪伦最初是靠写歌人的身份获得名声的。他的音乐通常有民谣的来源，他崭露头角是靠写歌词。这是人们觉得迪伦是诗人的必要条件而非充分条件。他印在唱片内页里的诗说明他有志于诗，但人们辩论迪伦是不是诗人时，并不援引那些文字。当然，许多人说他的艺名来自迪伦·托马斯。1965年，《纽约时报杂志》发了一篇写迪伦的大文章，标题是“公共写作第一名？”，副标题是“谁需要索尔·贝娄？”（Shelton，*No Direction Home*，第227页）1967年，艾伦·威利斯写道：“迪伦的崇拜者们觉得这是显然正确的：他是用摇滚乐传播自己艺术的诗人……这种误解只是使许多知识分子怀疑迪伦，使得路易斯·辛普森（Louis Simpson）和约翰·恰尔迪（John Ciardi）这样的尽责二流诗人发出了不出意料的攻击”（“Sound”，第77页）。职业诗人们并非都意见一致。1966年3月，肯尼思·雷克斯罗思（Kenneth Rexroth）说“最近诗歌界最重要的事件可能是鲍勃·迪伦”（引自Shelton，第227页）。1965年，有人在三所常青藤大学里做了一次非正式调查问卷，结果学生们最喜欢的“作家”是迪伦（Shelton，*No Direction Home*，第227—228页）。人们有时说披头士乐队等摇滚明星的歌词超越了流行音乐的通常局限，但无人像迪伦那样被比作荷马、莎士比亚或布莱希特。60年代末时，普通听众和许多年轻诗人已普遍接受了摇滚诗的概念，尽管学院对之的大体态度是嗤之以鼻。

教授们（至少在那时）并不承认迪伦那样的人是诗人或知识分子，但这不见得损害他们在年轻人心目中的地位——也许效果刚好相反。上一代人对摇滚乐的反应普遍是负面的，但年轻一代人因此更有理由认为自己有一种特别的眼界。简单说，他们懂了，其他人没有。在许多歌曲里，迪伦有力地表达了这种某个群体独有的理解以及代际疏离，如《地下乡愁布鲁斯》和《就是第四街》（*Positively 4th Street*），但最明确的表达是《瘦人歌谣》。“因为这里有事情发生 / 但你不知道是什么 / 对吗，琼斯先生”，这句歌词描述了年轻人眼里多数成年人的状态。歌词描述了一系列超现实的相遇，很适合让路易斯·布努埃尔（Luis Buñuel）拍成电影。一段段歌词越来越强地暗示，琼斯先生离现实实在太远。

一位前《时代》杂志记者说，《瘦人歌谣》写的是他。歌曲一开头确实唱的是“你走进屋子 / 手里拿着铅笔”。不过，纪录片《不回头看》暗示，迪伦心里想的大概是记者整体。人们常常谈到迪伦对待媒体的轻蔑态度，多数采访迪伦的记者显得茫然失措。他们提的问题说明了60年代流行音乐报道的可怕状况，当时多数刊物缺乏这个领域的专家。罗伯特·谢尔顿和奈特·亨托夫这样的记者写迪伦时富有洞察力和同情心，但他们主要是民谣和爵士记者。1970年左右摇滚新闻真正出现了，这很大程度上要感谢迪伦，还有披头士乐队和其他一些人。同时，迪伦不得不应付记者一直提着的问题，那些问题往好里说是所知不多，往坏里说就是蠢。

1966年夏《金发叠金发》专辑发行，巩固了迪伦的艺术家公共人格。这张专辑也巩固了迪伦的摇滚巨星身份，三首歌进入了单曲榜前40。这个时候，对迪伦写出话题歌曲或抗议歌曲的期望在美国已不再普遍，尽管专辑发行前在英国的巡演（记录在纪录片《不回头看》里）表明这种期望在英国依然很强。这张专辑回归到《鲍勃·迪伦的另一面》专辑里的内省和个人关注，但这回用了摇滚乐的形式。《重访61号公路》继续表达社会批判（无论有多零碎或超现实），《金发叠金发》则彻底丢弃了那个大图景。但我们在这张专辑里瞥见的那个私人世界却很古怪。

音乐也是新的。如马库斯所言，“在《金发叠金发》里，迪伦把熟悉的事物变得如谵妄般古怪。他拿来流传下来的习语，将其飚进了现代主义的平流层”（Marcus，第208页）。专辑的各首歌曲并无一种单一的音乐风格，这一点不像《重访61号公路》，那张专辑的每首歌都基于布鲁斯。《雨天的女人 #12 & 35》（*Rainy Day Women #12 & 35*）像是一首新奥尔良葬礼乐队在派对上奏出的歌。《乔安娜的幻象》的伴奏用了一整套录音室乐器，但克制柔和，突出了迪伦嗓音无可争议的主宰地位。《豹皮药盒帽》像一首纯粹的摇滚歌曲，除了迪伦的嗓音。《我要你》（*I Want You*）借鉴了传统乡村音乐，《就像个女人》是一首有鼓的民谣歌曲。当时，媒体把这些各异的歌统统叫作“民谣摇滚”，但迪伦无法被归入任何流派，正如他后来的风格变换所证明的那样。当时音乐行业想向市场推出许多“未来的迪伦”，而迪伦区别于那些歌手的地方正是这种新颖和古怪。

此外，迪伦的外表也不断演化，离市面上的风格范畴越来越远。在《重访61号公路》的封面上，迪伦穿着一件敞开的蓝粉印花衬衫，里面是一件胜利牌摩托的T恤。仿佛他在这儿决意要违逆自己前两张专辑封套遵循的时尚规则。从这张照片起，他的头发越来越长，或者说越来越膨大，到了《金发叠金发》专辑，他的头发卷曲成了一团乱麻。1967年《迪伦金曲》专辑发行时，唱片附的一张波普艺术海报捕捉到了他当时的形象：他的小脑袋四周似乎有一圈大光晕，把他的头发直往外吸。就像披头士乐队，迪伦的外表终于也成了符号。

《金发叠金发》专辑发行前后，迪伦在摩托车事故中严重受伤，导致脑震荡，椎骨摔断，在医院住了一个星期。媒体说“这次事故的创伤近乎致死”，至少有一家报纸暗示迪伦可能再也不能演出了（Heylin，*Behind the Shades*，第269页）。当年的8月到秋天，迪伦本要在美国办巡演，这个计划取消了。他下一次的美国巡演要等到1974年。他的下一张专辑《约翰·韦斯利·哈丁》是一年半后发行的。这一次淡出公众视野使迪伦的神秘性更强了。如《时代》杂志所言，“缺席的迪伦比在场的迪伦更煊赫”（“Basic Dylan”，第50页）。那时媒体对待迪伦的态度显得严肃多了。《白日梦想家》（*Life*）、《新闻周刊》、《时尚》（*Vogue*）和《星期六评论》都对《约翰·韦斯利·哈丁》专辑做了恭敬的评论或报道。多数大标题都欢呼迪伦的“回归”，但《星期六评论》说这张专辑是一幅“不年轻艺术家的自画像”。这话指涉了詹姆斯·乔伊斯的小说。随后作者断言：“就像多数好作家，［迪伦］成功地伪装了歌曲中的自己。《就像个女人》《不是我，宝贝》（*It Ain't Me, Babe*）和《就是第四街》这样的歌很大程度上是年轻神经质艺术家的肖像，但被巧妙地隐藏了起来。”（Jahn，第 63 页）这位评论者认为，这张新专辑讲的完全是迪伦和身份认同问题，他猜想是摩托车事件使迪伦得以思考此问题。这里的假定是，迪伦的歌词值得花力气去解释。对待他的态度就像是对待“艺术家”或“好作家”的态度，而不是过去对待“流行音乐英雄”的态度。

《金发叠金发》专辑和《约翰·韦斯利·哈丁》专辑中间的那段时间，D. A. 彭内贝克的纪实影片《不回头看》出现了。这部风格化的纪录片记录了迪伦 1965 年的英国巡演，于 1967 年 5 月在旧金山首映，然后到大学校园和艺术影院放映。批评家对这部片子的反应往好里说也是褒贬不一，不过，即便是负面的评论，也常常肯定迪伦的艺术地位。拉尔夫·格里森（Ralph Gleason）说这部片子讲的是“这位艺术家与听众沟通时的问题”，《新闻周刊》则说“影片展现了一个不知道自己的歌来自何处的歌唱天才”（Shelton，*No Direction Home*，第 299 页）。有些人喜欢迪伦但不喜欢电影，他们抱怨说，这片子不仅过时（那里面的迪伦用原声乐器独自表演），而且未能捕捉到他的内在（Goldstein）。彭内贝克对迪伦自己的观影反应的回忆体现了歌迷的观影感受：“我们给他看第一次粗剪版。他看到的东西肯定把他吓得半死。我觉得他震惊了。但随后他看懂了，我想是第二个晚上，他看出了那完全是戏剧。他就像个演员，他在片子里突然把自己变成了那个演员，然后就没问题了。”（Shelton，*No Direction Home*）迪伦无疑是在对着镜头表演，但就是在这表演中，他成了他的歌迷期望他成为的那个艺术家。他的表演，他的不曝光自我的努力，反而曝光了他。

1968 年《滚石》杂志刊载了一篇专题长文，谈的是未发行的迪伦录音，题为“丢失的鲍勃 • 迪伦专辑”。迪伦的神秘性又多了一个元素。随后不久就开始出现私录的录音，后来人们称之为“地下室录音带”。这些录音是和群鹰乐队（后来的“乐队”乐队）一起录制的，录音地点在纽约伍德斯托克或附近的各个并非录音室的场所。录音包含了迪伦的至少 30 首新歌（Heylin，*The Recording Sessions*，第 57 页）。录音拷贝未获授权，是非法的，相对较难获得，这一切更是提升了其吸引力。若人们听说或知道艺术家有作品遗失了，常常会激起对该艺术家的兴趣。通常这种事情要等到艺术家去世后才发生。迪伦的“近乎致死”事件及隐居起到了相似的作用，使得“地下室录音带”成了摇滚乐的圣杯。它的名声延续到今天，一位批评家称之为迪伦的“最佳歌曲集”，另一位批评家为其写了一整本书（*Recording Sessions*，第 57 页；Marcus，*Invisible Republic*）。

20 世纪 60 年代，迪伦从民谣歌手演化为第一个得到艺术家称号的摇滚音乐家。在他的自我呈现中，他与埃兹拉 • 庞德、巴勃罗 • 毕加索、伊戈尔 • 斯特拉文斯基做的是同一项事业。这个公众人格使他能够继续评论政治和社会问题，而不会被归类为抗议歌手。19 世纪中期以来艺术家把自己塑造为布尔乔亚的反对者，因此，迪伦的新公共人格里仍旧有某种极端主义的形式。可他的歌曲中的政治性确实变弱了，在某种程度上，这一事实被他的艺术家身份隐藏了起来。迪伦声称自己做的是艺术，使得其他流行乐表演者也可能从这个角度看待自己（例如披头士乐队），也可能被媒体和公众当作艺术家严肃对待。从詹姆斯·布朗、琼尼·米切尔、布鲁斯·斯普林斯汀到公敌乐队和埃米纳姆，摇滚明星们都受益于迪伦的突破。

第二部分

标志性专辑

10.《自由不羁的鲍勃·迪伦》

The Freewheelin' Bob Dylan（1963）

埃里克·布尔森

1962 年 3 月，鲍勃·迪伦在哥伦比亚唱片公司发行了自己的首张专辑，专辑名就是他的名字。当时他 20 岁。卡罗琳·赫斯特（Carolyn Hester）录制自己的第三张专辑时，迪伦帮着吹了几次口琴，哥伦比亚唱片公司的制作人约翰·哈蒙德就是看了那几次演奏后对迪伦发生兴趣的。当时民谣音乐热了起来，哈蒙德正在找能帮哥伦比亚唱片公司进入民谣市场的人。迪伦很符合这个要求。他走路、说话、着装和唱歌都是民谣人的味道。就算这一切都是演戏，是他靠研究伍迪·格思里和漫游者杰克·埃利奥特学来的，他的表演也足够真实，大家都相信他真有点儿才华。没人预测得了这场戏能演多久。

专辑《鲍勃·迪伦》很大程度上体现了迪伦找到自己声音的过程。13 首歌里只有两首原创：《给伍迪的歌》和《纽约念白》（*Talkin' New York*）。他更感兴趣的不是展示自己的原创性，而是向一长串影响他的人致敬，比如盲莱蒙·杰斐逊、伍迪·格思里、杰西·福勒（Jesse Fuller）、汉克·威廉斯和牧师加里·戴维斯。专辑封面是《乐队来了》电视秀的味道：一个若思若慕的年轻男孩穿着羊毛夹克，戴着帽子，双手握一把原声吉他的琴颈。他的表情算诚挚了，但眉毛里有一道调皮的弧线，仿佛要么很自满，要么在拿“自满”开玩笑。迪伦首张专辑的销量没有达到哥伦比亚唱片公司的预期，有传言说公司要放弃他。哈蒙德答应迪伦，公司为迪伦录制一张专辑，且有权选择再录制四张。此时他决定再给自己的最新发现一次机会。他正确地预见到迪伦只是刚刚上路。第二张专辑《自由不羁的鲍勃·迪伦》（以下简称《自由不羁》）做到了首张专辑未做到的事情：哥伦比亚公司赢得了创纪录销量（一个月一万张），迪伦赢得了名声。这张专辑发行时，他已经携手琼·贝兹，成为全国各大音乐节上的大名人了。

在这第二张专辑里，迪伦为听众重新包装了自己（Gill；Riley；Benson）。两张专辑之间的那段时间里，他正式改了自己的名字。很明显他对“鲍勃·迪伦”应该是什么人有了更融贯的想法。在《自由不羁》专辑的封面上，他走在一条融雪的街上，手插在口袋里，一个女孩（他当时的女友苏西·罗托洛）挽着他。他没有对着镜头摆造型，他的样子仿佛是摄像师抓拍到了他的私人亲密时刻。值得一提的是，他拿那件羊毛夹克跟人换了一件反绒皮夹克。这里已经出现了鲍勃·迪伦的另一面：浪漫的、实在的梦想家，不害怕弄湿自己的脚。原本那个普通的民谣歌手成了我们眼前的这个自我塑造的肆意滑行者，他浸淫在布鲁斯和民谣的传统中，但也属于杰克·凯鲁亚克和艾伦·金斯堡那一代年轻人。在当时的采访中，他的垮掉青年味道甚至开始比民谣人味道更浓郁。《自由不羁》专辑发行后不久，他对斯塔兹·特科尔（Studs Terkel）说：“我的生活就是我走的街道，那是我的生活；音乐、吉他，那是我的工具，你知道吧。”（Cott，第 12 页）

想了解迪伦可不会顺利。即便在他最实在的时刻，他也会反讽、超然、逃避或含糊其词。他曾对某个采访者说:“如果我不是鲍勃·迪伦，我可能会以为鲍勃·迪伦能给我们许多答案。”(Cott，第233页)60年代初他的事业正起飞时，这种性格有时候是个问题。人们在寻找美国面临的社会、政治、经济问题的答案。特别是民权活动家，他们很早就招募迪伦，希望迪伦与他们保持一致。可是，他们越是逼他，他越是躲避。迪伦不想成为任何运动的传声筒，也憎恨要他顺从的压力。他不是不肯谴责世界里的伪君子：他只是想用自己的方式去做。1963年5月，《自由不羁》专辑发行的当月，有人请他出席当月12日的《艾德·沙利文秀》，他决定唱《约翰·伯奇社团念白》(*Talkin' John Birch Society*)。这首歌嘲讽“约翰·伯奇社团”这个右翼反共组织，有一行歌词把他们比作希特勒。迪伦快要上台的时候，CBS电视台的制作人乱了阵脚，要求他换歌。他拒绝了，夺门而出。

在迪伦的庞杂作品名录中，《自由不羁》专辑占据了极重要的位置，因为这是他首次以歌手和写歌人的身份全面登场。13首歌里只有两首是翻唱，比例与首张专辑相比恰好倒过来。直到最后一次录音，他都还在创作、改编、增删歌曲。在专辑的50分钟里，迪伦与过去告别，勾画出自己的音乐未来。1965年批评家哀叹他插电的行为时，他让他们去听听《茫然无措》(*Mixed Up Confusion*)。这首歌是他为《自由不羁》专辑录制的，但并未收进专辑，而是发行为单曲。他改编他了解的所有布鲁斯和民谣形式(12小节布鲁斯、念白布鲁斯、史诗歌谣和即兴的一次性演唱)，并使其陌生化。死硬的民谣分子不喜欢他的实验性偏离。1963年6月的《小沙地评论》(发行于明尼苏达州)称《自由不羁》专辑是一个“巨大的失望”。他们认为，迪伦“写歌太情节剧了”，使用的“旋律更像流行乐而非民谣”。这些评论者察觉到了迪伦的嬗变，但到底发生了什么，他们没怎么摸到门道。那些像流行乐的旋律取自英国和美国的民谣歌曲。它们听上去奇怪，因为迪伦拿捏和弦的时长和节奏的分寸，并且用充满意象的密集歌词覆盖了和弦。《自由不羁》专辑里唱的是民谣音乐，只是不太容易辨认出来。

《自由不羁》专辑里的歌曲是在13个月里零零星星录制的（1962年4月24日到1963年5月27日）。这些歌曲记录了一连串高度个人化的对大问题的沉思：生活、爱、快乐和死亡。整体而言，专辑并未太偏向希望或绝望。歌曲的排列使悲剧和喜剧的元素达成了平衡：更沉重更反省的四首歌的中间穿插着嬉戏的歌曲。《鲍勃·迪伦的布鲁斯》（*Bob Dylan's Blues*）是第五首，《第三次世界大战念白布鲁斯》（*Talkin' World War III Blues*）是第十首，之所以把它们放在那个位置，一个目的就是要达到这种平衡。这两首歌是穿插在他的更阴沉思索之间的轻快时刻。迪伦的歌曲来自强烈、短暂的灵感迸发。他喜欢快速地写下歌词（他说他写《答案在风中飘》花了10分钟），然后配上自己的旋律，或从传统民谣和布鲁斯的庞大曲库里借来旋律。他能够很成功地运用借来的旋律,《鲍勃·迪伦的梦》《别犹豫，就这样吧》《战争专家》和《答案在风中飘》就是例子。

迪伦在《编年史：第一卷》里说，自己能在写歌上获得成功，相当程度上要感谢三角洲布鲁斯音乐家罗伯特·约翰逊（第282页）。为了破解约翰逊的秘密，迪伦曾把歌词抄下来，研究其中的结构和设计。他找到的是“这样的结构：老派歌词、自由联想……闪光的寓言、包在无意义抽象硬壳里的红屁股真相”（第285页）。迪伦说这里谈的是约翰逊，但其实他说的是自己在那段早期岁月里学习做的事。《自由不羁》专辑的传奇歌曲里有两首（《答案在风中飘》

和《暴雨将至》）是自由联想碎片构成的寓言。它们共同寻找“红屁股真相”，但做法是非系统性的。它们挑战听者，要他们伸展自己的想象力，拒绝交给他们容易的答案（你能想出“一万个破舌头的说话人”是什么景象吗？）。这些惊人、超现实的意象挑战听者，邀请他们看明白他说的意思，即便他的意思总是抽象、晦涩的。

《自由不羁》是迪伦开始把生活经验写成歌曲的首张专辑。他有时像个弄人，有时像个孤寂的哲学家，有时像个临终悲鸣的布鲁斯歌手，但“遭抛弃的怀恨爱人”这个形象也得到了相当程度的呈现。到纽约后，迪伦很快与苏西有了浪漫关系。1962 年 6 月她动身去意大利（主要是在她妈妈的请求之下去的），后又将归期延至 1963 年 1 月（又是她妈妈的主意）。迪伦为此心碎。写歌是他唯一的排解办法。苏西离开时，迪伦为她写了四首歌。其中两首出现在《自由不羁》专辑里：《别犹豫，就这样吧》和《北国女孩》；另两首则收进了下一张专辑《时代正在改变》：《西班牙皮靴》（*Boots of Spanish Leather*）和《太多的早晨》（*One Too Many Mornings*）。这些歌里的吉他都是手指弹奏，和弦进行也都一样。这种重复颇有揭示性：仿佛他碰见了一个有效的模式，就运用它反复从各个维度诊查自己的悲伤、愤怒和痛苦。每首歌都是对爱之脆弱的某种成熟反思，都接受了这个事实：年轻的爱一旦失去就无法挽回。

在歌中迪伦从未提到苏西的名字，尽管《沿着公路》（*Down the Highway*）这首歌里明确提及了意大利。她始终是“姑娘”“宝贝”或“那个人”。《别犹豫，就这样吧》是一段长长的独白，是分手前后的自言自语（你也许听人这样嘟囔过）。这首歌是许多又苦又甜的迪伦分手歌里的头一首，后来的例子有《就是第四街》和《纠结的忧郁》。这里的“姑娘”受到不少责怪。不过最厉害的侮辱是最后一句:“你简直是浪费我宝贵的时间/ 但别犹豫，就这样吧。”纵然歌词是苦涩的，活泼的旋律却给人一种印象，叙事者不只试图让自己好受些，而且正在上路把她抛在脑后。《北国女孩》(1969年迪伦和约翰尼·卡什重录了这首歌)同样产生于这种痛苦和困惑。这首歌谈论一段似乎刚刚结束的疏远了的恋情，但调子在相当程度上更柔软、谅解。亲密和分离的体验已经转化为智慧，歌中也有一丝感谢：过往的失去，无论你喜不喜欢它，定义了我们在不断飞逝的当下是谁。

《自由不羁》专辑和《时代正在改变》专辑中的苏西歌曲表明，迪伦正在学习如何使用真实或想象的情景、人物和对话来探索自己的情感和想法。从《自由不羁》专辑里的不少其他歌曲中可以看出，他心里想的不只是糟糕的分手。迪伦是在冷战时代成年的，那时，对美国本土的核攻击完全是可能的(在纽约他甚至买了一个盖革计数器以防万一)。《第三次世界大战念白布鲁斯》这首歌拿共产主义、辐射避难所和核战争开玩笑，但他也严肃地努力与一种真实的恐惧相处——对美国未来的恐惧。人们错误地认为，《暴雨将至》是迪伦为古巴导弹危机而写，其实这首歌是在危机发生前写的。这首歌较为间接地应对那种恐惧。与其说这首歌谈的是核战争的坠尘辐射，不如说它源于核战争的威胁。他在唱片内页里写道:“我以为我没有足够时间写完所有这些歌，所以就全写进了这首歌里。”

《战争专家》是围绕着尖厉的警句组织起来的，而且始终反复鸣响的不和谐伴奏声从未失去其锋利。这是理性地表达出的愤怒。那种不妥协的调子使迪伦自己都吃惊，但要想传达出他当时感到的那种无望，这是唯一的办法。他在内页里解释说:“我不写希望人死掉的歌，但在这首歌里我忍不住。”在《牛津镇》(*Oxford Town*)里，迪伦也对世界的不公发泄了沮丧。这儿他盯上了一个引起争议的新闻故事，拿来当歌曲的材料。在他多年的音乐生涯中，这一写歌的策略颇为成功，例子有《霍利斯·布朗歌谣》和《海蒂·卡罗尔的孤独之死》。1962 年 9 月，一家联邦法院判决年轻的黑人学生詹姆斯·梅瑞迪斯（James Meredith）胜诉，允许他在密西西比大学注册。在约翰·肯尼迪总统与密西西比州长的紧张对峙之后，在愤怒的白人学生暴民与联邦法警的暴力冲突之后，梅瑞迪斯被允许注册入学。迪伦并未像在《战争专家》里那样圈出罪人和伪君子，而是唱出了一个幼稚观察者的声音。这个观察者想要理解这一切，但失败了。活泼的节奏构成了歌词的反讽对位，也是对听者的一个挑战。要是你跟着抓人的节奏抖脚，那么毫无疑问你没听懂。在《牛津镇》里，人们因为自己的肤色遭到殴打和杀害。

在《自由不羁》专辑里迪伦学会了当“迪伦”：这个诗人、哲学家、抗议者、爱人。最主要的是，他学会了当“迪伦”这个音乐家，发现了自己这个歌手和写歌人的力量。口袋里揣着杰作，他来到哥伦比亚唱片公司的录音室。未收入专辑的录音表明，这一变形是一个月一个月逐渐发生的。专辑原计划的录制完成日期过去四个月后，迪伦录制了最后一批歌曲（《战争专家》《北国女孩》《第三次世界大战念白布鲁斯》和《鲍勃·迪伦的梦》），极大地改变了整张专辑的质地。有了《答案在风中飘》和《暴雨将至》，很少人会质疑迪伦有没有真正的才华，但最后录制的几首歌是他的非凡广度和深度的确证。在最后录制的《鲍勃·迪伦的梦》里，他回顾自己的过去，想象自己的旧生活结束了（当时他 23 岁）。这首歌唱的是随成年到来的幻灭，用天真交换经验时我们每个人都要签订的契约。对迪伦这个肆意滑行者来说，回顾过去挺好，但回到过去绝无可能。街道在那儿等待着他去行走，他准备好了。

11.《全部带回家》

Bring It All Back Home（1965）

琼·塔莫林

现场表演时，迪伦对自己早期歌曲的重新演绎如此多变，好像唱的是完全不同的歌。因此，谈论他40多年前出的专辑像是一件挺蠢的事情。40年就像过了一生：既然现今的他正做出震撼性的成熟作品，不管是现场表演的作品还是录音作品，深度和复杂度都很出色，我们为什么要流连于他的过去呢？

想象迪伦之前的世界，就如想象因特网之前的世界——存在的结构整整少了一个维度。《全部带回家》专辑比任何其他摇滚专辑都更有资格被称为分水岭。它把摇滚和流行——更不用说民谣和布鲁斯——带到观念的层面，带到艺术的层次，其歌词与音乐同样重要，歌词甚至更重要。当然，迪伦站在某些最优秀美国音乐巨人的肩膀上，比如汉克·威廉斯、穆迪·沃特斯和埃尔维斯。他兼容并蓄，吸收叶芝、波德莱尔、金斯堡这些诗人的营养，开创了摇滚诗，为同样渴求创新的同辈人——如保罗·西蒙、莱昂纳德·科恩、尼尔·杨和琼尼·米切尔——打开了门。

想象一下那个时代。肯尼迪总统死了。收音机里播放着摩城（Motown）唱片公司的音乐。披头士乐队还没搞出《橡胶灵魂》（*Rubber Soul*）专辑。滚石乐队刚刚崛起。迪伦在角落里写着他的杰作。民谣纯粹主义者想继续把迪伦据为己有。他是他们的弥赛亚，他们的正当性的凭据。《答案在风中飘》《自由的钟声》《战争专家》——一位现代的游吟诗人在纽约城自行诞生，把一种摇滚态度带进诞生于教堂的南方传统音乐和伍迪·格思里吟唱美国的罗曼史。浪漫的荒蛮西部故事，《圣经》挽歌，不幸的悲剧爱情，男人出于恨、无知或嫉妒对另一个男人（或女人）做出的事引起的正当、嘶吼的痛楚——这个瘦削的白人男孩歌唱时似乎内心有一位看透一切的年迈黑人。

然后迪伦给吉他插上了电。2007 年的纪录片《镜子的另一边》记录了 1963—1965 年迪伦在新港民谣音乐节上的表演。我们能在片子里看见他的转变：原本那个诚挚、渴望取悦听众的民谣人尽力模仿自己崇拜的音乐英雄，后来他则转变为一个后现代名人——轻蔑，高傲，大概吸了毒，还有些惊恐。众目睽睽之下，他把自己塑造为第一个摇滚符号性人物：某种黑暗、多变的神。所有跟随他的人都用他来衡量自己。即便他当时并不知道自己会对美国音乐和文化产生什么影响。

《全部带回家》专辑于 1965 年 3 月发行，几个月后他就第一次作为摇滚歌手面对新港音乐节的观众。这张专辑的发行既是一个音乐事件，也是一个文化事件。《全部带回家》之于正出现的反文化（当时还没这个词），就如黑豹党之于民权运动——一声对武器的召唤。那不是演化，而是革命。它是发令枪的鸣响，是打开门让一个新时代涌进来。迪伦插上了电，乐队为他晦涩、内省的歌词伴奏，这样的迪伦就像《绿野仙踪》（*Wizard of Oz*）里的多萝西从黑白的堪萨斯来到了彩色的奥兹。写下了自己的根源音乐的瘦削白人男孩就要回到那个母矿——摇滚乐是从（或通过）黑人教堂产生出来的，而黑人教堂也是布鲁斯和福音歌曲的源头。

他为自己塑造的公共人格取自老一代黑人布鲁斯音乐家，来自埃尔维斯（埃尔维斯以自己的方式做了同样的事）和巴迪·霍里。埃尔维斯使白人小青年接受了黑人音乐，迪伦则更进一步。他将黑人音乐与自己的感性融合，与自己对历史的理解融合，与自己正在进行的生命融合。从一开始他就是个炼金师，甚至当他从老音乐里偷、借、乞讨时，他也创造出新的音乐。他把旧的形式做成一个更复杂的性、观念、超现实主义的合体；他做出来的是“性+艺术”，唱出了一个包含性关系、感情表达和社会抗议的复杂世界。

当然，这些元素一直是节奏布鲁斯的一部分，尽管其存在常常是隐性的。但披头士乐队之前的摇滚乐为了中产阶级白人小青年阉割了“种族音乐”。弗兰基·埃瓦隆（Frankie Avalon）和费比安（Fabian）那样的歌手正在侵蚀埃尔维斯和小理查德的“大碗喝酒”风格（gutbucket）的影响力。靠着《全部带回家》专辑，迪伦把性和愤怒重新加了进去，但这种找回是在一个完全不同的层面上，冲着一个完全不同的方向。他的性是一段遭罪的旅程：一个浪漫的、中产阶级的白人犹太知识分子奋力在恋爱关系的雷区中找路。对迪伦来说，爱女人，甚至仅仅喜欢女人，从来不是简单的事。他总像是站在外头朝里看，受了伤，或渴望着，或愤怒着。他愤怒不只是因为他妈妈对他不好：他提升、深化了老布鲁斯歌曲的愤怒，使其变成了大段谴责和指控，成了与朋友、敌人、爱人的谈话（如今仍然很难说出迪伦歌曲中爱人和敌人的差异）。他在心理上足够精明，能用活力和激情来操控。要是谁敢告诉他该怎么思考、思考什么、怎么活、活成什么样，他多半是会生气的。正如《全部带回家》专辑中表达的愤怒，他的愤怒是神秘的、正义的、关乎存在的。《全部带回家》专辑是迪伦摇滚乐的首次正式发声，这种摇滚乐是一张多层的网，包含了道德的复杂性、精神的渴望、矛盾的心情、反讽、不确定、历史语境和自然的欲望。

迪伦在智性上始终不安定，绝不容忍重复自己。他总是越过使我们大多数人保持在舒适区里的自然熵值。《全部带回家》专辑是一次量子跃迁，是一种创造的冒险和自我发明。这也是他的音乐生涯的标志：他不会满足人们的期待。他不会继续搞出自由左派的抗议歌曲来取悦白人中产阶级民谣歌迷。他需要一块更宽阔的画布，画出他看到的更宽阔景象。靠着《全部带回家》专辑，他把民谣音乐变得性感，把布鲁斯变得聪明。1963 年迪伦穿的是扎皮带的蓝色高腰牛仔裤，但 1965 年他穿的是紧身黑皮裤。

《地下乡愁布鲁斯》：一首历史性的歌曲，一首摇滚抗议歌曲。就像在冰面上快速奔跑接着后仰来一大段肆意的滑行。它是一间切分音的歌词欢乐屋，一段终极的反极权饶舌，一大段使人晕眩的、疾飞的指责。正如人们指出过的那样，很难跟着这首歌一起唱。（D. A. 彭内贝克的 1967 年纪录片《不回头看》记录了迪伦最后一次原声巡演，片子的著名开场予以了聪明地戏仿。）但你还是想跟着唱。如今，这首歌的讽刺仍有时代感，因其鲜明而更具摧毁性。歌词涌出，语词的组合闪着光，棱角坚利，蚀刻出美国梦的无数伪善。在 1965 年，你必须快速跟上歌词：没有唱机的重放，也没有谷歌搜索歌词。

《她属于我》（*She Belongs To Me*）：“她需要的东西都有了 / 她是个艺术家，她不回头看。”这首歌是迪伦最有画面感的情歌之一。正如迪伦写女人的大多数歌曲，歌中的矛盾感情、歧义和神秘使人抓狂。“她戴着埃及戒指，她开口之前戒指闪着光。”你想进入这个神秘、旋涡般的梦。他为他的女人注满权力，同时又让她们没有力量。就像迪伦笔下的多数女性人物（她们全都是典型），这首歌里的女人行使着很大的权力，至少是对他，但她最终是孤单的。节奏是流动的，近乎于爵士乐。迪伦的嗓音丝滑温柔，表达着敬意，又包含着自己的痛楚的锋利：如果她不能被占有，那他也不能被占有。音乐如此温暖甜蜜，歌词却如此苦涩。

《玛姬的农场》：吼叫的迪伦。同时是神谕的和“哄闹”[1] 的。节奏如此聪明，他的轻蔑如此灼热，你禁不住认同他对无意义的工作和顺从的总体憎恨。当然他也是在谈他当时的听众、他的录音厂牌和处理他事务的人：

> 好吧，我尽量
> 活得像自己，
> 但每个人都要你
> 活得像他们。
> 你做着苦工他们却唱歌。我就是烦了。

罗伯特·谢尔顿在《没有家的方向》一书中提醒我们：“我们尽可以嘲笑那个叙述者的困境，直到我们意识到我们全都在某个农场干活。”（第 272 页）

《爱减零 / 无极限》（*Love Minus Zero / No Limit*）[2]：一首极出色的经典，迪伦的高音丰富而温柔。这首歌里的爱是复杂和悖谬的（爱正

---

1 “哄闹”（honky-tonk），一种音乐形式，这个词可能来自演奏这种音乐的酒吧等场所的哄闹声响。

2 歌名中的“ / ”代表除号。

是这样），但歌曲本身很简单。各种意象纷至沓来：风像锤子般号叫，桥梁震颤，“爱”说话时如同沉默。正如迪伦的许许多多情歌，这首歌表达了一种总是受挫的渴念。如今很难记得，写出一首不是唱《嘿，嘿宝贝》的摇滚情歌是多么革命性的事。那些意象唤起深刻的感情，尤其是渴望，还有面对一位“知道成功从来不像失败，失败根本不是成功”的复杂女人时的谦卑。特定年纪的人喜欢让这样的迪伦歌词穿插在自己的言谈中，就像人们过去引用《圣经》和莎士比亚。许多情绪和境况令人想起他对悖论、混沌和神秘（爱和生活本身的根本神秘）的直觉把握。谈到成功和失败的那句歌词具有许多迪伦歌词共有的特点：一开始你觉得你懂了，但你越是分析，它越没意义。

《逃犯布鲁斯》（*Outlaw Blues*）：推动力，坚持，侵略性。迪伦想要离开，去某个澳大利亚山区，然后不酷的人就无法找到他，也无法像罗伯特·福特（Robert Ford）杀死杰西·詹姆斯（Jesse James）那样杀死他的精神。迪伦向我们提出挑战，要我们找到自己的真相，而不是索取他的。“什么也不要问我／ 我可能会告诉你真相。”

《再次上路》（*On the Road Again*）：更超现实的滑稽意象。我一点儿也不懂这歌讲的是什么，但它很好玩儿，使你摇摆身体。迪伦－叙述者这个人物一如既往地陷入了混乱的境地。无序的状态正要到来：连管家都要证明点儿什么。这是个故事，我们见到的是故事的中段。迪伦对歌中的“亲”说话时有一丝嬉笑（“亲，我无法相信你是来真的。”）。1965 年的这一记滑稽、恍惚的笑声揭示了某种东西：迪伦并非在录音室唱歌，而是在活自己的生活。

《鲍勃·迪伦的第 115 个梦》：迪伦的爆笑是这首歌最妙的一处。又一个横冲直撞的吹牛故事。里面有聪明、紧致的韵脚和会说话的奶牛。还有这样的歌词:“我点了苏珊特薄饼，我说 / ‘你能做做那张饼吗’”,“我说，‘你知道他们也拒绝了耶稣’ / 他说，‘你不是他。’”迪伦的尖舌头牢牢插在他嘲讽的脸颊上[1]，而他也足够自知，开别人玩笑时也开自己的玩笑。这首歌是60年代版本的马戏团手风琴曲。

《手鼓先生》：从这首歌起专辑的伴奏变为原声。不像次年夏天他在新港表演的那个匆忙、心不在焉的版本，这个录音版他唱得很用情。这首歌唱的是毒品，对此人们已经谈了许多。有人说它是对兰波的致敬，是“摇滚为迷幻艺术唱的赞歌”。但它更多是对超越的追寻。那位歌手愿意去任何地方，投入彩衣魔笛手[2]的魔力，前往厌烦“死寂无梦的空荡古街道”的冒险者们去的地方。1965年时毒品是彩衣魔笛手，但迪伦自己也是，他的音乐也是。那位手鼓先生代表了一种人，也代表了塔罗牌里的傻瓜，他愿意两手空空地跳进虚空，

> 穿过雾蒙蒙的时间的废墟，一直走，经过冻住的叶子，
> 经过闹鬼的惊恐的林子，来到刮风的海滩，
> 远离疯悲苦的扭曲疆域。

不管当时迪伦和其他人吸的是什么毒品，整张专辑包含一种无辜，尤其是这首歌里。尚未有任何东西被不可逆地摧毁。身体是年轻的，心还未碎。是的，心神震颤过，但没被震散。“去任何地方”的欲望，“在钻石天空下自在挥手跳舞”的欲望，“忘掉今天直到明

---

1 “tongue in cheek”（舌头在脸颊上）是个英语短语，意为说或写时的反讽态度。

2 彩衣魔笛手（pied piper），诗人罗伯特·布朗宁笔下的人物。

天”的欲望——这些欲望是希望的宣言，不是愤世嫉俗的退隐。

《伊甸园之门》：一串史诗般的、吓人的、猛烈的意象，黑暗而无情。那里面没有国王，没有罪，没有正义，没有审判。我们进入那个紧密的、旋风般的梦魇，“灯柱叉手站着”，从来是死寂一片，猎犬冲帆上有刺青的船吠叫，听不见一记笑声，一个灰色法兰绒小矮人尖叫，一个外来的太阳斜睨着“一张我从没睡过的床”。意象和词语烙进我们心里。什么是真实的，什么是真的？什么是好的，什么是坏的？这是一首隐喻性的、《圣经》风格的抗议歌曲。没有哪句话的意思就是表面的意思。听着这首歌，我们从未满意地觉得自己聪明，从未满意地明白唱的是怎么回事。迪伦不给我们舒适和拯救，只给我们死亡和空无：

有时我觉得除了这些话
没有话能说出什么是真
伊甸园的门外没有真理

《没事，妈（我只是流点血）》：迪伦最具标志性的歌曲之一，也是他最长的歌曲之一。许多著名的迪伦式句子都来自这首歌，比如“钱不说话，钱诅咒”和“不忙着出生的人忙着死掉”。我同意谢尔顿的看法：这首歌里更多是悲伤而非愤怒。这是一首哀歌。其中的韵句起到节拍器的作品，一句句坚定地复述着我们的病症：假道学、宣传、欺诈、恨、玩套路、伪善。那句蜇人的“没事，妈”不断重复着，最后则承认谎言、恶行和绝望说到底就是人类戏剧的一部分：“这是生活，只是生活。”

《现在都结束了，蓝宝贝》：又一次，轻快的旋律掩盖了歌词中的痛楚。他已把过去留在了过去，就像我们必须离开自己。迪伦不再像过去那样需要我们这些听众。从这时起，他将为自己创作和表演。如果我们想搭他的便车，没问题，但他将不会取悦我们，而是取悦他自己。没有时间怀旧：晕船的水手们正划桨归航，我们的爱人刚刚走出了门。“流浪汉叩响你的门户 / 身上穿着你穿过的衣服。”把我们和他带到这一刻的一切东西都必须抛到身后。但某种东西呼唤着我们——我们可以划一根火柴照亮我们的路，重新出发。迪伦就这么做了。

12.《重访 61 号公路》

Highway 61 Revisited（1965）

罗伯特·波利托

先谈谈唱片的内页文字，极为坦诚的内页文字。读《重访 61 号公路》专辑的内页文字，几乎像欣赏一场表演，仿佛迪伦预见到了将在新闻发布会上遭遇的嘲弄，提前表演了起来。嘲弄的问题大概会是："你古怪的新专辑讲的是什么？"或"你怎么写出你的奇怪新歌的？"但他写下的狡猾封套故事大方地说出了他的音乐计划，甚至说得很确切。例如，来看看"讲的是什么"这个问题。迪伦在唱片封套上的暗示是直截了当的："无生气"。所以，要是谁没听明白《荒芜街》中的那句歌词（奥菲利亚的"罪"是"她的无生气"），或者没理解奥菲利亚的状况指向一种精神彷徨，他不妨看看封套。但那种精神彷徨就像病毒一样在专辑的各首歌里传播，回声无处不在：寂寞小姐总是"要别人帮她找刺激"（《像一块滚石》），正在"敬老院和大学"里腐烂的"没用和没意义的知识"（《墓石布鲁斯》），琼斯先生对"F. 斯各特·菲茨杰拉德的所有书"的贫瘠精通（《瘦人歌谣》），渴望发动"下一次世界大战"的"很无聊"的赌棍（《重访 61 号公路》），边境小镇的麻木放浪（"我动不了了 / 我的手指扭成了一个结"）[《宛如大拇指汤姆布鲁斯》（*Just Like*

Tom Thumb's Blues）[1]]，简女皇有一天会感到“腻味”的“这一切重复”[《近乎简女皇》（*Queen Jane Approximately*）]，菲尔思医生的“无性病人”（《荒芜街》），《别克 6 轿车上》（*From a Buick 6*）一歌里“破裂的”的输油管和桥上“迷路的”司机，还有，歌手在《笑很费力，哭需要一列火车》里承认自己“买不到刺激”——如果某个听者竟然这一切都没听出来，那么《重访 61 号公路》的封套上就有一个名为“无生气”的人物，此人正展现他日复一日糟糕的信仰：

> ……“奶油”见到野蛮的“玫瑰”和“可修理”时，为他做介绍的正是“无生气”——“无生气”是那个“大敌人”，总是戴着护臀——他非常有护臀气质……无论介绍什么人，“无生气”总是说“去拯救世界吧”“介入！那才是问题”以及类似的话。

再来看看“怎么写出来”这个问题。这儿迪伦也很直接，虽然有些调皮。他新的歌曲创作体现了一种声音和风格的杂烩——布鲁斯、摇滚、硬汉派、西部、垮掉青年和文学。正如他在《别克 6 轿车上》里唱的，“宝贝我需要一辆垃圾车来清空我的脑袋”。《重访 61 号公路》的封套文字把歌手重塑为一条管道，语言和历史通过他发生，自我原子化为他者（“没有眼睛——只有一排嘴”），正如阿尔蒂尔·兰波的有名格言，“我就是他人”。

迪伦还能说得更清楚吗？或者更狡猾吗？《重访 61 号公路》专辑发行于 1965 年 8 月 30 日，第一首歌是《像一块滚石》。2004

1 大拇指汤姆（Tom Thumb）是英国民间传说故事中的人物。

年，《滚石》杂志把这首歌奉为“史上最佳歌曲”。《重访61号公路》专辑位于60年代寓言（“从前……”）的正中心。多数人说到鲍勃·迪伦时心里想的仍然是这张专辑。这9首歌记录了他终于将自己分岔的过去整合起来的那一刻。分岔的过去包括：在希宾市的高中乐队（如“金和弦”乐队）里对节奏布鲁斯和摇滚的早期热爱，在上一张唱片《全部带回家》的电声乐一面里试验性地再次触碰了那种热爱；对美国传统音乐、民谣、布鲁斯、乡村乐、伍迪·格思里、罗伯特·约翰逊、汉克·威廉斯和哈里·史密斯的《美国民谣音乐选集》的浸淫；对诗歌和小说（约翰·斯坦贝克、兰波、贝尔托·布莱希特、艾伦·金斯堡和杰克·凯鲁亚克）的阅读。《重访61号公路》里的迪伦也是第一次可被称为“现代主义者”的迪伦，那条吸收民谣养分的棉被碎裂成了达达主义的拼贴。这张专辑的音乐与某个特定的文化时期紧密相连，但奇怪的是它却像有一种无时间性，其中的歌词是60年代的，也同样是30、40、50年代的。希腊神话、莎士比亚、罗马历史与盲威利·麦克泰尔或P. T. 巴纳姆[1]碰撞，雷蒙德·钱德勒[2]式的妙语（“有人嘀咕说，‘当心公主，你迟早吃苦’”）接上爵士乐的惯用词（“帮你找刺激”）或艾略特式的抒情（“盯着他眼里的真空”）。正如《荒芜街》间接地也不可避免地重写了《荒原》，《瘦人歌谣》重写了阿伯特（Abbott）和科斯特罗（Costello）著名的电台桥段“谁在一垒？”[3]：

1 P. T. 巴纳姆（P. T. Barnum，1810—1891），美国娱乐业生意人。

2 雷蒙德·钱德勒（Raymond Chandler），美国小说家，硬汉派侦探小说代表人物。

3 这个桥段是拿棒球队员的奇怪绰号开玩笑，比如一人说“谁在一垒”，另一人问“谁？”，但“谁”是一垒球员的绰号。下段引的迪伦歌词里两句对话是“Is this where it is?”和“It's his”，本文作者大概认为“his”是某个房子的绰号。

你抬起头，
然后你问，“就是这地方吗？”
某个人指着你说“这是他的”……

《重访61号公路》专辑是一次木瓦工厂里的经典爆发，也体现了迪伦的专横掌控——《荒芜街》里巴洛克式幽闭恐惧症的诗节，《墓石布鲁斯》里死胡同般的aaab//cccb韵脚，把某个句子蜿蜒铺展为六行、八行或十二行押韵歌词的精湛句法。迪伦大概也是第一次在录音里把嗓音唱得像他的真实年纪——6月15日，24岁生日刚过三周，他走进哥伦比亚唱片公司的A号录音室开始录《像一块滚石》。

《重访61号公路》专辑不可避免地卷进了黑市的60年代八卦。琼·贝兹也是“寂寞小姐”吗，还是只是“简女皇”？如果“寂寞小姐”是伊迪·塞奇威克，骑在铬马上的外交官就是安迪·沃霍尔（Andy Warhol）了吗？汤姆·威尔逊（Tom Wilson）在A号录音室里制作出了《像一块滚石》，但为什么剩余歌曲的录制中鲍勃·约翰斯顿（Bob Johnston）取代了他？谁在哪首歌里演奏了哪种乐器？人人都知道阿尔·库珀怎么成为《像一块滚石》里的键盘手的传奇故事，但直到50年后查理·麦考伊（Charlie McCoy）才拿到《荒芜街》中西班牙吉他手的头衔。甚至专辑的选歌和歌曲顺序也一直在变动。8月2日迪伦带着一张酸醋脂唱片走出录音室，唱片里仍然收进了哥伦比亚唱片公司紧接着《像一块滚石》单曲后发行的两首单曲——《就是第四街》和《爬出你的窗户好吗？》。

迪伦的重新发明是如此地无休止，几乎任何一张迪伦专辑都可说是一次转型，但《重访61号公路》是他的三张必不可少的专辑之一。这话的意思是，似乎无法想象他的传奇音乐生涯里没有这三张专辑。《自由不羁的鲍勃·迪伦》（1963 年）专辑把《鲍勃·迪伦》（1962 年）专辑里的布鲁斯和民谣诠释者重塑为一位无可匹敌的写歌人，这一持久的名声跟随他走过了《时代正在改变》（1964 年）专辑、《鲍勃·迪伦的另一面》（1964 年）和专辑《全部带回家》（1965 年）专辑。类似地，《被遗忘的时光》（1997 年）专辑使迪伦"具有独一无二技艺的流行艺术家"的形象获得重生，既厘清了他的过去，又描画出他的未来：2001 年的《"爱与窃"》专辑和 2006 年的《摩登时代》专辑，乃至 2003 年的电影《蒙面者和匿名者》、2004 年的自传《编年史：第一卷》、他每年 1000 场的演出，以及天知道他还会搞出来的什么东西。

让我们像电影《美好生活》（*It's a Wonderful Life*）那般煽个情，想象一下没有《重访 61 号公路》的迪伦会是什么样——没有《荒芜街》、没有《瘦人歌谣》、没有《像一块滚石》。那样的他是谁？我们会怎么看待他？如果迪伦因故没有做出这张专辑，我们记忆中的迪伦可能会是抗议运动的一个符号和某几首惊人情歌的作者，还有——啊——我们可能会拿《全部带回家》专辑当凭据，说他是一种短命的 60 年代混血音乐流派的又一个煽动者，那种流派颇可能带着"民谣 - 摇滚"这个称呼苟延残喘下去。迪伦鄙视"民谣 - 摇滚"这个词。《全部带回家》专辑的第一面在民谣歌曲里用了电声乐器，但那里的电声很难说是内在的或必要的。只有回头看时，人们才会发现（比如说）《逃犯布鲁斯》是《墓石布鲁斯》的模板，甚至《玛姬的农场》也只是等到迪伦在 7 月 25 日的新港把他的音乐砸开后才能令人吃惊，那时哥伦比亚唱片公司刚刚把第一批压制的《像一块滚石》单曲唱片运到唱片店里。

《重访61号公路》专辑把鲍勃·迪伦塑成了传奇和神话。就我个人而言（迪伦总是要求听者给出个人的感受），我觉得自己很幸运，能和贝克特、纳博科夫、博尔赫斯、巴兰钦[1]、加缪、威尔斯和费里尼同时活在这个星球上，无论这“同时”多么短暂。我有幸见过罗伯特·洛维尔（Robert Lowell）、安迪·沃霍尔、伊丽莎白·毕晓普、萨姆·福勒（Sam Fuller），也是詹姆斯·梅利尔（Jams Merrill）晚年的朋友。巨人降临于地球，我不会用这些经验交换天底下的任何东西。而迪伦在过去50年中的成就显得如此大胆、巨大、多样和独特，100年后，未来的人们将凭借迪伦的录音和表演来理解在迪伦身处的那个时代中生活和创作是什么样子。

如果说迪伦的这一面之所以可能甚至合理，就是靠了《重访61号公路》专辑，事实（当然了）却是这张专辑差点儿没能做出来。5月，他在英国举办了单人原声音乐会巡演，巡演有着胜利欢庆的味道，但结束时他感到烦躁、落寞和迷失。迪伦告诉诺拉·埃夫隆（Nora Ephron）和苏珊·艾德米斯顿（Susan Edmiston）：“我做得不错，你知道，唱歌、弹我的吉他。那是确定的，你们懂吗，那是确定的事。我变得对此很厌烦。我不能这么出去表演。我在考虑退出。在台上那是确定的事。我知道观众会做什么，他们会有什么反应。这非常机械。”（Ephron和Edmiston，第52页）

然后，照迪伦接受马丁·布朗斯坦（Martin Bronstein）采访时的说法，他撞到了一个出口——出口的源头是《像一块滚石》，但说到底是他对自己的写歌雄心的更大胆直觉激励了他：“我真的要退出歌唱和演奏了，然后发现自己在写这首歌、这个故事、这一大

1 巴兰钦（Balanchine），美国舞蹈家、编舞家。

篇大约 20 页的喷吐，从中我弄出了《像一块滚石》，然后做成了单曲。我以前从没写过这样的东西，我忽然觉得就是该这么干。过去从没人做过这种东西……因为那是个全新的范畴。我的意思是，过去从没人真正写过歌，真正意义上的……”(Bronstein)

2004 年，迪伦回忆《像一块滚石》时觉得它是手艺（“我没有想我要说什么，我只是想‘这样对得上音步吗？’”），并且疑惑：“就像个幽灵在写那样一首歌”。(Hilburn，第 432 页）但他以前就反思过 1965 年春从英国回美国时自己的情绪，那种反思把他和《重访 61 号公路》整张专辑里的各种人物联系了起来。例如，迪伦对埃夫隆和艾德米斯顿说的话暗示：他自己也是一个“厌倦了自己和自己的所有创作”的人，“无生气”（“非常机械”）也在他的镜子里向他招手。

他的歌曲的“全新范畴”是多语言的、混血的、戏剧化的，同时上演多个故事，同时在个人、集体和政治的层面发现呼应和矛盾。专辑同名歌曲在一个小型的尺度上镌刻出专辑的规划：五段歌词，五个各异却可比拟的场景，从杀子转向乱伦转向第三次世界大战，迪伦横冲直撞的地方语言有嬉皮、黑色小说、布鲁斯等种种味道，一切都在 61 号公路上演。

迪伦把这张专辑称为“重访 61 号公路”，同时把国家的过去和他自己的过去戏剧化了。很久以后，他写《编年史：第一卷》时把《重访 61 号公路》的公共味道和私人味道纠缠在一起。“我当时也爱乡村布鲁斯，它是我自己的一种对应。它与早期摇滚乐连在一起，我喜欢它因为它比穆迪和沃尔夫[1]早。61 号公路是乡村布鲁斯

1 穆迪和沃尔夫，指Muddy Waters和Howlin’ Wolf，都是著名的布鲁斯音乐家。

的主干道，起点就在我家乡附近……准确说是在杜鲁斯市。我总是觉得我是从那条公路开始的，一直走在上面，能沿着它走到任何地方……”（第 240 页）

61 号公路对迪伦的含义像是无穷无尽的，但专辑名里的“重访”不是很奇怪吗？“重访”意味着回来，也许是重新发现，也许是重新醒来，也似乎是某种对立的东西——对自己早先“得名得利”的期望的更严厉审视。“重访”甚至还意味着《大约是简女皇》里的恶心“重复”，迪伦将在《金发叠金发》专辑（也是个重复）里重回这个主题，说那是“再次困在莫比尔城和孟菲斯布鲁斯里”[1]。

贯穿专辑中交叠故事线的始终，“装饰音”是一种滑溜的复杂腔调。许多歌曲唱的是这么个女人：她的优势、金钱、阶级、教育、外貌和爱无法阻止她崩溃，歌手也许试图救她，也许幸灾乐祸。几乎人人知道，迪伦的轻蔑在《像一块滚石》里胀满了，几乎成了喜悦。如格雷尔·马库斯所言，“迷惑，还有理直气壮、得意扬扬、摆脱了历史要去赢得世界，正是这首歌要带给你的感觉”（*Like a Rolling Stone*，第 116 页）。但“别说我没警告过你 / 等到你的火车迷了路”的腔调是什么？这是复仇、威胁，还是同情？“好吧，如果我快死了，她肯定要在我床上铺一条毯子”是怎么回事？这是迪伦的讥讽、温柔、刻薄还是幽默？

《像一块滚石》里掷出的许多小刀也在《瘦人歌谣》里被掷出了。前者中那句反复出现的“滋味怎么样”也在后者中有对应。但《瘦人歌谣》里的迪伦为复仇提供了依据。机敏的引子把一位奔忙

---

1 这是一首歌的歌名，原歌名为Stuck Inside of Mobile with Memphis Blues Again。

的记者引向了一个弗洛伊德式的男性羞辱图腾:“你走进屋子 / 手里拿着铅笔……”其他的歌曲(如《墓石布鲁斯》)拿董事会会议室、教室、密室和作战室与卧室交换,对市政厅、大学和越南进行性调侃。《荒芜街》里的堕落景象始于 1920 年 6 月 15 日发生在杜鲁斯市的私刑(“他们在叫卖绞刑的明信片……”),随后把过去的政治置于一种文化之中。“寂寞小姐”的无聊虚荣(“最精致的学校”)与这个世纪最精致诗人的无聊虚荣是分不开的:“埃兹拉·庞德和T. S. 艾略特 / 在船长塔里扭打……”

在《重访 61 号公路》专辑的各个故事里,鲍勃·迪伦不存在又无所不在。正如我们听出来的,他有点儿像简皇后,但他也是寂寞小姐,没有家的方向,无论是明尼苏达希宾市还是民谣音乐圈都已不再是能保护或支撑他的家,他是隐形的,他没有秘密可隐藏,他是庞德、艾略特、卡利普索歌手、非利士人的国王、塞西尔·B. 戴米尔[1],当他评判简皇后或寂寞小姐(无论她们是谁)时,他也是琼斯先生。

正是因为这一点,我认为,迪伦才用这么一句同情——同情和坦率——的歌词结束《荒芜街》和《重访 61 号公路》专辑:“别再给我写信了 / 除非你的信寄自 / 荒芜街。”

1 塞西尔·B. 戴米尔(Cecil B. Demille,1881—1959),美国电影导演。

13.《金发叠金发》

Blonde on Blonde（1966）

迈克尔·科伊尔和德布拉·雷·科恩

在摇滚的全部微观纪录史中，很难想象还有什么比《乔安娜的幻象》里的一句歌词更犀利地描述了摇滚明星名声的悖论了。那种名声后来使伊恩·柯蒂斯（Ian Curtis）和科特·柯本的死亡到来得更早。这句歌词就是："现在，小男孩迷失了，他把自己太当回事了/他吹嘘自己的悲惨，他喜欢危险的生活。"我们将看到，若把这句歌词看作自我描述，既是又不是将其剥离了语境。让我们承认《金发叠金发》就是意指鲍勃[1]。这张专辑是迪伦画自画像的多次尝试中的第一次，但这是一幅挑衅注解、反注解的自画像。歌迷、评论家、记者和学者对他的歌做出种种解释，不堪此重负的迪伦强化并暴露了自己早期专辑中的写歌策略。《金发叠金发》专辑有意识地编织的超现实主义质地同时邀请和嘲弄人们将其意义神圣化的努力。他从一些法国诗人那里盗用了许多词句，而且他就跟那些诗人一样，把听自己歌的人丢进了编织神话和拆解神话的双重过程。正是因此，《金发叠金发》专辑的歌曲常常显得自设障碍和自相矛盾。这张专辑是迪伦第二阶段专辑中最不说教的一张。用艾伦·威

---

1 "金发叠金发"的原文为"Blonde on Blonde"，缩写是BOB，即鲍勃·迪伦的名字。

利斯的话讲，专辑里的迪伦“不再是反叛者，而是一台测震仪”，强迫听者为自己的解释负责。（Willis，第235页）专辑给了我们一个漂亮的假许诺：“任何人都能就像我一样，很显然。”这是个漂亮的假许诺，因为“显然”并不显然，“显然”是丢下的一个诱饵，刚丢下就又被拽走。

《答案在风中飘》和《战争专家》的作者是如何变成这样的？这个故事人们常常讲述。他在民谣圈奠定了自己的事业基础，后来又离开，这“离开”如今已成了传奇。人们较少考虑的是：这个举动起初像是毁了他的音乐生涯，却令人吃惊地大获成功，这种成功带给他的是什么？做完《重访61号公路》专辑后，迪伦再次感觉自己被困住了。又一次，一群群的歌迷说他是他们的，说他的见识就是他们的见识。有人把他推为先知，有人叫他“犹大”，对这两群人迪伦的回应都是：“时间将证明谁堕落了 / 谁落在了后面 / 等到你我各走各的路的时候。”《金发叠金发》专辑偏离了《重访61号公路》专辑，不只是因为它是在纳什维尔而非纽约录制的，也不只是因为制作人和乐队都换了。它与《重访61号公路》的分歧在于对“传统”的理解、与传统和听众的关系。

录制地点转到纳什维尔是很显眼的一点。同样显眼的是，迪伦新找了一群各种各样的音乐家合作，这些音乐家的音乐趣向也多种多样。尽管阿尔·库珀和查理·麦考伊在《重访61号公路》和《金发叠金发》的录制中都有参与，但如今他俩身边环绕着的是纳什维尔的录音乐手。制作人鲍勃·约翰斯顿雇用了很少或没有摇滚乐经验的乐手。事实上，据麦考伊说，当时他是唯一知道迪伦是谁的人。（Spitz，第334—342页）迪伦把这两位《重访61号公路》专辑的录音乐手放到一个新环境里，使自己与自己的名声、与人们认为摇滚乐代表的东西保持一种反讽的距离。纳什维尔的环境有利于他与美国地方音乐的重新融合，有利于他的这种尝试：通过与传统合奏（常常是真正的合奏）来更新传统。

《金发叠金发》专辑中，吸收地方音乐（尤其是布鲁斯）最狠的歌曲也是反讽意味最不加掩饰的。最有力的例子是《雨天的女人 #12 & 35》。这首歌也是专辑里最先发行为单曲的歌。鼓手肯尼·巴特雷（Kenny Buttrey）回忆说，迪伦说要把这首歌做得像救世军乐队的曲子时，乐手们的反应是互相交换乐器，甚至把乐器拆了，卸掉长号的滑管或把低音鼓放倒搁在几张椅子上。（Spitz，第 339 页）对“传统”进行实实在在的拆解，把音乐元素开玩笑般地重新组合制造出游行时醉意踉跄的效果，制造出一种戏仿的指涉——这一切构成了一个隐喻，喻指迪伦在《金发叠金发》专辑里更广阔的创作实践。他故意突显自己对具有既定价值观的音乐和歌词符号的选择，以便阻挠任何将之归结为那种价值的企图。例如，在专辑的第一首歌里，铜管乐队的吹吹打打故意弄得马马虎虎，起初像是在强调歌曲叠句（“人人都必须抽迷糊了”）的明显含义。这首歌的音响烦人刺耳，甚至还傲慢（这可是专辑的第一个声音），似乎体现了那个旧模式的、反体制的迪伦，似乎对歌曲在电台播放的可能性不屑一顾（却正因如此在电台获得了成功）。但若仔细看看歌词，很明显那个“吸毒者”叠句是在有意挑衅。它是对道学家亮出的红旗，是对到处窥探毒品踪迹的评论家的颔首。它只是间接地联系着主歌歌词：“唔，她们拿石头[1]砸你说你完了。然后她们拿石头砸你然后她们又回来。她们拿石头砸你当你开着车。她们拿石

1 歌词里用的词是stone，叠句中的“get stoned”意为吸毒吸迷糊了，主歌中的“stone you”意为拿石头砸你。

头砸你当你弹着吉他。”“抽迷糊了”在这里是公开扔石头，明确地与音乐表演联系着。那“抽迷糊了”的狂欢节铜管乐队的阔步行进被向回重塑为新奥尔良葬礼。音乐和歌词通过另类的透镜剥离了彼此的语境，成了一声反注解的警告，甚至歌词本身描绘了注解的一种后果:“抽迷糊了”。

注解的游戏就在《雨天的女人 #12 & 35》这个歌名里。为什么是# 12和# 35，而不是# 13或# 36[1]？这种游戏在其他歌名里也有:《大约第四次》（*4th Time Around*）或《明显五个信徒》（*Obviously Five Believers*）。这些歌名中荒谬的命数学细节引出了一个同样荒谬的问题：到底可能有多少个不同的鲍勃？这问题在这些歌曲自身中始终回响着:《绝对甜蜜的玛丽》（*Absolutely Sweet Marie*）里的“6匹白马”，《明显五个信徒》里的“15个杂耍人”，或《困于莫比尔城》（*Stuck Inside of Mobile*）里的“20磅的大标题”。甚至在给我们自画像时，迪伦也暗示其中没有一幅是最终的或确定的。数字本身是任意的，数字的路标功能则并非任意。

迪伦意在指出不可能假定什么知识，不可能基于表面证据得出可靠的最终结论。数字的玩笑只是这种意指的最露骨方式。他在歌名中变着花样刺探认识过程：指向分类范畴（《就像个女人》），尽管他大概在削弱那种范畴；摆出确定知识的诱惑（《绝对甜蜜的玛丽》《明显五个信徒》），然后食言。例如，《我们之中必有人知》（*One of Us Must Know*）的歌名暗示了某种必然性，但歌曲却用好几种方式对之加以削弱。随着这首歌的核心在将来虚拟式中显露，一种很不特定的必然性（“迟早我们之中必有人知”）在萌发。尽管副歌

1 “# 12 & 35”的意思并不清楚，有人认为可能指《圣经》的章节号。

中有“必定”这个词，歌曲似乎自许的“保证”功能却并未实现：歌曲并未告诉我们那两方是谁，其中哪个人将知道，什么时候将知道；而将获得的知识甚至不是迪伦爱那个女人，而只是他“真的努力接近过［她］”。迪伦在这样的知识中间公然摇摆：显露自身不过是临时知识的知识，或宣布自身不过是临时知识的知识（比如《短暂如阿喀琉斯》（*Temporary Like Achilles*）或《多半各走各路》）。这种摇摆是一种机制，用来披露乃至戏仿他自己的写歌过程和人们对他的写歌过程的刻画。《金发叠金发》专辑聚集的地方音乐元素成了他自我披露的必要框架，拓宽了听者对“迪伦歌曲”的概念，即便他的歌词先是迎合然后嘲弄地粉碎了对“迪伦歌曲”的期待。

至少自《手鼓先生》（1964 年）以来，“迪伦歌曲”的一个标志是对超现实意象的嗜好：“就带着我消失在我心的烟圈里 / 穿过雾蒙蒙的时间的废墟，一直走，经过冻住的叶子 / 经过闹鬼的惊恐的林子。”实际上，他诗人和先知的瑰丽声誉主要建立在这样的意象上，至少在 1966 年是这样。但在《金发叠金发》专辑里，超现实主义既非表现某些时刻，也不只是渲染了调子和气氛。在《金发叠金发》专辑里超现实主义开始有了新功能，有时在一首歌里就有几个新功能，有些功能是为了隐藏而非揭示。例如《困于莫比尔城》这首歌：

> 哦，莎士比亚，他在小巷子里
> 穿着尖头鞋系着铃铛，
> 跟一个法国女孩说着话，
> 她说她很熟悉我什么样。

尖头鞋和铃铛指向小丑或弄人，但又暗示迪伦向我们展示的是莎士比亚本人，而非某个有此绰号的现代人。此外这意味着迪伦自认与莎士比亚之间存在着友爱，甚至到了分享女人的地步。那不是美国教室里的莎士比亚，而是街上的诗人，他知道真实的生活和激情发生在街道上而非客厅里。换句话说，这段歌词不只是装饰性的，而是呈现了一种需要听者细细翻检其含义的修辞。这样的超现实主义是歌曲的结构元素。但在紧接着的一段歌词里，迪伦对“莫娜”说到一个铁道工，说他“刚抽了我的眼睑／又打了我的香烟”。这个例子中的超现实主义并未增加多少东西，顶多算是锦上添花：迪伦简单调换了一个复合句的直接宾语[1]，想把“莫娜”搞糊涂或吸引她的注意。就算不改变感知，这句话也是完全可理解的；这个调换代表的是对超现实的有意识操控，而非对超现实的实际使用，与其说是一种思维方式，不如说是一种表演性的展示。《困于莫比尔城》在我们看来是一首很棒的歌，部分原因是它展示了自我戏仿的功能。

《多半各走各路》里的超现实主义有着其他新的作用。在过门段里迪伦发出警告：

那法官，他有积怨，
他就要去找你。
但他材质糟糕，
他踩着高跷，
当心他扑倒你。

1　若调换回来，则为“他刚抽了我的香烟／又打了我的眼睑”。

“法官”(judge) 和 “积怨”(grudge) 之间的押韵对布鲁斯歌迷来说足够熟悉，但“法官踩高跷”的意象同时有几个作用：严肃的法官笨拙地摆弄儿童玩具的景象很搞笑，但高跷也指向法律授予这种公仆的人为尊贵。“粗制滥造”(badly built) 似乎更适合形容高跷而非法官本人，除非这个词（作为对法官身体的评论）提醒我们那法官袍里面也是个人。迪伦的押韵歌词在这里有着丰富的嬉戏，他的语言对正义做出评论，却从不说教（本文肯定是说教）。

但《金发叠金发》专辑还有一个特征。专辑的音乐质地（我们刚才谈到《雨天的女人》这首歌时提到过了）一会儿顺着歌词推动，一会儿逆着歌词阻挠，结果那种文字嬉戏、那种对注解期待的打击不再单纯。巴特雷打出的小军鼓声为《多半各走各路》中的歌词指涉和抗拒说教铺着节奏，强调歌曲的底层结构是一种游行。同时，键盘和主音吉他的嘈杂刺耳声及阔步行进抵御着亦步亦趋的倾向，这种抵御既是音乐形式上的，也是观念体系上的。也就是说，这种音乐的张力最终服务于我们所说的《金发叠金发》专辑的反注解冲动：歌词似乎把我们引向特定的结论，但歌曲整体却削弱了自身的权威。

这种破坏稳定的冲动在整张专辑里都有呈现，但最要紧的呈现是在那几首表面上写女人或写给女人的歌里。许多时候，特别是在歌谣里，歌曲的音乐质地挑起了对剖白的紧迫性的期待，但那种期待最后却在更细致地聆听歌词后无法兑现。最清楚的例子是《就像个女人》。在这首歌里，指弹的原声吉他对位几乎甜得发腻，但那甜腻却被歌词的腐蚀性反讽驱散了。在某些方面，歌词把女人类型化了，夺走了女人有所欲望必须得具备的个体性。库珀的键盘一直存在，起到稳定的作用。即便这键盘声在这首歌里（就像在别处）总是指向福音的真诚，其中却有一种浓郁，像是承诺着情感的深度。键盘似乎站在本真感情和讲真话那一边，我们期待一首歌谣（尤其是唱给爱人的歌谣）的歌者具有这种同情心。键盘声几乎搂着歌词，乃至某些时候很容易忘记歌词实际在讲什么。这首歌开头说的是他的痛苦，然后抱怨那个女人。到了第二段，“迪伦”决定再去见玛丽皇后，随后疲惫地、如过来人般淡然地告诉我们：

根本不需要打赌
那宝贝不会得到赐福
除非她终于明白自己并不与众不同
她的雾，她的安非他命和她的珍珠。

随着歌手唱出这几句歌词，库珀继续奏出那独特的键盘声，哈格斯·罗宾斯（Hargus Robbins）则敲出本质上呼应着吉他的钢琴琶音。这一切都很甜蜜。这一切都显得温柔，甚或爱慕。这一切却痛苦地与我们刚引用的歌词迥异。在这个语境里，“得到赐福”到底是什么意思？在这个语境里，“宝贝”甚至都没有名字。这里有一种较量，但并不真的是“迪伦”和“宝贝”之间的较量，而是迪伦与自己的较量：

而你长久的诅咒伤人心
但更加不幸
的是这痛楚
我坚持不住

鉴于这痛楚，说“你伪装就像个女人”就是把女人的幼稚与迪伦自己的自我构建意识相对。“宝贝不会得到赐福”，直到她明白并/或理解了这个过程。这个过程最终也是《金发叠金发》专辑体现的那个过程。这个过程即是鲍勃（BOB，即“金发叠金发”）。迪伦与专辑中女人的区别在于：迪伦知道自己在何种程度上是个假货。实际上，在几首表面上写女人或写给女人的歌曲中，女人却很奇怪地缺席。她们的存在也许是幻影，以便迪伦自己有所欲的公共人格能够被英雄化（《我要你》或《乔安娜的幻象》）；或是装饰或是从犯[1][《掏出我的时间》（*Pledging My Time*）乃至《豹皮药盒帽》]，无论如何，她们是迪伦检视“迪伦”这个过程的陪衬。

但这里的问题并非迪伦是否性别歧视，乃至仇女，要点在于《金发叠金发》专辑是一幅自画像。诚然，可以说迪伦的自我建构冲动一开始就存在——假如我们把他的早期音乐生涯看作迪伦神话的建构史（他后来对此感到后悔，《金发叠金发》解构了那个神话）。他的第四张唱片是《鲍勃·迪伦的另一面》（1964年），这个唱片名甚至也指向自画像。而且，并不令人吃惊的是，这个过程一直持续到今天。迪伦的1970年专辑“自画像”恶评很多，无论在流行度还是声誉方面都是迪伦最不成功的专辑。但过了35年再看，这张专辑明显体现了这样一种努力：把音乐源头置于市场和歌迷的要求之上。《传记》专辑拓展了那些价值——生涯概览的形态不再是“最热门”歌曲的集合，而是对个人变化的记录。甚至迪伦最近为“天狼星”电台做的DJ节目《主题时间广播》也体现了这种记录的冲动。但《金发叠金发》专辑与他的种种自我建构姿态都不同，因为

1 原词是accessories，既有装饰也有从犯的意思，原文明说在两个意义上用这个词。

它是一幅故意悬置的自画像。其中的歌曲不但自我侵消，而且互相侵消。

《低地的伤心眼女士》是专辑中侵消周围一切最厉害的一首歌。这首歌坦率地要求听者承认其真诚，而非加了引号的“真诚”。《金发叠金发》是摇滚史上第一张双碟唱片，《低地的伤心眼女士》单独位于唱片的第四面，从而与其他歌曲隔离开了。这个特殊性在数字音乐时代失去了力量。但真正说来原本就没有做这一隔离的实际必要：这首歌的时长不过是 11 分 21 秒（连《在伊甸园里》[1] 的时长都到了 17 分 5 秒）。《金发叠金发》其实是一张三面的唱片——一张“一张半”专辑。把《低地的伤心眼女士》单独放到一面里，更关乎的是迪伦对听者如何体验这首歌的愿望。

专辑中的其他歌曲也有“真诚”或“文学”的面目（给注解者和传记作者设下的陷阱），但结果却颠覆了这个过程。它们引诱听者去感受“迪伦式”的超现实主义（这种超现实主义曾被冠以“反体制专制主义”之名），结果那只是歌曲的表面而非本质。其他歌曲不仅嘲弄感伤，而且贬之为修辞，《低地的伤心眼女士》却似乎重新接纳了那一切感伤。如果说，其他歌曲可能表面上写的是别人其实写的是迪伦自己，那么这首歌对他的新妻的称颂，对她品质的彼特拉克式列举，则暗示了其他歌曲中亮相的那个公共人格的卑微和局限。他捧出的“仓库之眼”是一种先知般的眼光，使他有能力成为看透表面的观察者，他举起的“阿拉伯鼓”则为他对表面的记述增加了精神力。然后他提议把“仓库之眼”和“阿拉伯鼓”都留在她的门口。这个动作十分有力，在作品中却未实现，正如普罗斯

---

1 《在伊甸园里》(*In-A-Gadda-DaVida*) 是铁蝴蝶（Iron Butterfly)1968 年发行的歌曲，歌名原文是 In The Garden of Eden 的含糊发音。

彼罗[1]之投书入海。这个动作之并未完成是这一极为反讽的作品中最后的反讽。甚至在这首最后的真诚赞歌中，迪伦也与自己试图祛魅的神话深深纠缠在一起。不过，正是从《金发叠金发》开始，迪伦允许他的听众观看神话的制造过程。吊诡的是，这个未解决从而反注解的过程后来再也未能有如此的揭示性。

1 普罗斯彼罗（Prospero），莎士比亚《暴风雨》中的人物。

14.《地下室录音带》

The Basement Tapes（1967，1975）

阿列克斯·阿布拉莫维奇

在阴暗树林般的60年代穿行过半时，迪伦骑着他的胜利牌摩托到乡间兜风，失去了平衡，或在某块油迹上打滑，或（按照迪伦后来讲述的神话版本）盯着太阳看了太长时间结果短暂失明。

具体的情况云山雾罩。但我们确实知道，当时，一次似乎无穷无尽的繁重巡演已进行了9个月，而且还在继续，迪伦已筋疲力尽；他的第一本小说《狼蛛》（*Tarantula*）的校样出来了，此书似乎是在安非他命的迷糊中写出的，此时他觉得书的校样无法卒读、令人难堪；还有，数百小时的影片素材需要剪辑成一部即将发行的纪录片，人们不断催促他做新唱片。迪伦的责任呈现指数级的增长，关系到大量的金钱。

这种种期待（还有其他的期待）对他的中枢神经系统造成了多少损害，我们只能想象。迪伦在2004年出版的回忆录《编年史：第一卷》里写道："各种时间错乱向我袭来……'传奇''偶像''谜'这样的称呼（'穿欧洲衣服的佛陀'是我最中意的），但这没什么。这种头衔是平和无害、乏味的，容易对付。'先知''弥赛亚''救世主'——这种是难对付的头衔。"（第124页）鲍勃·迪伦当时25岁。

迪伦的胜利牌摩托是1966年7月出的车祸。几个月前，他的密友、民谣歌手、小说家理查德·法里纳死于另一场摩托车车祸。旋转木马脱了缰。

摩托车车祸前的几张专辑里（如《重访61号公路》和《金发叠金发》），迪伦唱着“纤细狂野的水银音乐”，但他不会再做那种音乐了。接下去的两张专辑（《约翰·韦斯利·哈丁》和《纳什维尔天际线》）是乡村化的、保守的，相形之下有些安静。整个1967年他都没有公开露面，到1968年才再次出现在公众视野里。不过，1967年的春天、夏天和秋天，迪伦与自己乐队的四个或五个成员（他们当时在争论乐队名该叫“白鬼”还是“狂人”）隐退到一个十来平方米见方的地下室，录下了100多首歌曲。那间地下室在一栋乏味的三居农场房子里，房子名为“大粉屋”，位于纽约索格蒂斯的一条破路旁。与此产出量相比，迪伦已为哥伦比亚唱片公司录制的总共81首歌的7张录音室专辑相形见绌。由于《地下室录音带》从未悉数发行（还差得远），其录音的盗版在收藏者那里有了一种膜拜物的地位。很可能“私录”（bootlegs）这个词最初用到唱片上，就是用在《地下室录音带》的私录拷贝上。

格雷尔·马库斯有时像鲍勃·迪伦产业工厂的评论部。他后来认为，那些录音仿佛一头扎进了哈里·史密斯的《美国民谣音乐选集》中的那个“奇异的老美国”。但《地下室录音带》不太能算回到了史密斯的《选集》代表的那种胞衣般的旧时光美学。如果说《野林花朵》（*Wildwood Flower*）和《时时清扫我的墓》（*See That My Grave Is Kept Clean*）这样的传统歌曲占据了突出的位置，那约翰尼·卡什、汉克·威廉斯、约翰·李·胡克和印象（the Impressions）合唱团的歌曲占据的位置同样突出。不少原创歌曲被仔细地打磨并多次录音，比如《什么也没兑现》（*Nothing Was Delivered*）、《愤怒的眼泪》（*Tears of Rage*）、《东鳞西爪》（*Odds and Ends*）、《耶！苦啤，再来瓶面包酒》（*Yea! Heavy and a Bottle of Bread*）、《这轮子冒着火》（*This Wheel's on Fire*）、《你哪儿也不去》、《百万美元派对》（*Million Dollar Bash*）等等。这些录音不是粗糙的，因为它们努力重新捕捉迪伦早期原声专辑中的仿本真；它们是粗糙的，因为它们并非成品。所以，格雷尔·马库斯对《地下室录音带》的解释固然有很多可取之处，却也大可以把迪伦之退出公众视野视为策略性的隐退——试图凭借其他音乐家的支持用另类方法征服流行乐排行榜。

鲍勃·迪伦是个小店主的儿子，生意头脑很好。他知道，就市场而言，自己的专辑不如其他艺术家翻唱自己歌曲的专辑成功，或赚钱。比如说“彼得、保罗和玛丽”合唱团，或者飞鸟乐队。飞鸟乐队的首张专辑以迪伦的《手鼓先生》命名，里面有 4 首迪伦的歌，在公告牌排行榜到达过第 6 位（专辑同名歌曲在美国和欧洲都占据过排行榜首位）。单曲方面，迪伦的情况也没有更好。他的形象已无处不在，人们对他的关注令他感到压迫，但音乐本身由更平顺的嗓音唱出时才卖得最好。迪伦解释说：“《地下室录音带》是在某人家的地下室里做的，不是为我自己做的样带……我又一次被逼着弄出些歌曲。”（Heylin，*Recording Sessions*，第 68 页）

这些录音压成了酸醋脂唱片，在音乐精英圈里流传。它们不太能算流行歌曲，具有古怪感染力的《爱斯基摩人奎因》（*Quinn the Eskimo*）是个显著的例外，第二年被曼弗雷德·曼恩（Manfred Mann）唱成了热门曲。但它们特别有影响力。飞鸟乐队 1968 年发行的乡村摇滚奠基专辑《牛仔节的甜心》（*Sweetheart of the Rodeo*）里有两首《地下录音带》的歌曲（《什么也没兑现》和《你哪儿也不去》）。同一年，“疯人”或“白鬼”乐队重新命名为“乐队”乐队，并发行专辑《来自大粉屋的音乐》（*Music From Big Pink*），其中有三首迪伦写的或与迪伦合写的歌曲（《这轮子冒着火》《愤怒的眼泪》和《我将被释放》）。妮娜·西蒙（Nina Simone）在 1969 年的专辑《爱着一个人》（*To Love Somebody*）里把《我将被释放》唱得有点儿像灵歌。这个诠释有道理：地下室样带的最精彩部分令人想起迪伦将要写出的那批歌曲的浑厚虔诚特质。1973 年，迪伦发行了电影《帕特·加勒特和比利小子》的配乐唱片，其中的《敲打天堂之门》要是放在《地下室录音带》里也很合适。

《地下室录音带》中某些歌词之直白、漂亮不亚于迪伦的任何其他歌词：“我看到我的光闪亮而来 / 从西方到东方 / 随时随地，随时随地 / 我将被释放。”另一些歌词则异想天开、不周全或几乎全然荒谬：“哦。漫画书和我，就我们俩，我们赶上了巴士 / 可怜的小司机，不过，她明天就 / 要回到自己床上，鼻子里满是鼻涕 / 耶！苦啤，再来瓶面包酒。”（《耶！苦啤，再来瓶面包酒》，第 2 次录音）或者：“哦一个高大的金发哑女她的轮子是包紧的 / 她的朋友‘乌龟’手上的支票全是伪造的 / 他的脸颊成了一个块，他的奶酪成了钞票 / 他们都要去百万美元派对。”（《百万美元派对》，第 1 次录音）或者：“回头见，大小鳄鱼[1]（《回头见，大小鳄鱼》）/ 过一会儿，抽会儿烟（回头见，艾伦·金斯堡）。”[《回头见，艾伦·金斯堡》（*See You Later, Allen Ginsberg*）]

至少初看起来，迪伦像是一只脚还踏在贯穿《全部带回家》《重

1 “大小鳄鱼”的原词为“croc-gator”，由crocodile和alligator两个指鳄鱼的词拼成。

访61号公路》和《金发叠金发》专辑的意识流（或意识的湍流，或偶尔是意识的浪潮）里。但记住这一点颇有价值：尽管某些地下室录音是充分成形的样带，多数录音只是排练的记录——从未添加血肉的未成品的偶然录音。这不是说它们就不动人，或者那种动人却不精美。但它们带给人的愉悦部分在于，我们拥有了对迪伦创作手法的非正式的、内部人的视角。哥伦比亚唱片公司发行的官方“私录”系列中收录的样带录音听起来与你在电台里听到的任何东西都不同（例如，《像一块滚石》用了华尔兹的拍子），但歌词大致是我们熟悉的歌词。在非官方的私录《地下室录音带》里，我们听到迪伦唱出的声音成了（或没成为）符号：每个符号都真实地例示了语词和音乐的关系可以多么亲密。

也就是说，《地下室录音带》的魅力可能更多在于录音的非正式性和实验性，而非歌曲本身的品质——假开场、拧巴的押韵、听不清的人声以及（一切居家录音的特点）嘟哝的脏话，还有给居家录音蒙上一层粗糙的、现实音效的本真气氛的非保真。去听《地下室录音带》，相当于跟迪伦及其乐队做个交易：听者艰难地听完5个多钟头时长的、出色的素材，不只是为了挑出宝石，而是为了体验一番潜入“大粉屋”地下室偷听一会儿的感觉。所以，迪伦退出公众视野之时恰恰正是窥探他最私人最无防备时刻的最佳时机。

在哥伦比亚唱片公司1975年发行的《地下室录音带》里，这些品质有许多不见了。这个双张专辑经过了重新混音、删节和加录音轨，三分之一是“乐队”乐队的样带，迪伦与之没多大关系或毫无关系。但到1975年时，迪伦及其乐队在“大粉屋”开拓的那种放松的“美国音乐”已成了经典，成了摇滚乐整体美学的一个核心元素——仿佛是这个国家从过去10年的许诺和失望中缩身时的配乐。[四年之前亨特·S. 汤姆森（Hunter S. Thompson）曾写道："（过去10年）是另一个时代，耗尽了，逝去了，只剩下上帝给我们的这个肮脏年份——1971年——的残酷现实（第23页）。] 格雷尔·马库斯为专辑写了内页文字。"美国摇滚批评家总监"罗伯特·克里斯戈为各种专辑打分就像做作业，他给了这张专辑A+。消费者纷纷出手购买，把《地下室录音带》推到了公告牌排行榜的前十，迪伦自己也感到惊讶。"我以为那些录音早就人手一份了。"他说。

至于"大粉屋"，它还立着呢，形制老派，正式地址是索格蒂斯镇斯托尔路2188号（斯托尔路现在有了个新名字，房子的现主人请我不要披露）。那所房子挂牌出售了好几年（没卖掉），接待过零星的（日本）访客，当过一个本地DJ兼古典唱片进口商的大本营。过去10年里，房子的主人是一个音乐家兼音效工程师，有工作计划时他会在地下室里搞乐队。房子的模样仍然很像迪伦和"乐队"乐队住过的那栋房子。

15.《轨道上的血》

Blood on the Tracks（1975）

卡丽·布朗斯特恩

《轨道上的血》专辑是在我出生的那年那月录制的，即 1974 年 9 月。我提到这一点，是为了向读者坦白，我不知道没有这张专辑的世界是怎样的。那一年，我并不在高中或大学体会心碎的滋味，专辑于 1975 年发行时，我并没有冲出门买黑胶唱片，那时我对鲍勃·迪伦也没有任何期待。要说的话，当时我还在学着爬行，或许嘴里还有树皮碎片等着妈妈扯掉呢。当时，我和那张专辑都是全新的，充满解释的可能性。我父母那时候可能在听埃默森（Emerson）、莱克（Lake）、帕尔默（Palmer）和丹·佛格伯（Dan Fogelberg），或者（要是我运气好）琼妮·米切尔。就我自己而言，听《轨道上的血》专辑的挑战部分在于弄明白与它相伴相生的含义。既然有我的世界始终有这张专辑，若要把专辑发行以来围绕着它的杂音隔离开再去欣赏它，我就得想想办法。

《轨道上的血》围绕着音乐创造了一种情感对话和一幅情感图景。无论迪伦想不想（他多半不想），它成了一张爱情专辑，一剂宽慰的灵药，他的歌迷不仅唱给自己听，也回过头唱给他听。专辑给了歌迷一张词汇表，帮他们汲取勇气。专辑阐释了爱的种种复杂之处，也代表了歌迷对迪伦、音乐、自己生活的时代以及他们自己的矛盾情感。《轨道上的血》恰如迪伦的内战：从退出同盟，到血腥的战役，再到最终的温吞和解，《轨道上的血》在艺术家和听众身上都留下了伤疤。可将其视作一系列的战役，一首首地去遇见，也可以退后一步用整体的眼光看待它。无论取哪种看法，它都转回到自身，很美地打着旋，轻微地失控。《轨道上的血》是一曲自我挽歌，唱给它自己听，伤了它自己的心。

20 世纪 70 年代初期，公众想象中的迪伦越来越模糊。神秘对乐迷有诱惑力，但若模糊到了变形的地步，可能会使听众泄气。那时迪伦顽固地搞出出人意料的专辑，像是《自画像》和《行星波》，使评论家和歌迷都感到泄气。1966 年后他处于某种隐居状态，与妻子萨拉·朗兹·迪伦及四个孩子过着家居生活。然后，1974 年 4 月，迪伦走出纽约州伍德斯托克，躲进了纽约城。他在城里跟着诺曼·瑞本（Norman Raeben）上绘画课。迪伦觉得瑞本更像个魔术师而非教师。瑞本逐步给迪伦灌输了这个想法：观看（looking）和看（seeing）是极为不同的事。绘画也让他与时间性和意义嬉戏，让他创作出既能个别理解也能当整体之部分来理解的阴影和图层。有时，为了重新想象自己的艺术，或者为了回到自己的创作媒介，你需要接受专业技能之外的挑战。迪伦从视觉的角度、用颜色和线条而非音符和和弦来检视音乐，从而支起了后来成为《轨道上的血》的画布。

《轨道上的血》专辑先录了一次，经过重新考虑又录了一次。这种做法很寻常，但鉴于专辑的主题内容，此处却值得一提。《轨道上的血》里的歌曲——满是心痛和怨恨的曲调——被迪伦带着穿过近半个国家，到达一个新的阵地。也许，为了弄明白它们的意义，为了听明白歌曲要讲述的东西，迪伦别无他法。

起初迪伦与制作人菲尔·拉莫内（Phil Ramone）在54街的A&R录音室录制专辑。从弗兰克·辛纳屈到昆西·琼斯（Quincy Jones），拉莫内与无数音乐家合作过。1974年迪伦与“乐队”乐队巡演时，拉莫内是迪伦的现场演出工程师。在拉莫内的协助下，迪伦在录制当天挑选了乐手。埃里克·韦斯伯格（Eric Weissberg）及其乐队“释放”（Deliverance）［其专辑《决斗的班卓琴》（*Dueling Banjos*）新近获得了成功］成了纽约录制档的录音乐手。

录制结束后，迪伦有几个月的时间摆弄录音带。他对自己听到的音乐不满意。安迪·吉尔（Andy Gill）和凯文·奥迪加德（Kevin Odegard）在《命运的小小转折》（*A Simple Twist of Fate*）一书中写道：“有些歌曲就是没呈现出最佳的面貌。那主要是他自己的错，他没有充分指导乐手，坚持要灵感的直接性，而不是考虑周详地录制。”（第91页）12月，他来到明尼阿波利斯南城的工业区，与一群全新的乐手重新录制专辑。迪伦找来了自己的弟弟戴维·齐默尔曼，帮着寻找他想要的乐手、录音室和乐器。这一次的录音乐手有爵士背景，其中几个是明尼苏达的本地年轻人。

《轨道上的血》专辑里的音乐是两次录音混合的产物。敏感的耳朵（或挑剔的耳朵）能听出差别，但这并不必要。最终，那是一组光彩照人的歌曲，一个纠结的故事。这故事讲了又讲，因为人正是这样把你爱的事物放进记忆的，或者，人也正是这样把绝望驱除出心的。

就像一段恋情的图景，或许这些歌曲就是不能在单一的某处被捕获。《轨道上的血》之穿越美国，以及其终点与起点的巨大差异，是对其主题的致敬。走过长长的路，停一停再出发，到一个新的空间布设，伸展到不同的房间里，受着不同光线的刺射：这就是恋爱的感觉。那是我们知道的事物——自己的城市、国家和语言——与我们不知道的事物的融合。那是时时在陌生与熟悉之际保持平衡。那是数种相互矛盾的驱使：既想跟随某个人感受自己的再度新鲜，又想当我们自己，还向往更好的自己。你无法在一个录音室或一个空间里做到这些。你必须停一停，换个地方，把自己放到某个新的所在，用新的眼光看自己。迪伦正是这么做的。

《轨道上的血》的第一首歌是画布上的一滴无可指摘的颜色。《纠结的忧郁》既是迪伦的一段旅程，也是歌中爱人的一段旅程，而且歌曲糅合了过去和现在。它是这样一个美国故事：卑微的出身，遥远的希望，巨大的失望。起初，那对爱人和那位叙述者的人物关系是清晰的，是一个融洽的空间。但语境开始转换和散落，颇像歌曲创作时的那个政治年代。因此，看懂某个具体真相或某个具体自我的过程变得越来越紧张。这首歌设立了基调：这张专辑是一系列碎片，是对坚固和持久惯常依赖的观念与关系的拆解。

接着《纠结的忧郁》的是《命运的小小转折》（*A Simple Twist of Fate*）。在这首歌里，故事跃出可感的边界，进入一个形而上的、心理的领域。迪伦唱道："我仍相信她是我的孪生妹妹。"我们第一次看到，那对爱人是更大宇宙的一部分，他们对那个宇宙没什么掌控。但歌曲发现的悲剧也有相应的个人层面，讲述了不能归咎于宿命的过错，即缺乏驱除疑虑和放手的能力。最后，叙述者"与一只说话的鹦鹉同行"（鹦鹉是他自己），无精打采，说着没意义的话，无法找回失去的东西。这命运的转折是心灵的一个开口，是脆弱的一扇窗户，几乎不可能维系。

《白痴的风》是一头惊人的野兽。"白痴"（Idiot）是个难唱的词，为了搞定它，迪伦不得不扯开了唱。他的嗓音在这首歌里就像一阵旋风，卷起尘土和残骸，每一行都唱得更有力更危险。这是最尖厉的迪伦，旋律则刻进你的脑子，钻挠你的皮肤。“白痴的风，吹过你坟上的花。”迪伦唱着。这是执拗的愤怒，如此恶毒的折磨者，甚至死亡也无法让你摆脱它。这首歌还描绘了几乎倒向蔑视的脆弱：“我不再能感觉你，我甚至不能碰你读过的书。”一切都被污染了。歌曲在专辑中划下了抹不去的一笔。那是一切事物崩塌的时刻。

《避风港》是《白痴的风》中的怨恨暴风的宽慰药。这首歌写的是安慰，是新的爱情在我们周围筑起的保护墙。它有点儿像摇篮曲，像是迎接人到来，对疲惫的爱人和疲惫的听者都是一种缓解。它许诺让你恢复健全，或聊聊本可以怎样。其他歌曲则包含更多的原谅，甚至接受。在《你现在是个大姑娘了》（*You're a Big Girl Now*）和《见到她代我问好》（*If You See Her Say Hello*）中，痛惜混合着认可。《大雨倾盆》可能是所有“敏感男孩”摇滚或民谣［如“明亮的眼睛”（Bright Eyes）乐队、“中性牛奶旅馆”（Neutral Milk Hotel）乐队、皮特·约恩（Pete Yorn）、“维尔科”（Wilco）乐队的歌曲］的原型。《大雨倾盆》捕捉到了一种稚嫩的憧憬，把心痛还原到最基本：“生活是伤心 / 生活是垃圾”。它包含了新遭抛弃者的哲学，也包含了怨恨者的哲学。

多数歌迷认为《轨道上的血》找回了迪伦的水准。专辑印证了迪伦“一代人的卓越歌匠”的地位，使歌迷确信他配得上他们给他的天才头衔。当时，《滚石》杂志的评论家乔恩·兰多（Jon Landau）宣布“《轨道上的血》是张出色专辑的感觉不会持续多久”，但这个预言错了。《滚石》杂志自己、数不清的其他书刊以及一般公众最终认定：《轨道上的血》是史上最好的专辑之一。那里面的蟠结真理和经过升华变身的丑陋帮助专辑超越了自己的时代。

这张专辑能够持久，主要缘于人们喜欢其中的诗性诚恳，但对迪伦而言，“《轨道上的血》是自我解剖”的说法是很成问题的。在一次电台访问中，他对“彼得、保罗和玛丽”合唱团的玛丽·特拉弗斯（Mary Travers）说：“我很难感受那个。我是说，人们喜欢那种痛苦。”（Gill和Odegard，第15页）迪伦还拒不承认专辑里有任何自传性的东西，说自己受了契诃夫小说的启发。

你如何及何时听到一段音乐，你的聆听是集体体验还是个人体验，这些都很重要。在简妮丝·乔普林、吉米·亨德里克斯、“碰撞”乐队或“涅槃”乐队的身侧瞧着他们，大大异于后来听说他们、下载歌曲到电脑上或在他们的荣光消隐后阅读写他们的文字。经由一种集体记忆，我们能够理解怀特岛音乐节或伍德斯托克音乐节的影响力，或《艾德·沙利文电视秀》里的披头士乐队的影响力，或“摇滚马戏团”[1]那次晕眩之旅的影响力。那种集体记忆使我们感到那些事件是我们自身历史的一部分，因为在某种意义上确实是。但不是所有人都能够说，某个事件发生的那天早上自己醒来，然后感到整个生活变了，亲眼看到大潮涌来，看着潮水把我们以为自己懂得的信念和事物席卷而去。那潮水过后，剩下的只是一条变化了的海岸线，我们记不起它过去的模样。

若有谁在艰苦地写出自己的歌曲，奋力在自己生活最丑陋的片段里找到美，那么他第一次听到鲍勃·迪伦的《轨道上的血》的时间点很重要，因为这张专辑激起了太多余波。出生于专辑发行的那个时刻意味着嘴里说着它创造的词汇，在某种意义上，也是对其语

---

1 “摇滚马戏团”指1968年滚石乐队牵头组织的演唱会。

言的广度不以为奇。

《轨道上的血》带给人的挑战是，听它时不只当它是一条无法筑坝阻挡的模仿者 - 学徒大河的源头。如果你听它时视之为一份战争（我们内心和周围的战斗）记录，视之为一场对抗分裂之力的斗争，那么《轨道上的血》就不只是一个流传下来的故事——它是一个新的故事，并且值得讲述。

16.《异教徒》

Infidels（1983）

乔纳森·莱瑟姆

谈论《异教徒》专辑就是蹚进“鲍勃·迪伦的80年代”这个险滩。通常认为，20世纪80年代是迪伦迷失的十年，或至少可以说，这段时期迪伦时不时对自己与歌迷的关系以及与自己工作方法的关系失去信心。对他的艺术进行虔诚的圣经式研究有多少价值？《异教徒》专辑之前，迪伦刚刚在与自己的听众（乃至他自己）争执这个问题时落了下风。《异教徒》专辑似乎着力于对此发表一个声明。这张专辑有着双重的命运，似乎既是他最刻意的专辑，又是他最破碎的专辑。（如果说这张专辑相当于奥森·威尔斯的《伟大的安巴逊》过头了的话，也许可以说它相当于威尔斯的《上海小姐》[1]。）在音乐上，迪伦的目标体现于他对录音乐手的选择。这个录音乐队挺不寻常，技艺娴熟，其中的某些乐手在此之前彼此不认识。乐手中有“恐怖海峡”乐队的键盘手艾伦·克拉克（Alan Clark）和核心吉他手马克·诺弗勒（诺弗勒也参与了专辑的制作）、前滚石乐队成员米克·泰勒、牙买加节奏乐职业乐手斯莱·唐巴和罗比·莎士比亚。迪伦没有用某个有声誉的组合，也没有用自己当

1 《伟大的安巴逊》（*The Magnificent Ambersons*）和《上海小姐》（*Lady from Shanghai*）都是威尔斯的电影。

时的巡演乐队。不过，从官方的或非官方的“私录”录音来看，就迪伦与这个乐队做出的音乐的能量、魅力和信服度而言，1983 年发行的《异教徒》专辑只是冰山一角。迪伦的忠实歌迷，哪怕不愿采用心理方法研究历史人物，甚或就是不愿揣测天才的意图，也不得不得出结论：1983 年鲍勃·迪伦的艺术受累于迪伦的相当强的矛盾心态。

至少，倘若一个一度预备发行的《异教徒》版本真的发行，《骄傲之脚》（*Foot of Pride*）[1] 和《盲威利·麦克泰尔》（*Blind Willie McTell*）将免遭这样的命运：1991 年《私录系列 1—3 辑》发行前一直是地下歌曲。等到这两首歌在“私录系列”中出现时［一起出现的还有录制《异教徒》专辑时的其他成果，如《告诉我》（*Tell Me*）、《主，保护我的孩子》（*Lord, Protect My Child*）和《有人攥住我的心》（*Someone's Got a Hold of My Heart*）］，即便一个遵守迪伦“不购买无版权录音”指令的歌迷也会开始想象一张与发行版迥异的《异教徒》理想版。若进一步探索，还可添上未发行的自传性愤怒呼喊《尤里乌斯和埃塞尔》（*Julius and Ethel*），以及威利·尼尔森的《飞得太靠近地面的天使》（*Angel Flying too Close to the Ground*）的温柔翻唱版（这个翻唱版潜入了一张在欧洲发行的 45 转速单曲唱片的B面），还有，《帝国滑稽剧》专辑里的《清爽的孩子》（*Clean Cut Kid*）也源自《异教徒》专辑的录制。

《地下室录音带》之外，再无别的延缓发行或压住不发行的哪批迪伦作品可与这笔财富相比了。而《地下室录音带》是排练和实验，是朋友间的私人嬉戏。从一切迹象看《异教徒》专辑都是做给

1 《圣经·旧约·诗篇》中有“foot of pride”的说法。

听众听的。奇怪的是它还是做到了。《滚石》杂志为之写了篇热烈的评论，代表了这样一种共识（尽管这共识很快就湮灭了）：这可能是迪伦“9年前灼人的《轨道上的血》专辑以来的最佳专辑，几乎抛弃他的词曲能力惊人地恢复了”(Connelly)。《异教徒》比迪伦的前两张专辑卖得更好，到今天还大致标志着某种“回归”的起点。而《迪伦重制》(*Dylan Remasters*）套装盒收了这张专辑（《哦，仁慈》专辑之外唯一的一张20世纪80年代专辑），再次巩固了专辑的这个地位。

若想衡量某个大创造者对受众的支配程度，恐怕没有比这更好的标准了：其意图可被当成结果，或其零星的大手笔有时已算足够的营养。至少在一首歌里，发行版的《异教徒》具备比零星大手笔更多的东西：第一面第一首，《弄人》(*Jokerman*)。这是一首极复杂、极难把握的歌曲。这首歌似乎是迪伦的自我戏仿，但又拒绝一切解释，只是在反复聆听的听者的思绪里积蓄力量和美。不过，在分析具体的歌曲之前，不妨进一步强调《异教徒》专辑的接受语境。我指这样一种叙事：1979年迪伦公开宣称自己在基督教的意义上重生了，听众感觉此举背叛了他们，《异教徒》发行时那种感觉似乎仍在，于是听众渴望有什么东西来证明，迪伦又变回了那个能支撑对反文化的浪漫想象的人物（那反文化的一代连同其偶像正走向中年，使得对浪漫想象的需求更为急迫)。人们把《异教徒》当作那个证明，长舒了一口气。如果你好好听，耶稣仍萦绕其中，但不要紧。迪伦的上一张专辑《来一针爱》(1981年）里已经有了世俗的意象和情歌，整体说起来比《异教徒》更温暖更发乎中心，这也不要紧。[《来一针爱》里有一首歌的歌名是带有敌意的“耶稣的财产”(Property of Jesus)，封面的设计很糟糕。] 在《异教徒》的封面照里，迪伦戴着“漫步者”墨镜，样子很酷。《得救》和《来一针爱》两张专辑听起来都相当阴沉，因此，迪伦对“当代”制作方法的采纳（比如鼓声中那种不悦耳的有篆刻感的回响，很可惜这音效如今已过时了）也像是体现迪伦再次取悦我们的意愿。

那么，让我们跟随《异教徒》专辑，从最好的开始，但不局限于发行版的《异教徒》。《弄人》和《盲威利·麦克泰尔》是其中的杰作。不过，我得说我最初听《弄人》时，听了几十遍也不信任它。万花筒般、幻影般的主歌部分显得既模糊又任性，尽管有显明的《圣经》指涉，却显然试图采用迪伦较早期的创作模式。再加上狂喜却如格言般的副歌（“弄人随夜莺的歌声舞蹈 / 鸟群在月光中飞高 / 哦，啊，弄人！”），这首歌使我感到尴尬。后来，等我学会了探入而非抵触主歌中奇妙的不确定性，学会了接受副歌中的灵机觉悟，我想起了我当初努力接受《手鼓先生》和《自由的钟声》时感到的相似尴尬。这两首歌是迪伦的过往作品里最像《弄人》的歌曲。（或许《护卫的更替》也算一首，但那首歌虽挑动人心，却陷于中途，像是可远观却不可亵玩的游行。）就像那两首歌，《弄人》同时探索“占有自我”和“占有世界”的宏大情感，并不费神搞谦和，而是唱出暖意。但与那两首歌不同，在欢欣之下，《弄人》透着一股世间的疲惫。与迪伦作品的整体进展之间的明显连续性则深化了歌曲。这不是说《弄人》只适合迪伦的忠实歌迷，而是说若脱离迪伦的过往作品，无法想象会有这首歌。

《盲威利·麦克泰尔》恰恰相反，尽管这首歌在 8 年的时间中只有圈内人才能听到。这首歌透过缅怀性的布鲁斯的棱镜，透视了人类历史的原罪，是一首随口的史诗，调子、意象和叙事意指完全统一。尽管很难听十几遍就听出其深度，第一次听到它的人，无论是不是迪伦的歌迷（最典型的是只喜欢1975年之前迪伦作品的迪伦歌迷），往往就感到这是一首杰作。当然麦克泰尔是个真实的人物。无论是“公路上的一队押犯”还是“圣詹姆士旅馆窗户”望出去的景象，迪伦呈现给我们的各种速写指向一种悲惨的纪录片蒙太奇，旁白的那个出自疲乏良心的嗓音极其沉重，迪伦或其稚嫩的早期支持者对迪伦嗓音的最大期望或恐惧也不过如此。

落后这两首歌一个段位（无须为此羞愧）的是《异教徒》发行版里第二好的歌《我和我》（*I and I*）。这首歌的牙买加音乐风格很显眼，有着极强的气氛，把内省的苦痛放置在雷鬼音乐的框架里，使之在其中优雅地沸腾。录音版里有一种不祥的精确和克制，最“恐怖海峡”的马克·诺弗勒，近乎“震颤轻音乐”的斯莱-罗比滑行节奏，效果颇似后来丹尼尔·拉诺瓦为迪伦制作的音乐（那些音乐冒着伪劣之嫌做出了不祥的戏剧感），如《穿着黑色大衣的男人》（*Man in the Long Black Coat*）和《相思病》。但《我和我》并未躲避夸夸其谈，强烈抒情性的暗流使其命数已定。如同《渴望》专辑中的《爱西斯》[可将“我和我”(I and I）视为指向“爱西斯”（Isis）的双关语]，《我和我》象征了一次从家园出发的旅程，但这次迪伦再未返回——最后一段歌词结束于歌手“赤足”站在“窄巷”里。在某种意义上，这首歌展现了《异教徒》专辑的典型面孔，宣布某个重要声明同时又压住了那声明。《我和我》并未真正做出的揭示值得再次去尝试。那一丝压抑的斯多葛主义指向后来的《被遗忘的时光》专辑。

《异教徒》发行版里剩下的6首歌，我不觉得有哪首像“私录系列”1—3辑里的《骄傲之脚》那样重要、持久和（当然了）古怪。《骄傲之脚》是迪伦的“躁狂布道者”模式的代表，有着诗性的散乱（说真的，含义也隐晦），仿佛是又一次“荒芜街”之旅，但用《白痴的风》里的叱责之怒取代了《荒芜街》里的冷静之痛。既然说到了“私录系列”，不妨为我们的《异教徒》理想版再选几首歌。《主，保护我的孩子》是一曲恳求的布鲁斯，包含着痛苦的坦率，罕见地助人一窥为人父的鲍勃·迪伦，就此而言此歌比那首有着主题曲的含糊性的《永远年轻》有意思得多。《告诉我》是一首奇怪、鬼祟、轻快的歌，唱的是某个不完美、相当中年的世界里的求爱。还有最迷人的《有人攥住我的心》，一首合群、琅琅上口的流行歌曲［虽然骨架取自“地下丝绒”乐队的《甜蜜的简》（*Sweet Jane*）］，几乎和《我要你》一样漫不经心。尽管《有人攥住我的心》闪亮迷人（这么说并未贬低穿插于上口副歌之间的指涉错综的歌词），这首歌后来成了《帝国滑稽剧》专辑中《紧贴我的心（有人见过我的爱吗？）》［*Tight Connection to My Heart (Has Anybody Seen My Love?)*］一歌的草图。《紧贴我的心》是对《有人攥住我的心》的重写，将迪伦自己的歌词替换为错位了的亨弗莱·鲍嘉[1]电影台词，将原先的脆弱替换为鲍嘉式的硬气。这种鲜明的拼贴技巧当然是迪伦未来作品的又一个先兆，不能说那次重写完全没价值，但许多听者大概更喜欢《异教徒》里的那张草图，而非《帝国滑稽剧》里的成品。被替换掉的歌词里有一句超棒的妙笔生花：《远处看着很大的东西 / 近看从来没那么大”；重写版里保留了这一句巧妙糅合的剖白：“从未学会喝那血 / 然后说那是酒 / 从未学会抱着你，爱人 / 说你是我女友。”迪伦的不少歌曲唱

1 亨弗莱·鲍嘉（Humphrey Bogart），美国电影演员。

的是宗教和性的救赎，如“慢车开来”专辑里的（美妙的）《宝贵的天使》（*Precious Angel*）；无论《有人攥住我的心》是不是对那类歌曲表达的确定性的灵巧再处理，这首歌放在任何专辑里都会放出光彩。

不过，还是回到现实中的《异教徒》专辑。《你这样的甜心》（*Sweetheart Like You*）是电台的小热门曲，也是迪伦最后一首称得上电台热门曲的歌。很难说这首歌被低估了或做得全然成功，但它明显不是一首有瑕疵的迪伦歌谣，因为它划出了迪伦未来作品的疆界，而且听了多年也不会厌烦。有时电台也能说明一点问题。之所以不会厌，主要原因是人声的精致，可以说那人声温柔地处理着主题，即便挥舞着手术刀。在迪伦的作品集里，这首歌的主要标签似乎是“对女性主义的冒犯”，因为包含歌名的那句歌词似乎是陈腐讨厌的引诱者台词：“你这样的甜心为什么活在这种垃圾堆里？”还有这个对句：“你这样的女人应该留在家里 / 你属于家庭　/ 该在家里照顾某个不懂伤害你的好人。”如果这首歌一定要进迪伦的女性主义耻辱堂，《就像个女人》会在那里好好陪着它的。对多数听者来说，语境和呈现的方式救赎了这些歌词，歌曲的叙事片段则把歌手和歌中唱的女人置于黑色电影的酒馆里。

这里的手法，即把“被接受的”文化素材（电影对话、布鲁斯桥段）植入歌曲的中心而非边缘，将会在《被遗忘的时光》/《“爱与窃”》/《摩登时代》的时期更多地出现。值得指出的一点是，这首歌的副歌歌词包含的那种词句，珍视迪伦“想象丰富的造语者”地位的人们曾对之大失所望，但如今“后现代”迪伦的拥趸却正是为此发出赞赏。就迪伦的情歌而言，《你这样的甜心》占据的是一个中点。过去他运用的策略是“真实”剖白的亲密［如《西班牙哈林区事件》(*Spanish Harlem Incident*)、《见到她代我问好》这样的成功之作,《D调歌谣》(*Ballad in Plain D*)这样的失败之作],邀请听者聆听歌手的本真人格面貌,无论那面貌多么防卫性地散落在超现实主义的隐喻中;后来,迪伦的年长陈述者姿态则有一种极抽象的亲密,比如《糖宝贝》(*Sugar Baby*)或《内蒂·摩尔》(*Nettie Moore*)。一旦认出那是原型故事(扎根于布鲁斯神话或其他来源)的传运管道,我想很少人会嫉恨"我想要个好女人我说什么她就做什么"这样的迪伦新近歌词,或生气他用了"约不约"这种词;我的意思是,谁会认为这种词说的是迪伦本人呢?这个反差既说明了女性主义中的分歧,也说明了"迪伦学"中的分歧,无论是好是坏。最后,《你这样的甜心》还腾出手最一般性地重申了迪伦对权力运作的看法:"偷少点儿你进监狱/偷多点儿你当国王。"这里有一个古怪的言外之意,即那位甜心身处的"这种垃圾堆"意指典型的迪伦歌曲——流浪词句汇集的垃圾堆。

另一首情歌《今晚别闹脾气》(*Don't Fall Apart on Me Tonight*)引出了相似的问题,给了我们相似的短暂愉悦。但迪伦似乎把一两记冷冷的耸肩扔进了这首歌,若长时间地听,听觉的愉悦(迷人的口琴、朗朗上口的副歌)很少还能存活。迈克尔·格雷在《鲍勃·迪伦百科全书》中写道,他在副歌里听到了"恶心的加州心理治疗话语的上佳例子"(第186页)。这首歌是专辑的最后一首,这位置使人不禁联想并失望:《今晚我是你的宝贝》《今晚我要留在你身边》《今晚你在哪里?(黑暗闷热的旅途)》[*Where Are You Tonight?*(*Journey Through Dark Heat*)]都是专辑的结束曲,都有"今晚"。唉,其中有一首比不上其他的。

《异教徒》专辑的最后一份尚可的小回报是欢腾的《爱和平的

人》（*Man of Peace*）。这首歌欢快地列举了撒旦的主要特征：“他或者迷人，或者无聊 / 他能在你脑壳里踩着尼加拉瓜瀑布而下！”还有“他知道该碰你哪里，亲，他知道你想怎么被亲吻！”说真的，我觉得这首歌是一幅因痴迷而作的肖像，正如《乔伊》里的乔伊·加罗或《凯特费什》里的凯特费什·亨特[1]。不要把这首歌算作福音一类的东西，应该算作《豹皮药盒帽》一类的迪伦玩闹布鲁斯。《爱和平的人》可不是愚蠢尖厉的迪伦嗓音炫耀：单是“全是油啊”这句的嬉笑中的傻气和怒气就能让一个 8 岁小孩在屋子里又蹦又跳。

布莱恩·辛顿（Brian Hinton）在《鲍勃·迪伦唱片全目录》（*Bob Dylan Complete Discography*）里问道：“到底为什么《异教徒》不是双张唱片？它本可与《金发叠金发》相媲美。”（第 275 页）哦，不是这样。反正，我自己的《异教徒》理想版与辛顿的不同，不是单单添加未收入的录音，还要剔除三首歌（所以还是一张碟）。也就是说，我会赶紧把《盲威利·麦克泰尔》之类的歌迎回家取暖，同样也会赶紧把《联邦日落》（*Union Sundown*）、《邻里恶霸》（*Neighborhood Bully*）和《杀人执照》（*License To Kill*）踢走。《联邦日落》和《邻里恶霸》就是那种次要、重复、填充专辑的迪伦摇滚歌；话题性的歌词很差劲儿，歌曲使人生气。保罗·威廉斯曾对我说，做一个 80 年代迪伦的歌迷有时就像爱上了世上最丑的女孩。如果谁想听马克·诺弗勒和米克·泰勒对飙吉他，我推荐他不如拿两个 iPod 同时放《做电影》和《羊头汤》[2]。或者去找找《尤里乌斯

---

1 《乔伊》（*Joey*）和《凯特费什》（*Catfish*）都是迪伦的歌，分别写乔伊·加罗和凯特费什·亨特这两个真实人物，前者是匪徒，后者是棒球手。

2 《做电影》（*Making Movies*）和《羊头汤》（*Goat's Head Soup*）分别是“恐怖海峡”乐队和“滚石”乐队的专辑。

和埃塞尔》，这歌比那两张专辑更古怪丰富。

《杀人执照》是《战争专家》的羸弱重写版，带来的失望更微妙，尽管写这首歌的最初冲动可能类似于《联邦日落》和《邻里恶霸》：迪伦（让我们再猜一次动机）似乎感到一种负担，要弄出点儿社会评论来证明自己的“回归”。就这种责任感而言，也许1971年的《乔治·杰克逊》（*George Jackson*）可与之相比。这首沉闷歌曲的救命稻草是迪伦唱出这几句歌词的架势：“但我的街区有个女人/她就坐在那儿脸向着山腰/她说谁去收走他的杀人执照？”但这首歌的自得之意也盘旋在这个场景之中。那个他街区的女人，难道除了“谁去收走他的杀人执照”，她就真的提不出任何别的问题了吗？也许你是在迪伦责骂女人是亲密的骗子时不信任他，我则是在他把女人虚化为苍白的道德模范时不信任他。这首歌待在这张专辑里肯定不协调，因为歌手渴望为他中意的“邻里恶霸”打印一张杀人执照。

够了。也许我说服了你（我希望我做到了）：《异教徒》专辑不存在，至少不完全存在。它是一堆物件，你自己组装吧。肯定有个版本你会打四星。20世纪80年代的迪伦从福音的确定性蜿蜒走来，与“负心人”乐队、“感恩的死者”乐队和“旅行的差错”乐队进行谦逊的合作，他自己的专辑经常像是半带悔意的抖落之物。不过，要是与20世纪60年代、70年代或90年代以来的迪伦成就相比，含混的80年代迪伦仍使你感到困扰，那么请放心：《弄人》和《盲威利·麦克泰尔》这样的完美之作确实存在。这些歌在任何方面都堪称最出色的迪伦杰作，只要还有人在乎迪伦，或在乎歌曲这种东西，它们就会引发惊奇和热爱。当然，《骄傲之脚》、《我和我》、《每一粒沙》（*Every Grain of Sand*）也是如此，还有埋没在《异教徒》

发行后的那些年月里的其他宝石，如《布朗斯维尔女孩》、《安吉丽娜》（*Angelina*）和《当夜幕降临》（*When the Night Comes Falling from the Sky*）。在这些歌曲里，迪伦的艺术找到了家的方向。

17.《“爱与窃”》

"Love and Theft"（2001）

埃里克·洛特

我写过一本书，《爱与窃：黑脸吟游秀和美国工人阶级》，这个书名化用了莱斯利·菲德勒（Leslie Fiedler）的一个书名[1]，所以我的书名本身也略有剽窃之嫌。菲德勒的书提出一个有名的说法，即美国叙事一直着迷于两个人，一个白一个黑，像是哈克和吉姆、柯克和斯波克、德瑞博士和埃米纳姆[2]。吟游秀则将黑人和白人杂交为一体，白人居于黑人之中[3]，直观地呈现那想象中的亲近以及对黑人文化素材的着迷和掠夺。当鲍勃·迪伦找来“杰克·弗罗斯特”[4]制作出色的2001年专辑《“爱与窃”》时，他搞出了另一张面具来处理他做的文化糊糊。他曾在采访中说过，在他做的东西里，影响他的材料得到呈现，但不再是以原初的形式呈现，就像大麦变成了威士忌。如果说如今迪伦的糊糊有一点儿酸，那是因为酿得熟了。迪伦只可能在60岁做出这张专辑，原因不仅在于专辑展现了一个嘶哑的嗓音，还在于专辑的文学、音乐和哲学疆域都很广阔。我在本

1　这本书叫《美国小说里的爱与死》（*Love and Death in the American Novel*）。

2　哈克和吉姆是马克·吐温小说《哈克贝利·费恩历险记》中的人物；柯克和斯波克是《星际迷航》中的人物；德瑞博士（Dr. Dre）和埃米纳姆（Eminem）均为美国嘻哈音乐人。

3　在黑脸吟游秀中，白人演员将脸涂黑扮黑人。

4　杰克·弗罗斯特（Jack Frost）是拟人化的霜，这里被迪伦拿来当自己的化名。

文中主张，这张专辑不仅对种族和艺术借用的一般性关系做出反思（对文化进行理论思索），还包含一个与此关系错综复杂的音乐理论，用以考察中年晚期的情感生活。如果说他曾把“观念当作地图”，如今他更老些了：他摸索着自己的路，掏出自己的时间，躺在水里，为自己的国家绘制地图（见《我的旧篇章》，《鲍勃·迪伦的另一面》专辑）。

迪伦的公关说：“迪伦先生既不承认也不否认他的专辑名称与那本书的书名有关联。”[1]（就这么多了：事前事后迪伦方都没有跟我或任何人说过迪伦为何选了这个专辑名。在他迄今为止的44张专辑的名称中，这个专辑名是唯一括了引号的。我想，我只是又一个喜欢他长相的教授。）格雷尔·马库斯对我是这么说的：“我不知道迪伦读没读过你的书，但要是他读过我不会吃惊；他是老美国音乐及相关事物的真正学者。”[2] 我估计，迪伦喜欢我的书名是因为其中的总体意味，即被偷走的心和情感不端老是纠缠着爱的甜蜜（在迪伦的歌曲里情形通常正是这样）。不过，更具体地说，他很了解美洲音乐中的跨文化的相互借鉴（包括他自己的音乐），并在《“爱与窃”》专辑的歌曲中以及本身也是偷来的专辑名中暗示这一点。

《大水（给查理·帕顿）》[*High Water* (*For Charley Patton*)] 这首歌里有班卓琴、手鼓和其他叮咚作响的打击乐，是《“爱与窃”》专辑里最像19世纪吟游秀音乐的歌曲。这事有意思，不仅因为这首歌受到了三角洲布鲁斯音乐家帕顿的影响并题献给帕顿［帕顿的《大

---

1 这事是戴维·亚夫2001年告诉我的，他在《“爱与窃”》专辑发行时为《共通语》（*Lingua Franca*）杂志写了篇文章谈迪伦专辑和我的书之间的关系（文章发表前杂志就停刊了）。感谢戴维，他在许多方面支持我对迪伦作品的思考，我也受惠于他出色的见解。——原注

2 来自我和格雷尔·马库斯2001年7月17日的电子邮件通信。——原注

水遍野》和《大水遍野，第二部分》；见Woods（尤其是第110—112页、118—119页）、Lomax和Gussow]，也因为这是一首很严肃的歌，仿佛终极真理植根于文化掠夺。迪伦在专辑中的《糖宝贝》一歌里断言："有些私造者 / 他们做的东西真是好 / 那里有藏东西的大量空间 / 如果你想把它们藏得够糟。"说的当然是私造者，但也是私造的录音（也许是迪伦最持久的遗产），还有抢夺来的材料，那些录音不少都漂浮在这种材料之上。仅仅在《"爱与窃"》专辑里，这方面的广度和数量就很惊人，至少包括了：刘易斯·卡罗尔，田纳西·威廉斯，伊卡洛斯的神话，罗伯特·约翰逊，约翰尼·卡什，埃尔莫尔·詹姆斯（Elmore James），某一首写密西西比帕西曼农场监狱的歌，劳动歌《罗西》（*Rosie*），埃尔维斯，《了不起的盖茨比》，盲威利·麦克泰尔，W. C. 菲尔兹（W. C. Fields），音乐剧《西区故事》，斯蒂芬·福斯特（Stephen Foster），《罗密欧与朱丽叶》，查理·帕顿，乔·特纳（Joe Turner），《简·爱》，克拉伦斯·阿什利（Clarence Ashley），多克·伯格斯（Dock Boggs），《猎人之夜》（*Night of the Hunter*），《夜莺颂》，约翰·邓恩，P. T. 巴纳姆的昌和恩，《奥赛罗》，童话《三只小猪》，"敲门—敲门"笑话，号叫的沃尔夫（Howlin' Wolf），歌剧《堂·帕斯夸勒》（*Don Pasquale*），《圣经》，以及歌曲《黑暗镇阔步舞会》（*Darktown Strutters' Ball*）[1]。仿佛迪伦在问我们敢不敢指控他偷窃，人们也确实（又一次）这么做了——他们发现《漂泊者》（*Floater*）一歌的歌词有不少来自一部日本黑帮成员

1 以上提到的人名多为美国音乐人，刘易斯·卡罗尔是英国作家，田纳西·威廉斯是美国剧作家，约翰·邓恩是英国诗人，巴纳姆是美国艺人、演艺秀生意人，"昌"和"恩"是著名的连体孪生兄弟，曾在巴纳姆的演艺秀中表演，"敲门—敲门"笑话是一种以"敲门—敲门"开始的问答式笑话。

的回忆录，即佐贺纯的《浅草博徒一代》（1991年）；或者，《糖宝贝》一歌的旋律扒自基尼·奥斯汀（Gene Austin）的1928年流行歌《孤单的路》（*Lonesome Road*）。谁还会朝这个吟游男孩扔硬币呢？

这不是说迪伦就是个黑脸艺术家。米歇尔·夏克德（Michelle Shocked）在她1992年的专辑《阿肯色旅客》（*Arkansas Traveler*）中宣布自己是个黑脸艺术家，专辑封面原本是她化妆为黑脸，但结果很不妙[1]。迪伦可不是这样。相反，文化"杂交"（这词很蠢，不仅因其种族主义的来源，而且因为大概没有哪种文化没有杂糅过）对迪伦而言能够刺激创新和独创性。迪伦在1986年的《布朗斯维尔女孩》（*Brownsville Girl*）一歌中开玩笑说："要是哪儿有个新主意，我就能马上拿来用。"那首长歌脱胎于西部电影、边境歌谣、福音音乐、沙尘地传奇、萨姆·谢泼德的剧作、阿拉莫之战[2]的传说，还有寓言、悖论和上百个其他出处。不过，无论他借用和偷用了多少（我们都知道有很多），迪伦的音乐始终充满原创想法。大艺术家的迷人之处在于，通常很难确切地指出吟游秀或明显的文化挪用终于何处，创新的东西始于何处。有时候它们是直接共存的，比如说比兹·马基（Biz Markie）或"野兽男孩"（Beastie Boys）乐队的情况就是如此。在乏味的商业歌手身上进行这种分辨是很容易的，像是深沉情歌手迈克尔·波顿（Michael Bolton）或罗伯特·帕尔默（Robert Palmer），但很难说出迪伦或埃尔维斯这样明显的借用者如何把音乐做成了自己的。"黑脸"的根深蒂固和冷酷腐败[3]仍左右着

1 在压力下夏克德换了专辑封面，专辑的销量亦惨淡。

2 阿拉莫（Alamo）是得克萨斯州一地，1836年墨西哥与美国于此交战。

3 "根深蒂固"大概指黑脸表演中对黑人的刻板刻画仍有影响，"冷酷腐败"大概指黑脸吟游秀对黑人才艺的剥削。

我们的感情，但至少现在我们知道美国流行音乐在很大程度上源于斯蒂芬·福斯特和丹·埃默特（Dan Emmett）这样的吟游秀创作者的黄金才华。顺便说一句，这两人的作品迪伦都翻唱过。

《“爱与窃”》专辑令我感兴趣的地方是，它似乎决意表明这一切。我不是想把一张出色的专辑说成一篇枯燥的论文。迪伦90年代的专辑《我对你这么好》（1992年）、《世界出了毛病》（1993年）和《被遗忘的时光》（1997年）里充满了布鲁斯、歌谣和其他音乐的恒久曲调。迪伦在《世界出了毛病》的专辑内页里说，那些曲调构成了对“限制镇[1]的物质攻陷”。迪伦在那三张专辑中（重新）找到了某种艺术方法，而《“爱与窃”》专辑有意识地将这种艺术方法发挥得淋漓尽致。《“爱与窃”》中的借用众多而直接，但与《我对你这么好》和《世界出了毛病》里的翻唱不同，这里的借用被吸收进了迪伦自己的创作。《被遗忘的时光》有一种“派对结束了”的气氛，11首歌里大概只有3首不是痴迷末日的布鲁斯[2]；《“爱与窃”》与此也不同，而是使“失”和不良的“得”为文化性、自传性的自我意识敞开空间。专辑的主题词“爱”和“窃”成为多维度的隐喻，既指向未获救赎的心碎、罪行和时间，也指向迪伦的音乐生涯和音乐选择。迪伦的音乐选择包括：乡村摇滚［《特维德利·蒂和特维德利·达姆》（*Tweedle Dee and Tweedle Dum*）］，跳跃布鲁斯［《夏日》（*Summer Days*）］，软鞋踢踏舞曲［《快了》（*Bye and Bye*）］，乡村摇摆乐［《漂泊者》（*Floater*）］，锡盘巷流行乐［《月光》（*Moonlight*）］，以及公路酒馆布鲁斯（《诚实待我》（*Honest With Me*））。也就是说，

1 限制镇（Limitationville），是“限制”的比喻说法。

2 “派对结束了”这句歌词出自《被遗忘的时光》专辑中的《高地》（*Highlands*）一歌，但可以用来描述整张专辑。——原注

如果说爱 - 窃的关系不仅定义了吟游秀还可能定义了所有的美国音乐，那么迪伦明白自己的专辑名指向至少两个方向。“爱”是美国音乐构成中的那种跨文化的吸引，迪伦一直从中汲取养料的醉人混搭就拜“爱”之所赐。另一方面，“窃”指向榨取的环境（从奴隶制到肥肠巡演场[1]等），那种环境常常使人们共享盎格鲁美国人和非洲裔美国人的音乐资源、变音、形式、分句、歌词和歌名。我们真可以玩味一下“title”（歌名）的另一个意思“所有权”；不妨指出，无论《“爱与窃”》专辑中的混合音乐领域在迪伦的手中做得多么惊人或创新，他对这个领域的所有权却遭到他自己的双重削弱：他在专辑名里嘲讽地暗示了自己的偷窃行为，并用引号括注专辑名，使人们注意这个名称本身也是偷来的。

不过，爱的文化联想和窃的文化联想可无法轻快地分离。跨文化吸引的规则是自由清晰的，这么想倒是愉快，但如今的摇滚音乐人生活于其中的社会仍然是那个具有主宰性结构的社会（或许经过了魔幻的变形），白人吟游表演者的音乐之爱正是源于那个社会，更不用说那时他们爱的黑人音乐了。正如大概不存在非种族融合的美国文化，也不存在不具有某种权力不平等特征的融合的美国文化。爱中贯穿着窃，窃中贯穿着爱。想想《大水》这首歌。在漫长的音乐史中，种植园奴隶用来自非洲的打击乐感为盎格鲁 - 爱尔兰的曲调注入能量，却被白人拿来到美国的舞台上表演，那些白人还引领了数代的“白人”乡村拨弦音乐，最后由一个名叫（或自己取名叫）鲍勃·迪伦的人拿来放到一张名叫“‘爱与窃’”的专辑里向黑人布鲁斯音乐家查理·帕顿致敬。马歇尔·伯尔曼（Marshall

1　肥肠巡演场（chitlin' circuit）指美国种族隔离时代一种供黑人艺人巡回演出的场地，炖猪肠是美国黑人的一道菜，故得名。

Berman）说，他妈妈40年前第一次听到鲍勃·迪伦这个名字时思忖道：“嗯，鲍勃·迪伦，我在想它以前是什么。”（第73页）面对这样的情况，你到哪里才能逃脱合众国的种族化文化生活的桎梏呢？

同理，我愿猜想，迪伦认为吟游表演（无论其中有什么污垢）产生出了美国的部分最好音乐以及许多最差音乐，他没有那种对音乐无种族性的一厢情愿的幻想，正是那种幻想损害了格雷尔·马库斯对“奇异的老美国”的召唤（*Invisible Republic*，第124页）。我在别处谈过，《哈克贝利·费恩历险记》中对吉姆的解放性描述（比如吉姆和哈克雾中散失后在舟筏上重聚的那一段）之受惠于吟游秀不亚于书中更刻板化的描述，也就是说，无法单靠意愿“超越”或规避黑脸感情的内在矛盾结构（Lott，第129—152页）。斯蒂芬·福斯特的1848年歌曲《哦！苏珊娜》（*Oh! Susanna*）用“黑人”方言写成，歌曲对非洲裔美国人的智力有一些不美好的暗示，但仍然是一首出色的歌，而且歌曲对其描写的因奴隶制而流散的黑人家庭抱有很大的同情和认同。

在《“爱与窃”》专辑中，迪伦选择布鲁斯这个形式来谈文化借用，这个选择使得专辑强调年龄和失去。失去的爱，失去的亲人，失去的时间。《“爱与窃”》对失去和徒劳的着迷与专辑中拒绝放弃的态度是直接成比例的，正如迪伦在《可怜的孩子》（*Po' Boy*）中所唱，“永不言死”。随着歌曲一首首进行，迪伦走过的铺路石被逐一报出，他的领悟和音乐中的总体活力使那些石头重获生机。当然，死亡冲动和快乐原则间的摇摆不是《“爱与窃”》专辑独有，而是所有布鲁斯的结构原则；布鲁斯中的反复吟唱不是为了沉浸于悲伤中，而是为了祛除之，让受压抑的情绪短暂回归以便涤除出心灵。丧失和创伤为了再造而回归，这样的声音体现在“脏的”曲调中，在滑落的音符中，在布鲁斯音阶的降E和降B中——在《“爱与窃”》专辑中，粗粝的嗓音吟咏着衰老和拼争的点点滴滴（参见：Murray；Grffin，第56—57页；Scandura，第3章）。不过，迪伦的确在这里极欲捕捉弗洛伊德称之为“忧郁”（melancholia）的状态。这“忧郁”不是弗洛伊德在其1917年论文《伤悼与忧郁》（*Mourning and Melancholia*）中说的无力的伤悼，更不是沮丧的同义词，而是某种中间状态；如弗洛伊德在《自我和本我》（*The Ego and the Id*）中的概括所言，在这种状态下，丧失的爱的对象作为“我”的一个（历史的）组成部分而存留。这样说来，人的情感生活的内容无非是遭抛弃的爱或丧失的爱的移情加总，是一系列鬼魂般的情感依恋，或用朱迪斯·巴特勒（Judith Butler）的话说，是“爱过又丧失之物的沉积，仿佛是未克服的伤痛的考古遗存”（Freud，第18—20页；Butler，第133页；Flatley）。按这种看法，失去之物不可避免地箍住自我；纵然我们因此受到多种多样的烦扰，却也由之具体可感地与过去和历史相联。对于思考者和艺术家来说，这现象就有了极具创造性的一面，所以我才认为《“爱与窃”》整张专辑的关键歌词是这一句：“我多想我妈妈还活着。”[《孤单日布鲁斯》（*Lonesome Day Blues*）]

比蒂·齐默尔曼于2000年1月末去世。一年多后迪伦创作录制了《“爱与窃”》专辑。以他妈妈去世一事解说太多是可笑的，但若说专辑的感觉和精神气质与此事完全无关，则同样可笑。上引的那句歌词似乎是凭空出现的。《孤单日布鲁斯》是一首内部分裂的歌，中间有一段松散的歌词，那句话就出现在那一段的末尾，仿佛活生生直接来自无意识。若更仔细地察看，联系就显露了出来，古怪地使这首歌显得更是在自我剖露了。在强烈的布鲁斯重音中间，歌曲中的说话人坐在那儿想着，他的“心在一百万里之外”。总体而言，他是在飘忽地回想过去的沉重所失。他离开了站在门口的多年亲爱之人；他的爸爸死了，离开了他，他弟弟在战争中死去；萨曼莎·布朗在他屋里住了四五个月但他从未与她睡过。然后就是这几句：

我离磨厂 40 英里——我换到快挡
我离磨厂 40 英里——我换到快挡
调着电台的拨盘
我多想我妈妈还活着

在某种感情的潜流中，妈妈和电台紧紧联系在一起：这两句很天才。两者都是文化传承，特别是音乐传承的重要纽带（这也碰巧实现了“换到快挡”一句中的双关意图[1]）。人学会说话之前，所有的音乐都来自妈妈，她的心跳是我们听到的第一种节奏，她的哼唱是我们最早听到的旋律之一；在个性化的过程中失去她，则是我们的第一次丧失，是我们无意识地纳入自我抑郁的第一个所失之物，也是我们未来亲密关系的一个模板。妈妈走后，成了一种鬼魂般无形体的音乐源，电台便是对此状态的模仿（我将克制住不去猜测电台拨盘在解剖学中的相似之物）；在下载、音乐共享和 iPod 的时代，电台在技术上过时了，给“电台”蒙上了类似的残余闪回的阴影（也就是说，听电台时你想起自己最初听电台的经验，你妈妈嗓

1 快挡的原词是 overdrive，这个词也指吉他的过载效果器。

音中的抑扬也有同样效果，只是是无意识的)。所以，这两个指向接连出现也就不足为奇了，或者，（依照那句歌词的句子结构）电台会使歌者想起妈妈也就不足为奇了。在迪伦母亲被“偷走”的语境中，“爱与窃”这个短语得到了一种特别酸楚的呼应。进一步说，由于她的源头地位的力量如此之大，她甚至可能就是最后被歌手抛下站在门口的那位多年亲爱之人。无论如何，迪伦从唱妈妈不费力地转向了唱音乐，并隐含地唱自己的音乐生涯。既然这种做法协助他创作出了一张强有力专辑里的一首强有力歌曲，我们可以说在这里丧失之物被一种抑郁的艺术挽回了，同时也服务于这种艺术。

烦扰你的是回忆，是得到过、爱过又失去的事物。“有些回忆你能与之相安无事，有些不行（《糖宝贝》)。”这里聚集了太多东西：你曾依恋的人，你无法避免做下的错事。(“太多事情我们永远收不回 / 我知道你抱歉，我也抱歉。”迪伦在《密西西比》（*Mississippi*）中唱道。你的能量和艺术正是来源于此。“我这些回忆，能勒死一个人”（《诚实待我》)，对一个歌手来说这不是好事，但也可以理解——假如你的喉咙里有美国种族隔离时期的 1000 首不同歌曲的痕迹。种族、回忆和音乐在音乐的抑郁中相遇，你靠着你记不清最初如何听到的音乐挨了过去：你那时太年轻，或那时它们到处都在唱；如今它们的效果很棒，坚实地唱出你的状况。你回去找你的根，你透过面具工作，你再次在布鲁斯开始的土地上找到了自己。

征引文献

Allen, Lynne. "Interview with an Icon: Bob Dylan grants an audience." In *Younger Than That Now: The Collected Interviews with Bob Dylan*, New York:

Thunder's Mouth Press, 2004.

Attali, Jacques. *Noise: The Political Economy of Music*. Trans. Brian Massumi. Minneapolis: University of Minnesota Press, 1985.

"Basic Dylan." Rev. of *John Wesley Harding*, by Bob Dylan. *Time* (Jan. 12, 1968): 50.

Bauldie, John. "Jacques Levy and the *Desire* Collaboration." In *All Across the Telegraph: A Bob Dylan Handbook*, ed. Michael Gray and John Bauldie. London: Sidgwick & Jackson, 1987.

Wanted Man: In Search of Bob Dylan. New York: Kensington, 1998.

Benson, Carl, ed. *The Bob Dylan Companion: Four Decades of Commentary*. New York: Schirmer, 1998.

Berman, Marshall. "Love and Theft: From Jack Robin to Bob Dylan." *Dissent* (Summer 2002): 73.

"Bob Dylan and the NECLC": www.corliss-lamont.org/dylan.htm

Bromell, Nick. *Tomorrow Never Knows: Rock and Psychedelics in the 1960s*. University of Chicago Press, 2002.

Bronstein, Martin. "February 20, 1966 interview." *Jewels & Binoculars: 1966*. Vigotone, 2000.

Brown, Richard. "Highway 61 and Other American States of Mind." In *Do You, Mr Jones? Bob Dylan with the Poets and the Professors*, ed. N. Corcoran. London: Chatto and Windus, 2002. 193–220.

Buskin, Richard. *Inside Tracks: A First-Hand History of Popular Music from the World's Greatest Record Producers and Engineers* (New York: Avon, 1999).

Butler, Judith. *The Psychic Life of Power: Theories in Subjection*. Stanford University Press, 1997.

Christgau, Robert. *Christgau's Record Guide: The Eighties*. New York: Pantheon Books, 1990.

"Look at that Stupid Girl." *Village Voice* (June 1970); www.robertchristgau.com/xg/bk-aow/stupid.php

"Rock Lyrics Are Poetry (Maybe)." In Benjamin Hedin, ed., *Studio A: The Bob Dylan Reader*. New York: Norton, 2004. 62–63.

Cohen, Scott. "Bob Dylan: Not Like a Rolling Stone Interview." *Spin*, 1:8 (Dec. 1985) 37–42, 80–81.

Cohn, Nik. *Awopbopaloobop Alopbamboom: The Golden Age of Rock*. 1968; New York: Grove, 2001.
Coleman, Ray. "Beatles Say – Dylan Shows the Way." *Melody Maker* Jan. 9, 1965: 3. Rpt. in *The Bob Dylan Scrapbook 1956–1966*. Ed. Robert Santelli. New York: Simon & Schuster, 2005. 39.
Connelly, Chris. "*Infidels*." *Rolling Stone* Nov. 24, 1983: 65–67.
Conquergood, Dwight. "Between Experience and Meaning: Performance as Paradigm for Meaningful Action." In *Renewal and Revision: The Future of Interpretation*. Denton, TX: Omega (1986). 26–59.
Cott, Jonathan (ed.). *Bob Dylan: The Essential Interviews*. New York: Wenner Books, 2006.
Crowe, Cameron. Liner Notes. *Biograph*. Columbia Records, 1985.
Day, Aidan. *Jokerman: Reading the Lyrics Of Bob Dylan*. Oxford: Blackwell, 1988.
DeCurtis, Anthony. "Interview with Jakob Dylan." *New York Times* May 10, 2005.
Dettmar, Kevin J. H. "Among School Children: Dylan's Forty Years in the Classroom." In *Highway 61 Revisited: Bob Dylan's Road from Minnesota to the World*, ed. Colleen Sheehy and Thom Swiss. Minneapolis: The University of Minnesota Press, 2009.
Don't Look Back. Dir. D. A. Pennebaker. Leacock–Pennebaker, 1967.
Durbin, Karen. "Can The Stones Still Cut It?" *Village Voice* (June 23, 1975): 6–9.
Dylan, Bob. "Bob Dylan in His Own Words." *Los Angeles Free Press*, Sept. 17–24, 1965.
Chronicles: Volume One. New York: Simon & Schuster, 2004.
Liner notes, *World Gone Wrong*. Columbia Records, 1993.
Dylan Speaks. Eagle Rock Entertainment, 2006.
Eliot, T. S. *Selected Prose of T. S. Eliot*. Ed. Frank Kermode. New York: FSG, 1988.
Ephron, Nora and Susan Edmiston. Interview with Dylan, "Positively Tie Dream," Aug. 1965, in *Cavalier*, Feb. 1966. Rpt. in *Bob Dylan: The Essential Interviews*, ed. Cott. 52.
Fariña, Richard. "Baez and Dylan: A Generations Singing Out," *Mademoiselle* (Aug. 1964). Rpt. in *The Dylan Companion: A Collection of the Essential Writing About Bob Dylan*, ed. Elizabeth Thomson and David Gutman. New York: Delta, 1990.
Fiedler, Leslie. *Love and Death in the American Novel*. New York: Stein and Day, 1966.
Flatley, Jonathan. *Affective Mapping: Melancholia and the Politics of Modernism*. Cambridge, MA: Harvard University Press, 2008.
Freud, Sigmund. *The Ego and the Id*. Trans. Joan Riviere. Ed. James Strachey. New York: Norton, 1960.
Frith, Simon. *Music for Pleasure: Essays in the Sociology of Pop*. Cambridge: Polity Press, 1988.
Performing Rites. Oxford University Press, 1998.
Frith, Simon, ed. *The Cambridge Companion to Pop and Rock*. Cambridge University Press, 2001.
Gates, David. "Dylan Revisited." *Newsweek*, Oct. 6, 1997: 62–68.
Geraghty, Christine. "Aesthetics and Quality in Popular Television Drama." *International Journal of Cultural Studies* 6:1 (2003): 25–45.

Gill, Andy. *Classic Bob Dylan 1962–65: My Back Pages*. Zurich: Edition Olm Zurich, 1998.
Gill, Andy and Kevin Odegard. *A Simple Twist of Fate: Bob Dylan and the Making of Blood on the Tracks*. Cambridge, MA: Da Capo Press, 2004.
Gilmore, Mikal. "Bob Dylan." *Rolling Stone*, 882 (Nov. 22, 2001): 56–69.
Goldberg, Michael. *New Musical Express* (Nov. 1979).
Goldstein, Richard. "Dylan: 'We Trust What He Tells Us.'" Rev. of *Don't Look Back*, dir. D. A. Pennebaker. *New York Times* Oct. 22, 1967: D25.
"Satellite Dylan." *Nation* May 15, 2006: 11–15.
Graham, Bill and Robert Greenfield. *Bill Graham Presents: My Life Inside Rock and Out*. Cambridge, MA: Da Capo Press, 2004.
Gray, Michael. *Song and Dance Man III: The Art of Bob Dylan*. London: Cassell, 2000.
Bob Dylan Encyclopedia. London: Continuum, 2006.
Griffin, Farah Jasmine. "Who Set You Flowin'?" In *The African-American Migration Narrative*. Oxford University Press, 1995. 56–57.
Gussow, Adam. *Seems Like Murder Here: Southern Violence and the Blues Tradition*. University of Chicago Press, 2002.
Hajdu, David. *Positively 4th Street: The Lives and Times of Joan Baez, Bob Dylan, Mimi Baez Fariña, and Richard Fariña*. New York: Farrar, Straus, and Giroux, 2001.
Hasted, Nick. "Bob Dylan Presents the Never Ending Tour." *Uncut Legends #1*, n.d., 106–111.
Helm, Levon and Stephen Davis. *This Wheel's on Fire: Levon Helm and the Story of the Band*. Chicago Review Press, 2000.
Hentoff, Nat. "The Crackin', Shakin', Breakin' Sounds." *New Yorker* October 24, 1964. Rpt. in *Younger than that Now: The Collected Interviews with Bob Dylan*, ed. James Ellison. New York: Thunder's Mouth, 2004, 13–30.
"Playboy Interview: Bob Dylan." *Playboy*, 13:3, March 1966: 41–44, 138– 142. Rpt. in *Bob Dylan: The Essential Interviews*, ed. Cott.
"Shoes for Everyone." *Bluerailroad Magazine* (May 2007): bluerailroad.com/shoes/0507.html.
Heylin, Clinton. *Bob Dylan: Behind the Shades Revisited*. New York: Harper Collins, 2003.
Bob Dylan: The Recording Sessions, 1960–1994. New York: St. Martin's Press, 1997.
Hickey, Neil. "The *TV Guide* Interview." In *Younger Than That Now: The Collected Interviews with Bob Dylan*, ed. James Ellison. New York: Thunder's Mouth Press, 2004.
Hilburn, Robert. Interview in *Los Angeles Times*, April 4, 2004. Rpt. in *Bob Dylan: The Essential Interviews*, ed. Cott. 432.
Hinton, Brian. *Bob Dylan Complete Discography*. New York: Universe, 2006.
Hishmeh, Richard. "Marketing Genius: The Friendship of Allen Ginsberg and Bob Dylan." *Journal of American Culture*, 29:4 (Dec. 2006): 395–405.
I'm Not There. Dir. Todd Haynes, 2008. DVD: The Weinstein Company, 2008.
Jahn, Mike. "Self-Portrait of the Artist as an Older Man." Rev. of *John Wesley Harding*, by Bob Dylan. *Saturday Review* May 11, 1968: 63–64.

Karwowski, Michael. "Bob Dylan's Dilemma: Which Blond?" *Contemporary Review*, 279 (Sept. 2001): 1628.
Keightley, Keir. "Reconsidering Rock," *The Cambridge Companion to Rock and Pop*, ed. Frith, 109–142.
Kokay, Les. *Songs of the Underground:Rolling Thunder Revue*. Private publication, 2000.
Kotkin, Joel. "Renaldo and Wasso." *New York Times*, Feb. 6, 1978: 44–45.
Lethem, Jonathan. "The Genius of Bob Dylan." *Rolling Stone*, 1008 (Sept. 7, 2006): 74–80; 128.
Light, Alan. "Travelling Wilburys." music.msn.com/music/remasters/travelingwilburys; June 1, 2007.
Loder, Kurt. "Interview with Bob Dylan." *Rolling Stone* (June 21, 1984).
"Interview with Bob Dylan." *Rolling Stone* (Nov. 5–Dec. 10, 1987): 301–303.
Lomax, Alan. *The Land Where Blues Began*. New York: Pantheon Books, 1993.
Lott, Eric. *Love and Theft: Blackface Minstrelsy and the American Working Class*. New York: Oxford University Press, 1993.
"Mr. Clemens and Jim Crow: Twain, Race, and Blackface." In *The Cambridge Companion to Mark Twain*, ed. Forrest G. Robinson. Cambridge University Press, 1995.
Madison, D. Soyina, and Judith Hamera. "Performance Studies at the Intersections. " In *The Sage Handbook of Performance Studies*, ed. D. Soyina Madison and Judith Hamera. Sage Publications, 2006. xi–xxv.
Marcus, Greil. "Amazing Chutzpah." *New West* (Sep. 24, 1979). Rpt. in *The Bob Dylan Companion*, ed. Benson.
Invisible Republic: Bob Dylan's Basement Tapes. New York: Holt, 1997. Reissued in paperback as *The Old Weird America*.
Like A Rolling Stone: Bob Dylan at the Crossroads. New York: Public Affairs, 2005.
The Old, Weird America: The World of Bob Dylan's Basement Tapes. New York: Picador, 2001.
Marqusee, Mike. *Wicked Messenger: Bob Dylan and the 1960s*. New York: Seven Stories, 2005.
Marshall, Lee. *Bob Dylan: The Never-Ending Star*. Cambridge: Polity, 2007.
McGregor, Craig. *Bob Dylan: A Retrospective*. London: Picador, 1972.
McKinney, Devin. "Eat the Document." *Village Voice* 19 June 2006: 95.
Mellers, Wilfred. *A Darker Shade of Pale: A Backdrop to Bob Dylan*. London: Faber and Faber, 1984.
Mischel, Lawrence and Jared Bernstein. *The State of Working America, 1992–93*. Ithaca, NY: Cornell University Press, 1993.
Moore, Allan F. *Rock: The Primary Text*. Aldershot: Ashgate, 2001.
Murray, Albert. *Stomping the Blues*. New York: McGraw-Hill, 1976.
Negus, Keith. *Bob Dylan*. London: Equinox, 2008.
No Direction Home. Dir. Martin Scorcese. DVD. Paramount Home Video, 2005.
Notes to *Dave Van Ronk: The Folkway Recordings*. Smithsonian Folkways, 1991.
Noyes, Russell, ed. *English Romantic Poetry and Prose*. Oxford University Press, 1956.
The Other Side of the Mirror: Bob Dylan Live at Newport Folk Festival 1963–1965. Sony, 2007.

Pareles, Jon. "Plagiarism in Dylan, or a Cultural Collage." *New York Times*, July 12, 2003: B7, B14.
"A Wiser Voice Blowin' in the Autumn Wind." *New York Times*, Sept. 28, 1997. Rpt. in *Bob Dylan: The Essential Interviews*, ed. Cott.
Polito, Robert. "Bob Dylan: Henry Timrod Revisited." n.d., n.p.; www.poetryfoundation.org/archive/print.html?id=178703
Pollack, Della. "Performing Writing." In *The Ends of Performance*, ed. Peggy Phelan and Jill Lane. New York University Press, 1998.
Posner, Richard. *The Little Book of Plagiarism*. New York: Pantheon Books, 2007.
Reynolds, Simon and Joy Press. *The Sex Revolts: Gender, Rebellion and Rock 'n' Roll*. Cambridge, MA: Harvard University Press, 1996.
Ricks, Christopher. *Dylan's Visions of Sin*. London: Penguin, 2003.
Riley, Tim. *Hard Rain: A Dylan Commentary*. New York: Da Capo Press, 1999. 52–67.
Rosenbaum, Ron. "Interview." *Playboy* (Mar. 1978); reprinted in *Bob Dylan: The Essential Interviews*, ed. Cott. 199–236.
Rowley, Chris. *Blood on the Tracks: The Story of Bob Dylan*. New York: Proteus Books, 1984.
Scandura, Jani. *Down in the Dumps: Place, Modernity, American Depression*. Durham, NC: Duke University Press, 2007.
Schou, Solvej. www.usatoday.com/life/music/2007-08-22-1778358558_x.htm
Scobie, Stephen. *Alias Bob Dylan Revisited*. Calgary: Red Deer Press, 2003.
Shank, Barry. " 'That Wild Mercury Sound': Bob Dylan and the Illusion of American Culture." *Boundary 2* 29:1 (2002): 97–123.
Shelton, Robert. *No Direction Home: The Life and Music of Bob Dylan*. Cambridge, MA: Da Capo Press, 2003.
"Trust Yourself." In *The Dylan Companion: A Collection of Essential Writings About Bob Dylan*, ed. Elizabeth Thomson and David Gutman. New York: Delta Books, 1990. 291–295.
Shepard, Sam. *Rolling Thunder Logbook*. Cambridge, MA: Da Capo Press, 2004.
Simmons, Allan H. "Read Books, Repeat Quotations: A Note on Possible Conradian Influences on Bob Dylan's 'Black Diamond Bay.' " *The Conradian* 20:1–2 (Spring–Autumn 1995): 103–108.
60 Minutes, Dec. 7, 2004, CBS.
Sloman, Larry "Ratso." *On the Road with Bob Dylan*. London: Helter Skelter, 2005.
Smith, Larry David. *Writing Dylan: The Songs of a Lonesome Traveler*. Westport, CT: Praeger, 2005.
Sounes, Howard. *Down the Highway: The Life of Bob Dylan*. New York: Grove Press, 2001.
Spitz, Bob. *Bob Dylan: A Biography*. New York: McGraw-Hill, 1989.
Thompson, Hunter S. *Fear and Loathing in Las Vegas*. New York: Modern Library, 1998.
Van Ronk, Dave. *The Mayor of Mcdougal Street: A Memoir*. Cambridge, MA: Da Capo Press 2005.
Vega, Suzanne. "The Ballad of Henry Timrod." *New York Times*, Sept. 17, 2006: WK 15.
Wenner, Jann. "Slow Train Coming." *Rolling Stone* (Sept. 20, 1979).

Wexler, Jerry (with David Ritz). *Rhythm and Blues: A Life in American Music*. New York: Knopf, 1993.
Wilentz, Sean. Liner notes. *Bob Dylan Live 1964*. Sony BMG Music, 2004.
Williams, Paul. *Bob Dylan Performing Artist. 1960–1973: The Early Years*. London: Omnibus, 1990.
Bob Dylan Performing Artist: The Middle Years 1974–1986. London: Omnibus, 1992.
Bob Dylan Performing Artist. Volume 3: Mind Out Of Time 1986 and Beyond. London: Omnibus, 2004.
"Dylan – What Happened?" in *Bob Dylan Watching the River Flow: Observations on His Art-in-Progress 1966–1995*. London: Omnibus, 1996 (1997).
Williams, Raymond. *Keywords: A Vocabulary of Culture and Society*. Oxford University Press, 1983.
Willis, Ellen. "Dylan," *Cheetah*, 1967. Rpt. in *Bob Dylan: A Retrospective*, ed. McGregor, 218–239.
"The Sound of Bob Dylan." *Commentary* Nov. 1967: 71–78.
Woods, Clyde. *Development Arrested: The Blues and Plantation Power in the Mississippi Delta*. London: Verso, 1998.
Zinoman, Jason. "Theater: When Bobby Met Brecht, Times Changed." *New York Times*, Oct. 8, 2006: AR7.